Constantin von Barloewen

Kulturgeschichte und Modernität Lateinamerikas

Technologie und Kultur
im andinischen Raum

Mit einem Essay von
GEORGES BATAILLE
und
einem Gespräch zum Thema mit
OCTAVIO PAZ

Matthes & Seitz

Autor und Verlag danken der Europäischen Gemeinschaft für die großzügige Unterstützung bei der Durchführung des Projekts und bei der Drucklegung.

Dieses Buch geht auf ein Pilotforschungsprojekt der Europäischen Gemeinschaft mit Unterstützung des Deutschen Außenministeriums zurück. Der Autor arbeitete an den jeweiligen Universitäten und Bibliotheken Lateinamerikas, aber auch auf empirischem Feld in der Andenregion. Dazu hintraten wiederholte Forschungsaufenthalte und Bibliotheksarbeit an den Universitäten Princeton, Harvard und an der Universität von Texas, die die größte Forschungsbibliothek für Lateinamerikafragen innerhalb der USA hat. In den lateinamerikanischen Staaten wurden Gespräche mit Wissenschaftlern, Schriftstellern, Ministern, Staatspräsidenten und Vertretern der Kirche (sowohl in der katholischen Hierarchie als auch mit Befreiungstheologen) geführt.

 Hübnerstraße 11, 8000 München 19. Herstellung und Umschlaggestaltung: Bettina Best, München. Druck und Bindung: Druckerei Ebner Ulm.
ISBN 3-88221-779-0

INHALTSVERZEICHNIS

KULTUR IN THEORETISCHER SICHT

Zur Bedeutung des Begriffs Kultur

Diese Studie hat das erklärte Ziel darzulegen, daß die Bestätigung der kulturellen Identität und die Entfaltung der kulturellen Werte der Andenpaktstaaten in Einklang mit den ökonomischen und technologischen Faktoren gebracht werden müssen. Erst dann ist die Voraussetzung für eine dauerhafte partnerschaftliche Entwicklung gegeben. *Für ein endogenes Wachstum von Staat, Wirtschaft, Gesellschaft und Kultur sind dies die entscheidenden Faktoren zu einem notwendigen holistischen Verständnis des Gesamtkomplexes Technologietransfer.* Diese Betrachtungsweise leitet sich her aus dem größeren Zusammenhang des Respektes für die Vielfalt der Kulturen in der historischen Entwicklung des Menschen bei einer globalen Betrachtung der Weltzivilisation.

Der Mensch vermag nicht ohne Identität zu leben, weder als Individuum noch in der Großgruppe als Nation oder Kultur. Sie verhilft ihm zu einer Genuinität mit dem Anspruch auf eigenes Lebensrecht. Sind Staat und Kultur indigen, sind sie auch authentisch.

Unter dem Begriff Kultur können wir die Gesamtheit der materiellen wie auch immateriellen Kenntnisse und Praktiken in einer Gesellschaft verstehen, ohne die sie nicht zu existieren vermag. Auch in der Negation liegt kulturelle Wahrheit. Selbst die Wirtschaft wird nur dadurch sozial wirksam, daß sie Projektionen unserer Sinn- und Bedeutungsfelder aufnimmt.

Die Wirklichkeit erweist sich erst in der Praxis, und es muß zwischen der Wirklichkeit und unseren Symbolen Übereinstimmungen geben. Kultur vermittelt sinnstiftendes Wissen, das Verhalten steuert, auch durch die Wirtschaft. Diese Sinnstiftung bestimmt die kulturelle Identität eines Staates. Kultur ist ein Wesensfaktor der persönlichen, sozialen und wirtschaftlichen Integration. Auch Prozesse des ökonomischen Wachstums und des Technologietransfers müssen im Hinblick auf ihre kulturelle Integration beziehungsweise Kompatibilität abgestimmt werden, wollen sie von dauerhafter Wirkung sein. Es besteht sonst die Gefahr, daß die sinngebende Dimension der Kultur zerstört oder unterdrückt wird.

Kein Staat kann im Wettlauf um die technologischen Vorteile seine kulturelle Identität aufs Spiel setzen, ohne sich selbst preiszugeben. Dies trifft in besonderem Maße auf Lateinamerika zu. Die kulturelle Identität bestimmt, wie jemand das Leben sieht, das eigene wie auch das fremde. Um sich gegen die bedrohliche Desintegration zu schützen, muß jede Gesellschaft eine hinreichende kulturelle Solidarität schaffen. Kultur ist der Ausdruck der Anpassung des Menschen an seine Umgebung, und Technologie ist ein Mittel, diese Umwelt zu verändern, um sie seinen Bedürfnissen anzugleichen.

Unter diesem Aspekt müssen wir den Menschen erfassen in seiner familiären Bindung, als Teil der Natur, in seiner Stellung zum Übernatürlichen, in seiner Arbeitsethik und seiner Haltung gegenüber dem Tod als den grundlegenden anthropologischen Kategorien, die auch auf die wirtschaftliche Entwicklung eine große Auswirkung haben. Die universalhistorische Qualität der kulturellen Entwicklung im evolutiven Prozeß des Menschen ist das entscheidende Moment.

Kulturelle Werte bestimmen die evolutive gesellschaftliche Identität und sind die Werkzeuge einer bewußten Anstrengung, um Veränderungen zu bewirken aus der Deutung der Vergangenheit und der Verknüpfung mit der Zukunft. Die Studie demonstriert, daß die wissenschaftlich-technische Entwicklung nicht außerhalb der Kultur begriffen werden kann. Es geht nicht um das Einschieben des kulturellen Faktors in den internationalen Austausch von Technologie, sondern um den Primat der Kultur in dieser Entwicklung.

Die Kultur ist ein Ganzes, das nicht teilbar ist, wie es etwa die angelsächsische Anthropologie (Clifford Geertz, Mary Douglas) begründet. Alle Formen der sozialen Organisation sind mit eingeschlossen, die Sinnfrage der Geschichte, Geburt und Tod, die Wahrnehmung der Umwelt, aber auch der Gebrauch der Techniken. Die Kultur ist als Ganzheit evolutionär und wandelt sich dynamisch mit den zu lösenden Problemen, oder sie vergeht im historischen Verlauf.

Die Studie versucht, einen eurozentrischen Forschungsansatz zu überwinden und zu einem gleichberechtigten Dialog der Kontinente und Kulturen zu gelangen. Für das Verständnis Lateinamerikas ist die Sicht ausschlaggebend, daß der Mensch nicht zu einer Lebensgemeinschaft zählt, weil er hineingeboren ist, sondern weil er die Welt und die Abläufe in ihr durch die in der Lebensgemeinschaft vorherrschenden Sinndeutungen betrachtet, eben durch die Kultur.

In dem Wort Kultur liegt ein eminent produktives Element verborgen. Kulturen sind immer, von der archaischen Zeit bis heute, symbolische Zeichensysteme. Unter Kultur können wir die Ganzheit der Institutionen und der Ideenwelt verstehen, aber auch die Arbeit mit den Gebrauchsgegenständen. Kultur ist somit nicht nur materiell (Dinge) und institutionell (soziale Strukturen), sondern in der semiotischen Betrachtungsweise als Zeichen (Ideen, Konzepte) zu verstehen. Ideen und Konzepte haben mit besonderen Moral- und Ethikvorstellungen, Politik, Religion, Ästhetik und nicht zuletzt mit ökonomischen Abläufen zu tun. Castoriadis konnte zeigen, daß es in jeder Kultur möglich ist, eine funktionale Ebene von einer imaginären zu unterscheiden. Imagination spielt in der menschlichen Geschichte eine Kardinalrolle, denn weil eine Kultur Bilder produziert, schafft sie auch Symbole, die Vehikel für Sinngebungen in allen Lebensbereichen sind. Ein Staat ist kontinuierlich dem Wandel ausgesetzt, indem die Kultur ihre imaginative Kraft einsetzt und sich selbst immer wieder neu erfindet. Somit aktiviert sich Kultur als ein dynamischer Prozeß, eine Konfrontation der Konflikte im historischen Verlauf. In jedem Fall ist Kultur nicht das Privileg einiger weniger, sondern das gemeinsame Erbe breiter Bevölkerungsgruppen.

Hierdurch wird verständlich, warum kulturelle Entfremdung in den urbanen Zentren und bei der Landbevölkerung zu einem weltweiten Phänomen wird. Die kulturelle Vielfalt verkörpert den Reichtum eines Staates, ein wertvolles Potential an Erkenntnissen, an Wissen, aber auch technologischem Vermögen. *Kulturelle Werte sind der Nukleus der sozialen und wirtschaftlichen Dynamik.*

Die kulturelle Dimension in der Technologie

Diese Studie bemüht sich im besonderen um die Überwindung jedes eurozentrischen Standpunktes, um zu vermeiden, daß aus dem eigenen kulturellen Zusammenhang genommene Werte auf einen anderen Kulturkreis übertragen werden, in dem aber abweichende Werte Gültigkeit haben und operationabel sind.

Es geht darum, die kulturelle Distanz sowie die Fremdheit als den hinderlichen Faktor bei jedem Verstehen einer anderen Kultur zu überwinden. Hierbei ist das Fremde stets das, was dem selbst Erfahrenen gegenübersteht. Dies betrifft jede interkulturelle Sicht, jede Auseinandersetzung mit einer anderen Kultur, der wir nicht angehören, der wir uns aber aus der vermeintlich gesicherten Stellung unserer eigenen Kultur nähern.

Der Rang der Ökonomie ist für sich allein genommen nicht zentral. Die kulturelle Dimension birgt die entscheidende Fragestellung. Wissenschaft und Technologie müssen sprichwörtlich akkulturiert werden.

Bei dem Aufeinanderprallen von Technologie und Kultur entsteht entweder das Moment des Widerstandes (bis zur Aggression) oder der gewünschten Integration. Zu oft wird bei dem Technologietransfer und bei der wissenschaftlichen Organisation davon ausgegangen, daß sie nach westlichen Mustern vollzogen werden soll. Tatsächlich zählen aber die Entscheidungsträger nicht zu der Kultur, in der das Objekt zur Anwendung kommt.

Die kulturelle Dimension stellt sich verschieden dar, etwa als Fähigkeit, schöpferisch zu sein, die Industrie funktionstüchtig zu gestalten und zu planen, oder aber in der Unfähigkeit zu dieser Kompatibilität. Aus diesen Gründen sind die Resultate bei industriellen und urbanen Projekten in außereuropäischen Staaten und Kulturen oft so unerwartet. Die unvorhergesehenen Konsequenzen und das häufige Scheitern zeigen einmal mehr, daß Technologie nicht neutral ist, daß sie vielmehr zurückverweist auf ein Wertsystem, das teilweise oder gar völlig im Widerspruch zu den lokalen kulturellen Verhältnissen steht.

Die Arbeitstechniken der Landwirtschaft haben durchaus ihre eigene Logik und Ratio, die dynamisch wie auch widersprüchlich sein können. Im Hinblick auf das natürliche Ökosystem, das Agrarsystem und das sozioökonomische System (die sozialen Beziehungen der Produktion, die institutionelle Form der Entscheidungsfindung) wird dies besonders deutlich. Gerade in der Landwirtschaft der Andenkulturen wird ersichtlich, daß das Land nicht nur auf seinen juristischen Wert zurückgenommen werden kann. Es verkörpert das Ganze eines Ökosystems und verknüpft die Fragen der Bodenverarbeitung mit den sozialen Beziehungen und mit der historisch gewachsenen Sakralität des Bodens, eben mit der besonderen Kultur- und Religionsgeschichte. Diese Kultur bringt eine Agrar-Rationalität zum Ausdruck, auf die noch an späterer Stelle eingegangen werden soll.

Für die Geberstaaten bietet die Integration der kulturellen Dimension eine neue Form der Effizienz, sofern Projekte an die regionalen kulturellen Verhältnisse angeglichen werden.

Für die Nehmerstaaten zeigt die kulturelle Dimension eine Möglichkeit auf, die nationalen Kräfte zu sammeln und eine Entwicklungspolitik zu entwerfen, die aufbaut auf den menschlichen, den technischen und natürlichen Ressourcen, die in einem gegebenen Staat existieren. Kultur verkörpert immer ein übergeordnetes Potential in einem Staat. Diese Dimension zu leugnen, heißt, zum Scheitern der Integration von Technologie beizutragen. Die Kenntnisnahme der Kultur bedeutet nicht nur einen ehrenwerten moralischen Zusatz, ein »supplément d'âme«, um den Ausdruck von Bergson zu wählen, sondern zugleich ein kalkuliertes Nachdenken über die Logik des Technologietransfers und der Entwicklungsprojekte. Kultur ist nicht Zierat oder ein Konglomerat von vorwissenschaftlichen Überhöhungen, sondern ein vitale Kraft im Leben von Individuen und Gesellschaften, die hierdurch mit einem Nexus an Identität und einem Sinn für Zugehörigkeit versehen werden.

Die bisherige Art, wie Projekte entworfen, entschieden und angewandt wurden, muß überdacht werden. So kann auch ihr Scheitern aus der Perspektive der betroffenen Bevölkerung vorausgesehen und vorbedacht werden.

Faktoren der Spezifizierung und Unterscheidung wie die Sprache, die Kosmologie, die Religion, das philosophische, aber auch das praktische Denken, die sozialen und politischen Institutionen, die alle Auswirkungen auf die jeweilige Identität einer Kultur haben, müssen in Zusammenhang mit der Technologie gebracht werden. Eine Kultur ist der prinzipielle Garant der Bewahrung der Identität, und es wäre ein historischer Irrtum, einer Kultur universellen Charakter zuzuschreiben. Kulturen sind nicht universell, sondern universalistisch, da sie in allen historischen Epochen und Staaten die Grundlage des gesellschaftlichen Zusammenlebens bildeten.

Jede Kultur gibt einem Gegenstand einen anderen Rang. Die Kategorien, die das Objekt mitbestimmen – die Zeit, der Raum, die Kausalität, die Relativität –, sind von der einen zur anderen Kultur verschieden. Da Technologie verkürzt den Gebrauch von Objekten darstellt, wird sie kulturell relevant. So werden auch die Erziehung zur Technologie und ihr Gebrauch zur materiellen Unterstützung des kulturellen Transfers. Aus diesem Grund stellt der technische Unterricht immer einen mit Risiken behafteten Transfer von Werten dar. Wissenschaft und Technologie müssen entsprechend an die Kultur angeglichen werden, für die sie bestimmt sind. Dies trifft in besonderem Maße auch auf Lateinamerika und seine vielgliedrige Kultur zu.

Die biologische Reproduktion genügt nicht, um eine soziale, wirtschaftliche und politische Wirklichkeit zu begründen. Vielmehr dient die kulturelle Reproduktion als historischer Hintergrund, worauf das Überleben einer Gesellschaft und eines Staates gesichert wird. Die technischen Kenntnisse, das wissenschaftliche Wissen, das organisatorische Vermögen, die philosophischen, religiösen Werte – die gesamte Kultur – werden von einer Generation zur anderen weitergereicht als Garant für ihre Identität.

Eine Kultur wie die der Andenstaaten, die seit der Kolonialzeit militärisch besiegt ist und materiell ihre Verteidigung organisierte, setzte sich zur Wehr, indem sie die Werte der materiell-militärisch siegreichen Kultur zurückwies. Jeder Staat versucht sich durch die materiellen Mittel wie durch das Hervorbringen kultureller Elemente zu entwickeln. Hierin liegt die Dynamik einer endogenen Entwicklung (was später auch ausführlich zu erörtern ist), deren Ziel auf den besseren Gebrauch der Ressourcen, die sich im physischen, politischen und wirtschaftlichen Bereich eines Staates befinden, gerichtet sein wird. Dieser Gedankengang beweist den direkten Zusammenhang von materieller Entwicklung und kultureller Dimension, der bei der ökonomischen Analyse bisher sehr vernachlässigt worden ist.

Ein Blick auf das Verständnis von Zeit offenbart exemplarisch den Rang der Kultur. Die Andenstaaten sind in traditionellen Sektoren mit einem völlig anderen Zeitbewußtsein ausgestattet als die Industriestaaten. Durkheim hat bereits herausgestrichen, daß Begriffe wie Zeit oder besser Arbeitszeit integraler Teil der Genesis einer Kultur sind. Jeder Typus von Kultur entwickelt seine eigenen Zeitvorstellungen, die wiederum Auswirkungen auf die Arbeitsethik und somit auf die Wirtschaft haben. Mircea Eliade erkannte in den Industriestaaten das Herausfallen des modernen Menschen aus der zyklischen Zeit, die ein Raum des Sakralen war. Der moderne Mensch der Industriestaaten findet sich allein gelassen, im desakralisierten Zustand, ohne klar umrissene Figur Gottes, einem nie endenden Fluß der Zeit ausgesetzt. Dieser Fall in die »freie Zeit« geht Hand in Hand mit der Desakralisierung der Arbeit und der Mechanisierung des Lebens. Kultureller Wandel und wirtschaftlicher Wandel sind unweigerlich miteinander verknüpft.

Die traditionelle Kultur der Andenstaaten kennt in vielen Fällen nicht diese Fragmentalisierung der Zeit in Arbeitszeit, Schulzeit, freie Zeit, religiöse Zeit. Gurvitch konnte nachweisen, daß der moderne Mensch in einer Vielzahl von zeitlichen Mustern lebt mit unterschiedlichen, um nicht zu sagen gegenläufigen inhaltlichen Ansprüchen. Die Andenstaaten kennen nicht in der Weise wie moderne Industriestaaten die gleichen Zeitstrategien, die das Planen, Entwerfen und Organisieren von Zeit beinhalten. Dieser Unterschied hat entscheidende Auswirkungen auf die wirtschaftliche Entwicklung und das Vermögen, eine eigenständige Technologie zu schaffen. In den Andenkulturen fehlt eine vergleichbare Tradition langfristiger Entwicklungsstrategien und das Programmieren von industriellem Zuschnitt. Damit hängt ein anderer Begriff des Fortschritts zusammen. Moderne westliche Industriekulturen sind weniger auf die Vergangenheit gerichtet als auf die Zukunft. Auch hier besteht ein Unterschied zu Lateinamerika.

Das Einbeziehen des Faktors Zeit ist von Wichtigkeit für die Verbindung von technologischer Bestimmung und kultureller Dynamik. Der historische Verlauf weist nach, daß über die gesamte Zeitspanne der menschlichen Evolution jede Gruppe mit weiter fortgeschrittener Technologie andere Gruppierungen mit weniger fortgeschrittener Technologie dominiert hat; ein Phänomen, das sich durch die Urbanisierung und Industrialisierung verstärkt hat, ebenso durch die nukleare Energie, die Mikroelektronik und das »data processing«. Die Computerisierung der Gesellschaft erfaßt auch die Lebensführung des Menschen in der Alltagskultur.

Vom Gesichtspunkt der außereuropäischen Nationen und der Pluralität der Kulturen stellt sich verstärkt die Frage: Wie vermag die Mannigfaltigkeit der Spezies Mensch dieser Technologisierung standzuhalten ohne Preisgabe der humanen Identität? Die neuen Technologien, die durch wissenschaftlichen Fortschritt möglich gemacht werden, zwingen der Welt eine industrielle Organisation, Zentralisation und Konzentration auf und verstärken das Ungleichgewicht zwischen Stadt und Land, Industriestaat und überwiegend archaischer Kultur; insgesamt werden Arbeitsvorgänge standardisiert, die Wirtschaft wird durch eine verstärkt bürokratische Administration geleitet, beides Faktoren einer Anonymisierung der Gesellschaft.

Diese Abläufe lassen sich in den Andenpaktstaaten nur schwer durchsetzen, da der bedeutende, Quechua sprechende Teil der Bevölkerung Kulturtraditionen angehört, die in ihrer aktiven und kreativen Kultur andere Wurzeln haben. Der innovative Prozeß der andinischen Kultur gehorcht Gesetzen, die mit der westlichen Industriekultur nicht übereinstimmen. Wir müssen bei den Andenpaktstaaten von multikulturellen Gesellschaften sprechen und können bereits dadurch die Bereicherung und das Potential für Innovation in ihrem Eigengewicht ablesen. Diese Entwicklung verkörpert eine Ganzheit. Sie schließt das ökonomische, das Soziale und das Kulturelle mit ein, wobei all diese Faktoren in einer dialektischen oder auch widersprüchlichen Weise zum Tragen kommen.

In dem Maße, in dem ein Staat er selbst ist – mit einer authentischen, nicht von außen auferlegten Kultur –, kann er seiner Schöpfungskraft wie auch seinem Erziehungswesen eine Signifikanz zuweisen, die schließlich auch seiner Ökonomie zugute kommt. Werden diese Lebensbereiche getrennt, etwa durch rein mechanischen Technologietransfer, kann nicht von einer ausgeglichenen Entwicklung gesprochen werden. Identität, Endogenität, Authentizität stellen für die Schöpfungskraft eines Staates eine unabdingbare Voraussetzung dar. Die kulturelle Dimension in den

Andenkulturen kristallisiert sich als eine Gewißheit, eine Hoffnung und eine Enttäuschung zugleich heraus.

Die Kolonialreiche sind seit dem 19. Jahrhundert zerstört, die Befreiten haben ihre eigene Stimme wiedergewonnen. Freilich bleibt die Enttäuschung zurück: Die Rückbesinnung auf die eigene Kultur vollzieht sich unglücklich, es liegt eine gebrochene Kultur vor, die historische Wirklichkeit widersetzt sich. Der kosmologische Einklang mit der wachsenden Industriekultur und den noch archaischen, autochthonen Traditionen ist nicht gegeben.

Die Studie verfolgt deshalb einen integrierten Ansatz. Diese Integration fordert eine interdisziplinäre Reflexion. Die Gültigkeit eines wirtschaftlichen Wachstums, das den kulturellen Ausgleich nicht respektiert, muß in Frage gestellt werden. Jedes Bemühen um endogene Entwicklung ruft nach der Rückversicherung der kulturellen Identität.

Autochthone, indigene Kulturgruppen sind weithin ein maßgebendes Element im kulturellen Mischungsprozeß in Lateinamerika. Carlos Fuentes erkennt zwar die Vitalität der kulturellen Traditionen Lateinamerikas, sieht aber das politische Vermächtnis in Gefahr, weil bis in die Gegenwart keine Integration von Kultur, Wirtschaft und Politik in Lateinamerika vollzogen wurde. Dies erklärt eine gewisse Reserviertheit breiter Bevölkerungsgruppen gegenüber den politischen Institutionen, die nicht vollständig die kulturelle Dimension ihrer Nationen verkörpern. Daraus wird ersichtlich, daß ohne Einbeziehung der kulturellen Dimension eine effektive Weiterentwicklung nicht gewährleistet sein kann.

Kultur als Entwicklungsfaktor

Die wirtschaftliche Entwicklung kann nicht begriffen werden in mechanistischen Termini wie Transfer von Kapital und Industrieanlagen, Wechseln von Fabriken und Produktionen. Wirtschaftliche Entwicklung entsteht auch durch Einstellungen und Haltungen, durch die Schaffung von Kooperationen und Organisationsformen für Individuen und Gemeinschaften. Sie ist ein sozialer Prozeß in dem Sinne, daß jedes Mitglied einer Gesellschaft in ihn eingegliedert ist. Die ökonomischen, sozialen und technologischen Aspekte können nicht getrennt werden, da Kapital in den Institutionen verankert ist, sittliche Werte der Menschen Entwicklungstendenzen zumindest ablenken können und Änderungen in der Technologie immer auch neue Typen der menschlichen Organisation nach sich ziehen. Die ökonomische Planung darf daher nicht als Akt einer relativ begrenzten Gruppe der Regierung und der Geschäftswelt betrachtet werden, sondern in Konsequenz als die Arbeitsleistung von Millionen von Menschen, die versuchen, in Verbindung zueinander zu treten.

Dies lenkt auch die Aufmerksamkeit auf die immateriellen Güter, um Akzeptanz für neue Haltungen der Kooperation zu schaffen. So werden Faktoren aus dem bloßen Status der Umweltcharakteristika zum harten Entscheidungskern der Wirtschaftspolitik. Besonders im Andenraum muß der bisherige Industrialisierungsprozeß auf seine kulturelle Verankerung hin untersucht werden. Hierdurch können die zunächst akulturell arbeitenden Technologien besser verstanden und in den historisch-kulturellen Zusammenhang dieser Großregion integriert werden. Max Webers Zentralthema Wirtschaft als Kultur – Kultur als Wirtschaft rückt in den Mittelpunkt.

Das Problem besteht darin, daß die bisherigen Mechanismen des Transfers von Modernität aus den Industriestaaten nach Lateinamerika eine stete Steigerung der destruktiven Wirkungen mit sich führten, etwa bei den ökologischen Kreisläufen. Deswegen darf in Entwicklungsfragen nicht mehr allein aus der Perspektive Europas oder Nordamerikas gedacht werden; vielmehr ist bei den auftauchenden Fragestellungen eine Umkehr der Sicht notwendig.

Diese Studie sieht sich entsprechend der Veränderung des Grundmusters der Forschungsperspektive verpflichtet. Es geht um die Entwicklung eines veränderten gesellschaftlichen, kulturellen und wirtschaftlichen Bezugssystems. Unpassende Technologien zu übernehmen, ohne sie anzugleichen, führt in letzter Konsequenz zu einer Destruktion der Wirtschaft und zu einer Auflösung des Staates.

Entwicklung läßt sich nicht ausschließlich nach ökonomischen Kriterien bestimmen und veranschlagen, die Kultursphäre des Menschen läßt sich nicht quantifizieren und unter mechanischen und mathematischen Methoden, die überwiegend die westliche Wissenschaftspolitik dominieren, der Analyse und Evaluierung näherbringen. Als Voraussetzung einer realistischen Sicht müssen die Instrumente der ökonomischen Analyse aber auch den Faktoren Beachtung schenken, die hier zusammengefaßt sind unter dem Begriff der *kulturellen Dimension.*

Bereits Alfred Weber erkannte, daß traditionelle Gesellschaften sich nicht modernisieren konnten, wenn sie nicht ihre historischen Institutionen, Glaubensvorstellungen und Werte den Anforderungen der Entwicklung anzugleichen vermochten: Disfunktionalität wäre sonst die Folge. Sie begründet sich auf dem Fehlschluß, daß wirtschaftliche Produktion eine rein physikalisch-positivistische

Aktivität ist, und unterschlägt, daß es sich auch um eine geistig-kulturelle Leistung handelt.

Bei menschlichen Handlungen ist es unmöglich, zwischen ökonomischen und nicht ökonomischen Komponenten willkürlich zu trennen, weil diese Untersuchung theoretisch-artifiziellen, aber keinen praktischen Charakter hat und nicht die historische Wirklichkeit erfaßt. Hierin wurzelt das Problem, weil die Andenpaktstaaten in ihrer historischen Entwicklung oft gewaltsam von ihrem originären Ursprung abgespalten wurden und ihre Vergangenheit heute in schwierigen Angleichungsvorgängen rekonstruieren müssen.

Die bislang in der Forschung überwiegend praktizierte Ökonometrie hat sich für ein tieferes Verstehen außereuropäischer Staaten und Kulturen als unzureichend erwiesen. Eine eindimensionale, lineare Sicht des Fortschritts im westlichen Verständnis nimmt zuwenig Rücksicht auf die soziokulturellen Faktoren, das heißt die kultur- und religionsgeschichtlichen Zusammenhänge.

Das Verstehen der Auswirkungen der modernen Wissenschaft und Technologie ist ein Vorgang, der in den Andenpaktstaaten erst in der zweiten Hälfte des 20. Jahrhunderts eingesetzt hat. Immer wieder stellt sich die Kernfrage: Wie ist es möglich, Wissenschaft und Technologie zu übernehmen, ohne dabei die zentralen Werte der kulturellen Identität einzubüßen? Die Andenpaktstaaten müssen neue Wege der Absorption von Wissenschaft und Technologie finden, um wirtschaftliche Innovationen auszulösen und Kreativität freizusetzen, ohne dabei wieder in eine passive Imitation zu verfallen und in weitere Abhängigkeit von der westlichen Wissenschaft und Technologie zu geraten.

Eine geglückte Konvergenz von Tradition und Modernität ist unerläßlich für die politische Stabilität. Wissenschaft und Technologie müssen so angewandt werden, daß sie den wirtschaftlich schwächeren Staat nicht seine Wurzeln verlieren lassen.

Vorgehensweisen, die sich überwiegend auf ökonomische Rationalität berufen, können in dem humanen Identitätsbewußtsein einen rationalen Nihilismus auslösen. Kosten/Nutzen-Analysen beruhen auf der Vorstellung, daß alles meßbar und quantifizierbar sein muß ohne Rücksicht auf die qualitativ unterschiedliche Dimension des Menschen. Auch Faktoren, die auf den ersten Blick von einem materiellen Gesichtspunkt aus nicht »produktiv« sind, können langfristig umfassende Auswirkungen haben.

Jede Kultur hat den ihr eigenen Stil der Entwicklung; entsprechend werden dafür Modelle zur endogenen Strukturierung für Staat und Wirtschaft gebraucht.

In den Andenstaaten trat immer wieder der Fall auf, daß Technologie und Modernisierung für die politische Führungsschicht annehmbar schien, nicht aber für breite, noch in archaischen Traditionen eingebundene Bevölkerungsschichten. In diesem Fall können traditionelle Kulturen als Hindernis der Modernisierung erscheinen, wenn diese Bevölkerungsteile, um ihre Identität zu bewahren, neue Technologien zurückweisen, da sie als Herrschaftsinstrument der fremden dominanten Kultur gewertet werden. Technologischer Transfer sollte aufgrund von Austausch und nicht von Beherrschung stattfinden. *Es muß gelingen, einen zweiseitigen Prozeß in Gang zu setzen, gleichsam den Treffpunkt zweier Kulturen zu bestimmen, wo die kulturelle Identität bewahrt werden und zugleich die wirtschaftlich schwächere Kultur in den Stand versetzt werden kann, selbst Erfinder neuer Technologien zu werden.*

Zwischen dem bestehenden kulturellen Erbe und den begleitenden neuen Technologien kann Kultur verstanden werden als eine Bewegung nach vorwärts in Richtung auf eine aktive Wirtschaft und einen schöpferischen Staat. Es kann aber keine fruchtbare Entwicklung geben, wenn einer Kultur nicht die Möglichkeit zum freien Ausdruck gegeben wird und Fortschritt sowie Modernisierung nicht selbstbestimmt gestaltet werden können im Sinne einer endogenen Dynamik.

Kulturelle Werte unterliegen in der zeitgemäßen Dynamik der Entwicklung einer ständigen neuen Evaluierung von Objekten, Erfahrungen und Verhaltensweisen, die sich immer in einer Situation zur Wahl stellen. Kulturelle Werte können nicht ohne ihre Träger – Menschen oder soziale Gruppen – verstanden werden und stehen auch immer in einem Spannungsfeld. Werte sind kristallisierte Reflexionen der unterschiedlichen, oft widersprüchlichen Interessen der historisch gewachsenen Gruppierungen innerhalb eines Staates.

Der Begriff der technologischen Selbstsicherheit und endogenen Entwicklung sollte beides einschließen: die Fähigkeit, zu wählen und die Gebiete der partiellen technologischen Abhängigkeit selbst zu kontrollieren sowie die Fähigkeit zu schöpfen, anzugleichen und die technologischen Systeme mit den sozialen und kulturellen Bedürfnissen zu verbinden, die unvermeidbar in den nächsten Jahrzehnten anwachsen werden.

Auf dieser Grundlage entwirft die Studie eine Alternative zu der bisherigen Wissenschafts- und Technologiepolitik und formuliert einen integralen Plan für eine endogene Entwicklung in den Andenpaktstaaten.

Wissenschaft und Technologie sind Phänomene, die in einer Zeit der wirtschaftlichen Bedürftigkeit verstärkt in den Mittelpunkt rücken. Wissenschaft wurde im 20. Jahrhundert zur Weltwissenschaft auf einem Weltmarkt; das Erfassen von Ressourcen nahm unabhängig von lokalen und nationalen Variationen planetarischen Charakter an, wie auch die Weltbevölkerung bereits global betrachtet wird.

Die technologischen Beziehungen eines Staates sind Bestandteile seiner ökonomischen und politischen Relationen mit anderen Staaten und haben einen prominenten Rang vor allem in Entwicklungs- und Schwellenländern des außereuropäischen Raums, wo die Dynamik des sozial-kulturellen Raumes noch anderen historischen Gesetzen gehorcht als in den Industriestaaten mit ihrer wirtschaftlichen Evolution seit der Industrialisierung. Technologie fügt einer Gesellschaft, die eine entwickelte Infrastruktur und adäquate Arbeitskräfte aufweist, keinen Schaden zu; dort kann sie Teil einer indigenen Tradition werden und vermag in Harmonie zu existieren mit dem Ethos von Kultur, Wirtschaft und Gesellschaft. Dieser Sachverhalt ist in Lateinamerika nicht gegeben; hier müssen noch größere Annäherungsschritte vollzogen werden.

Die individuelle Annäherung an Wissenschaft und Technologie ist zunächst ein geistig-kultureller Vorgang, wobei ein Subjekt einen Prozeß durchschreitet von der ersten Information über eine Innovation bis zu der letztlichen Annahme. Dieser Akzeptanzprozeß sollte unterschieden werden vom Diffusionsprozeß, der die objektbezogene Verbreitung einer neuen Idee von der Quelle der Innovation bis zur letzten Annahme darstellt. Ein wesentlicher Unterschied zwischen Diffusionsprozeß und Akzeptanzprozeß besteht darin, daß Diffusion sich intrapersonell entwickelt, während Akzeptanz innerpersonell abläuft. Diese Überlegungen und Unterscheidungen sind für das spätere Verständnis der geforderten Eingliederung in die Kultur der Andenpaktstaaten von Wichtigkeit.

Ganz entscheidend ist die *Kompatibilität von Kultur und Technologie*. Sie ist der Maßstab, an dem Innovation in ihrer Konsistenz zu bestehenden Werten wie erlebter Vergangenheit gemessen wird. Es liegt auf der Hand, daß eine Idee, die nicht kompatibel ist mit den gewachsenen kulturellen Normen und Werten eines Staates, nicht so rasch akzeptiert wird wie eine Idee, die kompatibel ist. Die Vielschichtigkeit einer Innovation, wie sie von den Mitgliedern einer Kultur begriffen wird, bestimmt zusätzlich die Akzeptanz. Schließlich gestaltet auch die Kommunizierbarkeit einer Innovation als das

Maß, durch das die Ergebnisse einer Innovation an andere weitergegeben werden können, den Grad der Annahme.

Kompatibilität, Vielschichtigkeit und Kommunizierbarkeit sollen bei der folgenden Studie als Handwerkszeug zur Analyse der Charakteristika neuer Ideen am Beispiel der Andenkulturen verwendet werden. *Ohne soziale und kulturelle Innovation kann eine technologische Weiterentwicklung Lateinamerikas keinen Nutzen bringen, und aus diesem Grund entwickelt die Studie Perspektiven einer endogenen Technologiepolitik.*

Die Pluralität der Kulturen als Identitätsressource

Bereits Ralph Linton verwies darauf, daß wir durch Kenntnis einer Kultur voraussagen können, ob die Mehrzahl ihrer Mitglieder eine Innovation gutheißen oder sich ihr widersetzen wird. Kultureller Widerstand gegenüber neuen Ideen ergibt sich auf vielen Sektoren: bei Riten, sittlich-moralischen Traditionen, religiösen Werten. Kulturelle Werte beeinflußen nicht nur die ursprüngliche Annahme oder den Widerstand, sondern auch, ob und in welchem Maße eine neue Idee in das bestehende Leben integriert werden kann.

In noch archaischen und autochthonen Kulturen nehmen Menschen neue Ideen traditionell wesentlich schwerer an als in modernen Industriekulturen. Dies kommt gerade in den Andenkulturen mit ihrem hohen und breitgefächerten Anteil von Indios zum Ausdruck. Lokale Traditionen werden betont gepflegt, die Aussprache mit Angehörigen anderer Kulturen erfolgt kaum, es herrscht keinerlei kosmopolitisches Moment. Aus unserer Sicht dominiert ein eklatanter Mangel an ökonomischer Rationalität im alltäglichen Umgang der Menschen miteinander, aber auch in der wirtschaftlichen Sphäre. Zudem fällt es den Mitgliedern der noch archaischen Kulturen schwer, in neue soziale und wirtschaftliche Rollen zu schlüpfen, die exogen durch die Wirtschaft bestimmt sind und nicht ihren historischen Traditionen entsprechen.

Der einzelne Mensch in der modernen Industriekultur verfügt im Gegensatz zu den archaischen Kulturen über die Fähigkeit, sich selbst mit den Augen der anderen zu sehen, eine grundsätzliche Voraussetzung für eine differenzierte politische und wirtschaftliche Struktur.

In den Andenpaktstaaten wird deutlich, daß Technologie auch eine kulturelle Verarmung der Region mit sich bringt, da die exogenen Methoden und Produkte dazu beitragen, die historisch gewachsenen kulturellen und religiösen Traditionen einzuebnen. Bedeutende Staatsverbände waren die Synthese aus verschiedenen, oft widersprüchlichen Kulturen. Die Erfahrung des immer wieder anderen ist das Geheimnis des Wandels und des historischen Verlaufs. Technologie in weltweiter Verbreitung gerät aber zu dem mächtigsten Agenten einer historischen Entropie, regionale und nationale Besonderheiten werden außer Kraft gesetzt, Unterschiede zwischen Kulturen verwischen. Indem die Technologie der Pluralität der Kulturen ein Ende bereitet, bedroht sie in einem Umkehrschluß die Essenz des historischen Evolutionsprozesses der Menschheit in seiner künftigen Dimension. Mit jeder Zerstörung einer Kultur verschwindet – auch bei vermeintlich marginalen Kulturen – eine historisch gewachsene Möglichkeit menschlichen Seins, gerade mit Blick auf die Zukunft.

Die Andenpaktstaaten beweisen freilich, daß sich unterdrückte Kulturen der künstlich auferlegten Modernität widersetzen können. Die politische Gewalt in Peru etwa nährt sich nicht zuletzt aus dieser bis zu Radikalität und Terrorismus eskalierten Auflehnung. Die politischen Vorgänge im Iran seit dem Sturz des Schahs sind ein anderes Beispiel dafür, das Technologie nicht ohne Rücksicht auf die kultur- und religionsgeschichtlichen Wurzeln eines Staates auferlegt werden kann, da sie sonst eben fundamentalistische Raserei und Gewaltakte heraufbeschwört.

Aus globaler Sicht wird deutlich, daß Technologie vereinheitlicht, ohne politisch wirklich zu vereinen. Lateinamerika erlebt einen fortdauernden Dualismus: es behauptet in politischen Äußerungen, modern zu sein, die soziale und wirtschaftliche Wirklichkeit ist aber eindeutig vormodern. Sozialer Fortschritt wird nicht mit der industriellen Entwicklung gleichgesetzt.

Geschichte, auch die lateinamerikanische, vollzieht sich aber im Plural. Von Wichtigkeit sind die verschiedenen kulturellen und religiösen Versionen des Menschen. Diese Vielheit zu bewahren, heißt bei einer globalen Betrachtung der Weltzivilisation am Ende des 20. Jahrhunderts, die Identitätsressourcen der Menschheit zu sichern. Es gilt, auch die Besonderheit zu bewahren, das Recht auf Individualität als Zukunftspotential.

Diese Forderung ist für die Andenstaaten von zentraler Bedeutung, da sie bis in die Gegenwart durch eine Pluralität der noch zuweilen archaischen Traditionen gekennzeichnet sind und sich Modernität mit ihrem technologischen Anspruch nur mit außerordentlichen Schwierigkeiten bei den historisch oft noch präkolumbianischen Wurzeln ansiedeln läßt, weil eben die kulturelle Kompatibilität nicht bedacht worden ist.

Weiterführende Literatur

Aceves, Joseph: *Social Change in Spanish Village;* Schenkman, Cambridge (Mass.) 1971

Adamic, Louis: *The native's return;* Harper & Row, New York 1934

Adams, Richard N.: »Personnel in cultural change: a test of a hypothesis«, *Social Forces* 30: 185–189; 1951

– »Notes on the application of anthropology«, *Human Organization* 12(2): 10–14; 1953

– »A nutritional research program in Guatemala«. In B. D. Paul (ed.): *Health, culture and community,* pp. 435–458; Russell Sage Foundation, New York 1955

Altamira, Rafael: *A history of Spain from the beginnings to the present day;* van Nostrand Reinhold, New York 1949

American Anthropological Association Fellows: »Statement on problems of anthropological research and ethics«, *American Anthropologist* 69: 381–382, 1967

Apodaca, Anacleto: »Corn and custom: the introduction of hybrid corn to Spanish American farmers in New Mexico«. In E. H. Spicer (ed.): *Human problems in Technological change,* pp. 35–39; Russell Sage Foundation, New York 1952

Banfield, Edward C.: *The moral basis of a backward society;* Free Press, New York 1958

Barnett, H. G.: »Applied anthropology in 1860«, *Applied Anthropology* (jetzt *Human Organization*) 1(3): 19–32, 1942

– *Innovation: the basis of cultural change;* McGraw-Hill, New York 1953

– *Anthropology in administration;* Harper & Row, New York 1956

Batten, T. R.: *Communities and their development: an introductory study with special reference to the tropics;* Oxford Univ. Press, London 1957

Benedict, Ruth: *Race: science and politics;* Modern Age, New York 1940

Biesanz, John, and Mavis Biesanz: *Costa Rican life;* Columbia Univ. Press, New York 1944

Brokensha, David, and Peter Hodge: *Community development: an interpretation;* Chandler, San Francisco 1969

Browning, Harley L., and Waltraut Feindt: »The social and economic context of migration to Monterrey, Mexico«. In F. F. Rabinovitz and F. M. Trueblood (eds.): *Latin American urban research* 1: 45–70; Sage Publications, Beverly Hills (Calif.) 1971

Buitrón, Aníbal: »La investigación y el mejoramiento de las condiciones de vida«, *Boletín Informativo* nos. 26–27: 6–9; CREFAL, Pátzcuaro (Mexico) 1959

– »Problemas económico-sociales de la educación en la América Latina«, *América Indígena* 20: 167–172, 1960

Butterworth, Douglas S.: »A study of the urbanization process among the Mixtec migrants from Tilaltongo in Mexico City«, *América Indígena* 22; 257–274, 1962
Caldwell, John C.: *African rural-urban migration: the movement to Ghana's towns;* Columbia Univ. Press, New York 1969
Clark, Grahame: *Archaeology and society;* 2nd ed., rev.; Methuen, London 1947
Clark, Margret: *Health in the Mexican-American culture;* Univ. of California Press, Berkeley 1959
Cobarruvias [Covarrubias] **Orozco,** Sebastián de: *Tesoro de la lengua castellana, o Española;* (Madrid 1611), reprinted by S. A. Horta, Barcelona 1943
Davis, Stanley M.: »Management's effects on worker organizations in a developing country«, *Human Organization* 27: 21–29, 1968
Díaz-Guerrero, Rogelio: »The active and passive syndroms«, *Interamerican Journal of Psychology* 1: 263–272, 1967
Elkin, A. P.: »The reaction of primitive races to the white man's culture«, *The Hibbert Journal* 35: 537–545, 1936–37
Erasmus, Charles J.: »Agricultural changes in Haiti: patterns of resistance and acceptance«, *Human Organization* 11(4): 20–26, 1952
– »An anthropologist views technical assistance«, *The Scientific Monthly* 78: 147–158, 1954
– *Reciprocal labor: a study of its occurence and disappearance among farming peoples in Latin America* (unveröffentlichte Dissertation); Univ. of California, Berkeley 1955
Firth, Raymond: *Elements of social organization;* Watts, London 1956[2]
Flinn, William L.: »Rural and intra-urban migration in Colombia: two case studies in Bogotá«. In F. F. Rabinovitz and F. M. Trueblood (eds.): *Latin American urban research* 1: 83–93; Sage Publications, Beverly Hills (Calif.) 1971
Foster, George M.: »Some implications of modern Mexican mold-made pottery«, *Southwestern Journal of Anthropology* 4: 356–470, 1948
– »Relationships between theoretical and applied anthropology: a public health program analysis«, *Human Organization* 11(3): 5–16, 1952
– »Peasant society and the image of limited good«; *American Anthropologist* 67: 293–315, 1965
– *Tzintzuntzan: Mexican peasants in a changing world;* Littles Brown, Boston 1967
– »The Institute of Social Anthropology of the Smithsonian Institution 1943–1952«, *Anuario Indigenista* 27: 173–192, 1967
Friedmann, F. G.: »The world of ›La Miseria‹«, Community Development Review no. 10: 16–28; International Cooperation Administration, Washington (D. C.) 1958 (Reprinted from *Partisan Review* 1953)

García Manzanedo, Héctor, and Isabel Kelly: *Comentarios al proyecto de la campaña para la erradicación del paludismo en México;* Mimeographed; Mexico 1955. D. F.: Dirección de Estudios Experimentales en Salubridad Pública, Instituto de Asuntos Interamericanos

Geertz, Clifford: »The rotating credit association: a ›middle rung‹ in development«; *Economic Development and Cultural Change* 10: 241–263, 1962

Germani, Gino: »Inquiry into the social effects of urbanization in a working-class sector of greater Buenos Aires«. In P. M. Hauser (ed.): *Urbanization in Latin America* pp. 206–233; Internationl Documents Service, New York 1961

Gittler, Joseph B.: »Man and his prejudices«, *The Scientific Monthly* 69: 43–47, 1949

Hailey, Lord: »The role of anthropology in colonial development«, *Man* 44: 10–15, 1944

Hamamsy, Laila Shukry: »The role of women in a changing Navaho society«, *American Anthropologist* 59: 101–111, 1957

Hereford, Philip (ed.): *The ecclesiastical history of the English people* by the Venerable Bede. Translated by Thomas Stapleton; Burns & Oates, London 1935

Hesiod: *Hesiod.* Translated by Richard Lattimore; Univ. of Michigan Press, Ann Arbor 1959

Hill, W. W.: »The Navaho Indians and the ghost dance of 1890«, *American Anthropologist* 46: 523–527, 1944

Hofer, Tamás: »Comparative notes on the professional personality of two disciplines«, *Current Anthropology* 9: 311–315, 1968

Hogbin, H. Ian: *Social change;* Watts, London 1958

Horowitz, Irving Louis: »The rise and fall of Project Camelot«. In I. L. Horowitz (ed.): *The rise and fall of Project Camelot: studies in the relationships between social science and practical politics;* MIT Press, Cambridge (Mass.) 1967

Hoyt, Elizabeth E.: »The impact of a money economy on consumption patterns«. In B. F. Hoselitz (ed.): *Agrarian societies in transition,* 305: 12–22; The Annals of the American Academy of Political and Social Science, 1956

Hunter, John M.: »Reflections on the administrative aspects of a technical assistance project«, *Economic Development and Cultural Change* 7: 445–451, 1959

Kelly, Isabel: »Informe preliminar del proyecto de habitación en La Laguna, Ejido de El Cujie, cercano a Torreón, Coahuila«. Mimeographed. D. F.: Instituto de Asuntos Interamericanos, Mexico 1953

– »Cambios en los patrones relacionados con la alimentación«, *Boletín del Instituto Internacional Americano de Protección a la Infancia* 32: 205–208; Montevideo 1958

– *La antropologia, la cultura y la salud pública;* Imprenta del SCISP (Ministry of Public Health and Social Welfare), Lima 1960

Kemper, Robert van: *Migration and adaptation of Tzintzuntzan peasants in Mexico City;* unveröffentlichte Dissertation, Univ. of California, Berkeley 1971

King, Clarence: *Working with people in small communities;* Harper & Row, New York 1958

Kroeber, A. L.: *Anthropology;* Harcourt Brace Jovanovich, New York 1948

Lange, Charles H.: »The role of economics in Cochiti pueblo culture change«, *American Anthropologist* 55; 674–694, 1953

Lewis, Oscar: *Life in a Mexican village: Tepoztlán restudied;* Univ. of Illinois Press, Urbana 1951

Linton, Ralph: *The study of man: an introduction;* Appleton, London 1936

– *The cultural background of personality;* Appleton, New York 1945

Lowie, Robert H.: *Robert H. Lowie, ethnologist: a personal record;* Univ. of California Press, Berkeley 1959

McDermott, W., K. Deuschle, J. Adair, H. Fulmer and B. Loughlin: »Introducing modern medicine in a Navajo community«, *Science* 131: 197–205; 280–287, 1960

Maddox, James G.: *United Nations technical assistance to Mexico,* D. F.: American Universities Field Staff, Mexico 1956

Mair, Lucy P.: *Studies in applied anthropology;* London School of Economics, Monographs on Social Anthropology, no. 16; Univ. of London, Athlone Press, London 1957

Mangin, William P.: »The role of regional associations in the adaptation of rural population in Peru, *Sociologus* 9: 23–35, 1959

– »Mental health and migration to cities: a Peruvian case«. In Vera Rubin (ed.): *Culture, society and health* 84: 911–917; Annals of the New York Academy of Sciences, New York 1960

Matos Mar, José: »Migration and Urbanization. The ›barriandas‹ of Lima: an example of integration into urban life«. In P. M. Hauser (ed.): *Urbanization in Latin America,* pp. 170–190; Columbia Univ. Press, International Documents Service, New York 1961

Menéndez Pidal, Ramón: *The Spaniards in their history.* Translated by Walter Starkie. Hollis & Carter, London 1950

Mosher, Arthur T.: *Interrelationships between agricultural development, social organization and personal attitudes and values;* Comparative Extension Publication no. 12, New York State College of Agriculture at Cornell University, Ithaca 1960

Murphy, Robert F. and Buell Quain: *The Trumai Indians of Central Brazil;* Monograph no. 24; American Ethnological Society, New York 1955

Oberg, Kalervo: *Culture shock;* Bobbs-Merrill Reprint Series on the Social Sciences, A–329; Bobbs-Merrill, Indianapolis 1954

Oberg, Kalervo and José Arthur Rios: »A community improvement project in Brazil«. In B. D. Paul (ed.): *Health, culture and community, pp. 349–376; Russell Sage Foundation, New York 1955*

Pineda, Virginia Gutiérrez de: »Causas culturales de la mortalidad infantil«, *Revista Colombiana de Antropologiía* 4: 13–85, 1955

Pitt-Rivers, J. A.: *The people of the sierra;* Weidenfeld and Nicolson, London 1954

Read, Margret: *Education and social change in tropical areas;* T. Nelson, Camden (N. J.) 1955

Redfield, Robert: *Tepoztlan: a Mexican village;* Univ. of Chicago Press, Chicago 1930

– »The folk society«, *The American Journal of Sociology* 52: 293–308, 1947

Reichard: »The Navaho and christianity«, *American Anthropologist* 51: 66–71, 1949

Simmons, Ozzie G.: »The clinical team in a Chilean health center«. In B. D. Paul (ed.): *Health, culture and community,* pp. 325–348; Russell Sage Foundation, New York 1955

– »Drinking patterns and interpersonal performance in a Peruvian mestizo community«, *Quarterly Journal of Studies on Alcohol* 20: 103–111, 1959

Soustelle, Georgette: *Tequila: un village nahuatl du Mexique oriental;* Travaux et Mémoires de l'Institut d'Ethnologie, no. 62; Univ. de Paris, Paris 1958

Spector, Paul, Augusto Torres, Stanley Lichtenstein, Harley O. Preston, Johnette B. Clark and Susan B. Silverman: »Communication media and motivation in the adoption of new practices: an experiment in rural Ecuador«, *Human Organization* 30: 39–46, 1971

Staley, Eugene: *The future of underdeveloped countries: political implications of economic development;* Harper & Row, New York 1954

Thompson, Wallace: *The Mexican mind: a study of national psychology;* Little, Brown, Boston 1922

von Moltke, Willo: »The evolution of the linear form«. In Lloyd Rodwin and Associates: *Planning urban growth and regional development: the experience of the Guayana program of Venezuela,* Kap. 6; MIT Press, Cambridge (Mass.) 1969

Wellin, Edward: »Water boiling in a Peruvian town«. In B. D. Paul (ed.): *Health, culture and community,* pp. 71–103; Russell Sage Foundation, New York 1955

WISSENSCHAFT UND TECHNOLOGIE IN THEORETISCHER SICHT

Zur Wechselbeziehung von Kosmologie, Rationalität und Technologie

Isaac Newtons Denken liegt die Kernvorstellung zugrunde, daß das Universum einer Anzahl von Gesetzen gehorcht, die in letzter Konsequenz durch ihre Perfektion Gott verkörpern. Seit diesem Zeitpunkt vermittelt die Naturwissenschaft einen grundsätzlich anderen Eindruck vom Universum. Hiernach sind physikalische Körper nach deterministischen Gesetzen zu erfassen. In den Jahrhunderten nach Newtons Tod wurden Figuren des Universums reduziert auf mechanistische Modelle. Die Dimension des Menschlichen erschien als zu geringfügig, um sich in dieses mechanistische Modell einfügen zu können.

Vor diesem Hintergrund entwickelte sich die Dissonanz zwischen Natur- und Humanwissenschaften, die in der strittigen Bestimmung der ontologischen Ebene bis heute fortdauert. Oft wird übersehen, daß technische Rationalität und Wissenschaft kulturgebunden sind.

Beide treten nicht mit der Unausweichlichkeit eines natürlichen Phänomens in Erscheinung, sondern stehen zunächst für eine spezifisch abendländische Entwicklung. Das säkulare Geschichtsverständnis seit dem Ende der Renaissance mit dem Versprechen der Erlösung des Menschen in seiner irdischen Existenz spielte eine bevorzugte Rolle, ebenso die Auflehnung gegen die dogmatische Kirche. Es entstand eine neue Kosmologie, die den Kosmos wesentlich aus physikalischen Gesetzen und natürlichen Ressourcen zusammengesetzt sah, die es zu nutzen galt für Wissenschaft und Technik. Dieses neue physikalisch-mechanische Weltbild hat bei den präkolumbianischen Kulturen in den heutigen Andenpaktstaaten keine Entsprechung. Hierin liegt ein grundsätzliches Problem für die spezifische Anpassung von Wissenschaft und Technologie in Lateinamerika.

Auch die Wissenschaft wird in dieser Studie verstanden als eine bedingte Form der menschlichen Erkenntnis, die mit einer zunächst westlichen Kosmologie verbunden ist und mit der Rationalität als

Ausdruck einer vermeintlichen Überlegenheit gegenüber außereuropäischen Kulturen Hand in Hand geht.

Tatsächlich ist jede Rationalität kulturgebunden, sie muß unterschieden werden von reiner Logik. Was als rational in einer Kultur gilt, mag irrational in einer anderen sein; dies belegt gerade das Beispiel der historischen Andenkulturen in ihren Kategorien von Raum und Zeit, die aus westlicher Sicht völlig unterschiedlich sind. *Die Rationalität ist die kulturelle Essenz einer Kosmologie.* In einer besonderen – etwa der andinischen – Kultur können Mythen kongruent sein mit der Rationalität, in der westlichen Moderne wäre dies undenkbar.

Jede Kosmologie verfügt über ihre spezifische Rationalität als Rechtfertigung der Handlungsanleitungen in der politischen und wirtschaftlichen Praxis. Die globale Macht westlicher Wissenschaft und Technologie besteht nicht nur in der Stärke der Technologie, sondern vor allem in der Macht ihrer Rationalität, die das Denken anderer Kulturen paralysiert. Aus andinischer Sicht ruft dies eine Auflehnung gegen eine westliche Monopolisierung des Rationalitätsbegriffs hervor.

Deshalb geht es darum, auf ein universales Element hinzuarbeiten, das sich wie ein Ariadnefaden durch die verschiedenen Kulturen zieht, um transkulturelle Aspekte der menschlichen Rationalität zu finden und aus dieser Kenntnis für die Andenstaaten einen wirtschaftlichen Gewinn zu ziehen.

Bisher lag ein Fehlverstehen zwischen Industriekultur und andinischer Kultur vor, weil Wissenschaft und Technologie nur durch Osmose über Generationen hinweg in die andinische Kultur eingepaßt werden können und nicht umgekehrt die Kultur in die Technologie gewaltsam eingeführt werden kann. Wenn Technologie Teil der Kultur ist, folgt daraus, daß westliche Technologie keinen universellen Anspruch haben darf, sondern nur spezifisch für die moderne westliche Kultur sprechen kann, nicht aber für die Kulturalität als menschliche Identität an sich.

Die weltbeherrschende Technologie hängt heute von Charakteristika ab, die während der Gründerjahre in den Industriestaaten entwickelt wurden; sie schlossen steigendes Einkommen, wachsende Arbeitsproduktivität, steigende Erziehung zur Arbeitskraft, die mit ebenfalls steigendem Einkommen in Einklang standen, und steigende Spezialisierung mit ein. Eine solche adäquate Entwicklung hat sich in den Staaten der Peripherie, auch in den Andenpaktstaaten, niemals vollzogen.

Der Austausch von Technologie über nationale und kulturelle Grenzen hinweg ist ein historisch bekannter Vorgang. In allen Kulturstufen sind technologische Kenntnisse transferiert worden in

Territorien, in denen ein besonderes Wissen noch nicht vorhanden war. Aus dem Mittelalter kennt die historische Überlieferung die Abwanderung von Fachkräften aus dem Süden Europas in den Norden, wo noch heute Kathedralen von deren Fertigkeiten Zeugnis ablegen. Der klassische Industrialisierungsvorgang im westlichen Europa, der von England ausging, zeigt Phasen, in denen die Facharbeiter etwa Kräfte aus Flandern abspalteten und die Kunst des Webens nach England brachten, um auf diese Weise dort die Textilindustrie anzusiedeln, wo bislang nur Wolle ausgeführt werden konnte. Später entwickelte sich eine wahrhaft technologische Diffusion durch Gütertransporte wie die Maschinenausfuhr aus England, die erst 1828 offiziell erlaubt wurde und schließlich durch wirtschaftliche und finanzielle Transaktionen bis nach Deutschland und in den Rest des Kontinents strahlte.

Diese Form des Technologietransfers mit wechselseitigem aktiven Austausch zwischen den Kulturen fand in Lateinamerika zu keinem Zeitpunkt statt. Der Charakter des Technologietransfers zwischen den Staaten der ersten Welt und denen der Schwellenländer sowie der dritten Welt unterscheidet sich wesentlich davon.

Die Definition von Technologie unter kulturhistorischem Aspekt

Wir müssen an dieser Stelle genauer umreißen, was mit Technologie gemeint wird. Sie läßt sich definieren als ein Maß an industriellen Instrumenten, Werkzeugen, Materialien, Wissen und Fähigkeiten, die benötigt werden, um die Bedürfnisse der staatlichen Kulturgemeinschaft zu befriedigen und den zweckmäßigen Umgang mit den geographischen und ökologischen Umweltvoraussetzungen effektiv zu gestalten. Technologie ist demnach das geordnete Maß an Fähigkeiten, das für die Produktion und für das Marketing von Dienstleistungen und Gütern angewandt wird, das nicht nur durch wissenschaftliche Kenntnis der Natur-, Sozial- und Humanwissenschaften gekennzeichnet ist, sondern auch durch empirische Kenntnis aus Beobachtungen, Erfahrungen und Traditionen. Technologie bestimmt immer die Art und Weise, in der eine Kultur von der Natur und ihren Ressourcen Gebrauch macht. *Technologie wird zum organisierten Wissen der Produktion.*

Unter Technologie kann auch die Gesamtheit der kulturellen Praktiken verstanden werden, durch die natürliche Ressourcen umgeformt werden, um sie an den unmittelbaren menschlichen Gebrauch anzugleichen.

Aus der Sicht des produktiven Sektors ist die Technologie eine Ware. Sie verfügt über zwei Hauptcharakteristika:

1. Technologie hat wie jede andere Ware einen Gebrauchswert und einen Tauschwert; beide dürfen nicht verwechselt werden.

2. Technologie besteht aus materiellen wie immateriellen Elementen.

Die UN-Konferenz für Handel und Entwicklung betrachtet Technologie auf drei Ebenen:

1. Als *Kapitalgüter*, einschließlich Maschinen und Produktionssystemen

2. Als *menschliche Arbeitskraft,* Organisationskapazität (Management) wie auch als Anwendung spezialisierter Wissenschaft

3. Als *Informationen* sowohl technischen als auch kommerziellen Charakters.

Die Andenstaaten müssen überwiegend alle drei Formen der Technologie einführen.

Wissenschaftliche Erkenntnis ist sicherlich eine der wichtigsten Anstöße für die technologische Entwicklung, die der empirischen Fähigkeit zu Innovation wie Adaption folgt. Die faktische Problematik bei den Andenpaktstaaten besteht darin, daß kapitalintensive Technologien aus Staaten, in denen Kapital im Überfluß vorhanden und Arbeit rar ist, schwer exportiert werden können in Staaten, in denen Arbeitskräfte im Überfluß vorhanden sind, aber das Kapital in seltenen Fällen zur Verfügung steht. Derartige Technologietransfers führen ohne Berücksichtigung der dortigen kulturellen Dimension nicht zum gewünschten Erfolg.

Die Weltwirtschaft stellt keinen homogenen Raum dar, keine monolithische Organisation, die immer wieder identische Strukturen reproduziert. Am Beginn steht der Unterschied. So birgt der unreflektierte, lineare Technologietransfer die Gefahr der Uniformierung. Die lateinamerikanischen Staaten veranschaulichen, in welchem Maße die Diffusion der Technologie aus den Industriestaaten die kulturellen und religiösen Unterschiede eliminiert, die jeder Kultur ihre Originalität beimessen.

Die unterentwickelten Staaten kennen ein mimetisches Verhalten, das sich durch drei Charakteristika auszeichnet. Das erste ist politisch, es entsteht durch den Druck des ökonomischen Nationalismus der führenden Schichten, das zweite ergibt sich aus dem Import der internationalen Technologie, das dritte täuscht eine ökologische Überlegenheit vor, die es tatsächlich in dieser Weise nicht gibt.

Den verschiedenen Begriffen von Technologien ist gemeinsam:

1. daß Technologie vielgliedrige Parameter hat: Menschen, Management, Maschinen, Kenntnisse

2. daß Technologie verknüpft ist mit der wissenschaftlichen Aktivität

3. daß Technologie erst dann sehr produktiv sein kann, wenn sie effizient organisiert ist.

Bei industrieller Produktion schließt Technologie folgende Basiselemente ein:

1. »Feasibility«-Studien, Marktübersichten und andere Dienstleistungen, die den Investitionen vorgelagert sind
2. Industrielle Planung und Absteckung des Spielraums
3. Fabrikkonstruktionen und Installation der Maschinenparks
4. Ausbildung von technischem und organisatorischem Personal
5. Management der Produktionsmöglichkeiten
6. Informationen über das Marketing
7. Verbesserung des Produktionsdesigns.

Technologie bestimmt als Verbindung von materiellen Instrumenten und theoretischem Hintergrund das »what to do« sowie das »how to do« einer Gesellschaft. Sie ist somit eine historische und kulturelle Ausdrucksform in einem umfassenden anthropologischen Sinne.

Unter Technologie ist nicht nur die Hardware der Produktionsmittel, sondern auch das Procedere des Herstellens, die Methoden der Marktaktivitäten und die Spezifizierung der Produkte zu verstehen. Technologie umfaßt Verwaltungs- ebenso wie Marketingtechniken, die unmittelbar mit der Produktion in Verbindung stehen. Technologie erstreckt sich auf Dienstleistungen ebenso wie auf die Administration, die Erziehung, das Bankwesen, die Rechtsprechung wie auf die Fabrikation und die Agrikultur. Es geht somit nicht nur um die Hardware der Technologie, sondern um eine umgreifendere Definition des Begriffes im Verhältnis von Hardware zu Software. Technologie muß somit als n-dimensionaler Vektor begriffen werden, der die Natur des Produktes, den Gebrauch der Ressourcen, der Maschinen, der gelernten und ungelernten Arbeitskräfte, des Managements, des Materials, der Energie sowie der komplementären Produkte, die zur Auswahl stehen, erfaßt. Faktoren wie Währungsaustausch, Fertigkeiten, knappe Rohmaterialien, Ackerbau und Verfügbarkeit des Landes spielen eine weitere Rolle.

In einer archaisch geprägten Kultur verfügt Technologie über zwei entscheidende Charakteristika: Zunächst handelt es sich um eine vergleichsweise einfache Arbeitsgrundlage, deren Bestandteile von der gesamten Kultur geteilt werden (in diesem Sinne ist Technologie ein integraler Teil der individuellen und der kollektiven Kultur), zweitens wird die Technologie zwar in einer empirischen Weise zum Ausdruck gebracht, das erklärende Korpus der Kenntnisse steht aber überwiegend vor mythisch-magischem Hintergrund. Dies machte die Anpassung der westlichen Technologie in der kolonialen Zeit und später in der industriellen Phase so schwierig, da der mythisch-magische Hintergrund für die empirisch-zweckrationale Technologie hemmend war.

Es muß daher gelingen, heute in den Andenpaktstaaten die Technologie zu einem integralen Teil der Kultur zu gestalten. Es geht weniger darum, die gesamte Technologie gleichsam neu zu erfinden, sondern darum, die Fähigkeit zur sozialen Entscheidung zu entwickeln über den Gebrauch, die Zielrichtung und den Zweck der Technologie. Dies fordert eben die Schaffung von integraler technologischer Kapazität. Dazu sind drei Punkte notwendig: die Einführung der aktiven Teilnahme der gesamten Gemeinschaft bei der Schaffung von technischen Lösungen; weiter eine Reorientierung von Wissenschaft und Technologie auf mehr Flexibilität bezüglich der Aufnahmebereitschaft für die tatsächlichen Bedürfnisse der jeweiligen Kultur; schließlich müssen die Analysen auf der Grundlage von Problemen der Kultur und nicht nur von theoretischen wissenschaftlichen Positionen aus gemacht werden.

Vorrangig muß an dieser Stelle an eine adäquate technologische »Erziehung« gedacht werden. Zwischen der Technologie, der »Erziehung« und der gesamtgesellschaftlichen Entwicklung besteht ein Zusammenhang als den konstitutiven Faktoren des Staates. Die Notwendigkeit »edukativer Technologie« in den Andenpaktstaaten ist evident. Technologie ähnelt hierbei dem genetischen Material: sie vertritt den Code der Gesellschaft, die sie entworfen hat, und damit soll – eine günstige Umgebung vorausgesetzt – versucht werden, diese Gesellschaft zu reproduzieren.

Entscheidend hierbei ist: *Die edukative Technologie muß in Entsprechung zu den kulturhistorischen Voraussetzungen vollzogen werden.*

Technologie ist zwar eine Ware, die zunächst überall erworben werden kann; doch trügt diese Sicht, weil sie die kulturelle Eingebundenheit von Technologie außer acht läßt. Technologie kann nicht ohne weiteres über geographische und kulturelle Grenzen hin transferiert werden. Im anthropologischen Verständnis verkörpert Technologie eine der bestimmenden kulturellen Entitäten. Solange sie nicht begriffen wird als Ausdruck der Kultur, kann kein dauerhafter Aufbau von Staat und Wirtschaft geleistet werden.

Während der Conquista haben die spanischen Eroberer ihr technisches Instrumentarium den indigenen Kulturen auferlegt, ohne sich Gedanken zu machen, ob dieses Instrumentarium kulturell angemessen war oder nicht. Der Technologieimport aus den führenden Industriestaaten muß auf einen größeren Spielraum an Adaptionsfähigkeit im eigenen Land treffen, der durch edukative Technologie geschaffen wird.

Um die historische Synthese der andinischen Technologie zu begreifen und ihre Entwicklung auszuloten, muß erst geklärt werden, welche Faktoren die andinische Wirklichkeit dominierten (s. hierzu Kap. IV).

Von einer vernakularen und autonomen präkolumbianischen Phase ging die andinische Kultur hierbei über in eine Epoche der Abhängigkeit. Hierbei kamen magisch-mythische mit empirisch-rationalen Elementen zusammen, was bis auf den heutigen Tag das Konfliktpotential im andinischen Raum darstellt.

Ein wesentlicher Hinderungsgrund für das Entstehen von endogener Technologie im andinischen Raum ist die mangelnde Verankerung des technologischen Marktes, der den Charakter eines unfertigen Verkaufsmarkts trägt, welcher durch Händler für Ausrüstung und ausländisches Consulting bestimmt wird. Der exogene Transfer von Technologie ist die allgemeine Praxis.

Technologiepolitik ist stets der letzte Ausdruck der Entwicklungspolitik. Der gegenwärtige Versuch der Andenstaaten, politische Richtlinien für die technologische Forschung zu erarbeiten, spiegelt das wachsende Bewußtsein dessen wider. Doch der Versuch ist bislang überwiegend gescheitert, mit Ausnahme von Venezuela in den Jahren des Ölbooms. Die Andenstaaten halten die Entwicklungen der exogenen Technologie für zersetzend, da auf die Interessen der Industriestaaten zugeschnitten. Die volkswirtschaftliche Entwicklung Lateinamerikas wird dadurch nicht gefördert, denn die überwiegende Anzahl der exogenen Technologien entspricht nicht den Voraussetzungen der Andenstaaten, da sie von Produktionsmethoden ausgehen, die auf kapitalintensive Unternehmen zutreffen und nicht auf die zunehmend ungelernten Arbeitnehmer der Andenpaktstaaten. Leicht bilden sich in der privaten und öffentlichen Hand monopolartige Stellungen in der industriellen Formation der Andenpaktstaaten aus.

Das Angewiesensein auf den mimetischen Transfer von exogener Technologie beschränkt die innerstaatliche Freiheit in der Wahl der Strategien für die Entwicklung immer deutlicher. Gefordert ist statt dessen die Angleichung an die Voraussetzungen und Bedürfnisse der andinischen Kultur bei maximaler Erschließung der verfügbaren Ressourcen, seien sie menschlich oder natürlich. Eine zukunftsgewandte Politik der alternativen Technologien ist nur unter dieser Voraussetzung möglich.

Die entwickelten Industrienationen müssen sich den Vorwurf gefallen lassen, daß der Einsatz industrieller Technologie zu oft zu einem Ersatz für eine umfassende endogene Entwicklungsstrategie wird. Das Ausmaß des technologischen Wandels wird aber die Geschwindigkeit des Modernisierungsprozesses der Andenpaktstaaten insgesamt bestimmen. Die Technologie wird zum säkularen Arm der Wissenschaft. Die breitflächige Anwendung der Technologie im bisherigen Maßstab fordert in den andinischen Kulturen interne Widersprüche heraus.

Wir müssen im andinischen Raum unterscheiden zwischen einer vorwissenschaftlichen Gesellschaft, einer kolonialen Wissenschaft und dem Ringen um die Errichtung einer unabhängigen wissenschaftlichen Tradition. In der kolonialen Phase besuchten europäische Wissenschaftler den andinischen Raum, explorierten Fauna und Flora, studierten die geographischen und physikalischen Charakteristika und die unbekannten Gebiete und kehrten zu ihrem Ausgangspunkt zurück, um ihre wissenschaftliche Arbeit zu vollenden. In der »kolonialen« Wissenschaft war die Naturgeschichte der Hauptgegenstand des Interesses und der Aufmerksamkeit, aber der Spielraum der wissenschaftlichen Aktivitäten weitete sich im Einklang mit dem Ansteigen der kolonialen Macht aus. Der koloniale Wissenschaftler war abhängig in dem Sinne, daß die Wurzeln und Quellen seiner wissenschaftlichen Tradition, denen er sich verpflichtet sah, die Orientierung seiner Aktivitäten, die Formen der Anerkennung seiner Arbeit alle durch die wissenschaftliche Macht der Metropolis zustande kamen und nicht durch den Staat oder die Region, in denen er lebte und arbeitete, also durch die andinischen Kulturen.

Die koloniale Wissenschaft nahm in einer embryonalen Weise tragende Aspekte der Moderne vorweg. In einer Phase des Übergangs verfügte der koloniale Wissenschaftler zwar über die Unterstützung von außen, begann aber Institutionen zu schaffen und Traditionen zu begründen, die letztlich die Grundlage für eine unabhängige wissenschaftliche Kultur schaffen sollten. Hier liegt die Hybris verborgen, weil es bis in die Gegenwart nicht gelang, eine Wissenschaftstradition zu begründen, welche die koloniale Wissenschaft ersetzte durch den Gelehrten, dessen Interesse tatsächlich und ausschließlich in dem Territorium lag, in dem er arbeitete.

Die Diffusion der westlichen Wissenschaft behielt die Oberhand. Das Diktat einer eurozentrischen Perspektive durchherrschte die andinische Wissenschaft, das theoretische und empirische Denken geriet in Konflikt mit den spekulativen, auf magisch-mythische Traditionen zurückreichenden Denkformen der andinischen Kultur.

Diese Interaktion zwischen der importierten Wissenschaft und den traditionellen Formen des spekulativen Denkens ist bis in die Gegenwart nicht in Gang gekommen. Die Synthese wäre das lohnende Aufgabenfeld edukativer Technologie.

Das erste Ziel der andinischen Staaten muß sein, eine integrale Form der Wissenschaft herbeizuführen und vorrangig über alternative endogene Technologie nachzudenken, um die vollständige Unterwerfung der Kreativität und der Erkenntnis unter den Prozeß der westlichen Logik zu vermeiden. Der neue kulturelle Zusammenhang muß Raum lassen für eine Eigenständigkeit als Ausdruck der Evolution der menschlichen Spezies.

Frazer entwarf 1964 Konzepte vom Übergang der Magie zur Religion und zur Wissenschaft, um darin den Übergang von der passiven Kontemplation und passiven Akzeptanz der Kultur zu einer gewissen Aktion und Interaktion zwischen Mensch und den Phänomenen, die ihn umgeben, zu beobachten. Joseph Needham analysierte in seinen Schriften zur chinesischen Kultur 1977, in welcher Weise China über große Verdienste in der Evolution des spekulativen Denkens über die Natur verfügte, aber auch – im Unterschied zu Lateinamerika – in der Logik und Mathematik. Entsprechend war China fähig, Technologien hervorzubringen, die sich auf abstrakte und systematische Konzeptionen gründeten, und entwickelte eine effiziente soziale Organisation der Produktion. Die philosophische und intellektuelle Tradition Chinas war zur Zeit der Renaissance weit kongruenter mit der modernen Wissenschaft als die christliche Konzeption der Welt. Dennoch gab es eine Vielzahl an Faktoren im sozialen, ökonomischen und politischen Feld, die nicht übereinstimmten mit der modernen Wissenschaft und somit einer endogenen wissenschaftlichen und technologischen Entwicklung entgegenstanden. Vergleichbares gilt für Indien, die islamische Welt und vor allem eben für Lateinamerika.

Technologischer Fortschritt hat in dramatischer Weise das kulturelle Gefüge verändert, da er in Methode und Inhalt nationale Grenzen zu überschreiten vermag. Theoretische Vernunft muß sich stets neu in wirtschaftliche, soziale und politische Praxis wandeln. Daher müssen wir die kulturelle Gebundenheit unseres Wissens und der Technologie begreifen. Joseph Needham spricht von der Notwendigkeit eines »scientific ecumenism« und meint das Zusammenführen vielseitiger Traditionen der Technologie und Wissenschaft unter verschiedenen kulturellen Voraussetzungen. Kardinalprobleme wie die Beziehung zwischen Mensch und Biosphäre, den Mustern der Produktion in Industrie und Ackerbau tragen alle Kennzeichen des Einflusses von Wissenschaft und Technologie.

Im andinischen Raum wurde deutlich, daß Technologie immer auch den Verlust der sozialen Kohäsion zur Folge hat, auch den Verlust der persönlichen Identität des Menschen.

Daher bedarf es einer Neudefinition von Entwicklungsindikatoren, die bislang nicht in adäquatem Sinne eingeschätzt sind. Dimensionen der Lebensqualität sind zu erfassen, die nicht in ökonomischen Faktoren zum Ausdruck kommen, somit nicht quantifizierbar sind und dennoch im Rahmen der Geistes- und Kulturgeschichte das Leistungsvermögen des Staates bestimmten. Nur die Einheit von einer in diesem umgreifenden Sinne verstandenen Wissenschaft und Technologie kann als produktive Aktivität eine treibende Kraft des Staates werden. Hierdurch werden die Technologie, die soziale Geltung ihrer Anwendung, der Charakter der Arbeit und die gesellschaftliche Teilung der Arbeit bestimmt. Alle Sphären des sozialen Lebens sind angesprochen, alle Lebensbedingungen einschließlich des Erziehungswesens. *Es geht um eine Koppelung des wissenschaftlich-technologischen mit dem sozialkulturellen Fortschritt.*

Nur wenn es gelingt, die Entwicklung von Wissenschaft und Technologie einer Kontrolle durch die sozialen und kulturellen Bedürfnisse auszusetzen, kann eine produktive Authentizität des Staates gewährleistet werden.

Wissenschaft und Technologie in bezug zur sozialen Rationalität und zur Bildungspolitik

Diese Studie betrachtet die Konfrontation zwischen verschiedenen Konzeptionen von Wissenschaft und Technologie durch Analyse der kulturellen Dynamik, wie sie sich von der präkolumbianischen Kultur über die Kolonialzeit bis in die Epoche der jungen Republiken und die Jetztzeit vollzogen hat.

Die historische Natur der technologischen Entwicklung bewirkt, daß die Zeit und die örtlichen Gegebenheiten, in denen jede beliebige Technologie entwickelt wird, ihre Charakteristika wesentlich bestimmt. So wandelt sich die wissenschaftliche und technologische Erkenntnis lokal und temporär. Technologien können nur eingeführt werden, wenn ihnen in der Ökonomie, in der sie eingeführt werden sollen, Gültigkeit zugesprochen wird. Ökonomische und historische Umstände sind ihrerseits das Ergebnis der Technologie, die in einem Staat und einer Kultur gebraucht werden; technische Innovation und ökonomischer Wandel sind eng miteinander verbunden in einem Ursache- und Wirkungsverhältnis; sie verkörpern einen dynamischen Zirkel.

Technologie versieht die Gesellschaft mit signifikanten Referenzpunkten für wirtschaftliche Entscheidungen. Hierbei konkretisieren sich Entwicklungen in Gestalt neuer Produkte, neuer Methoden zur Produktion und neuer Güter, wobei neue Materialien verwendet werden können. Diese Faktoren bestimmen die produktive Aktivität.

Seit Beginn unseres Jahrhunderts läßt sich dieser Zusammenhang etwa in Peru bei dem Versuch der Ausweitung und der Modernisierung der Minenarbeit sowie der Agrikultur entlang der Küste sehen, wobei beide Aktivitäten zur Steigerung des Exports gedacht waren. Gerade im Fall von Peru wird deutlich, worin die Verfehlung besteht, da der Staat zwar die Technologie wählen und eingliedern kann, seine eigenen technologischen Möglichkeiten aber in dem Maße begrenzt sind, in dem er außerstande ist, eigene endogene Fähigkeiten zur Schaffung von Technologie zu entfalten.

Dieser Fall ist symptomatisch: Die Andenpaktstaaten arbeiten überwiegend mit einer Technologie, die sie selbst nicht geschaffen, sondern in den Industrieländern gekauft haben, zumeist zu ungünstigen Bedingungen; dies betrifft auch den Kauf von Lizenzen und Ausrüstung. Hierbei stellt sich die Frage, ob neu gekaufte Technologien adäquat entwickelt werden können. In den Andenstaaten ist die technologische Dynamik nicht kontinuierlich, sondern irregulär und spart tragende Elemente des produktiven Prozesses aus. Die technologische Dynamik hat lediglich defensiven Charakter mit Blick auf die wirtschaftlichen Herausforderungen und die Gestaltung der Produktion.

Beim Problem der Interaktion von Technologie und Kultur verschiedener Staaten wird zwar Wert gelegt auf die Dynamik der wissenschaftlichen Schöpfung und der Technologie, zu wenig Augenmerk fällt aber auf den Prozeß der Konfrontation zwischen verschiedenen Ansätzen von Technologie und Wissenschaft, wie sie aus verschiedenen kulturellen Traditionen resultieren.

Ein soziokulturelles System ist in seiner Balance und Feingliedrigkeit mit einem biologischen Organismus zu vergleichen, einem ökologischen System, in dem jeder Teil mit den anderen verknüpft ist unter der Gesetzmäßigkeit einer Gesamtfunktionalität. Dies betrifft Sprachmuster, Riten, Mythologien, religiöse Formen, juristische Normen neben der Welt des Materiellen, der Wirtschaft und der Technologie. Eine statische Gemeinschaft muß hierbei Fiktion bleiben. Die verschiedenen Ebenen und Elemente des Systems verändern sich mit unterschiedlicher Geschwindigkeit.

Diejenigen kulturellen Muster und Traditionen sind herauszufiltern, die einerseits Barrieren, andererseits Stimuli für eine energetische Entwicklung sein können. Hierzu ist es notwendig, diejenigen kulturellen und religiösen Aktivitäten zu erkennen – etwa in rituellen Handlungen oder sozialen Ereignissen –, die Rückschlüsse darauf erlauben. Ein Eingehen auf Praktiken des Verbrauchs und die energetische Rationalität wiederum lassen auf die soziale Rationalität schließen.

Jede Kultur ist nur lebensfähig aufgrund einer integrierten räumlich-zeitlichen Logik. Aus dieser Logik – oder durch die Bestrebungen gegen sie – erklären sich die Mechanismen des Widerstandes gegenüber den technologischen Erneuerungen, ihrer Verteidigung und ihrer Akzeptanz. Dies ist von Wichtigkeit, weil Wissenschaft immer mehr zur Technologie konvergiert. Die technologische Forschungsanlage ist wiederum stark beeinflußt von den Notwendigkeiten der Industrie, zugleich sind es in vielen Fällen dieselben Unternehmen, die die Forschung finanzieren.

In der gleichen Weise, wie entwickelte Staaten nationale Strategien entwerfen, müssen die unterentwickelten Staaten eine Umwandlung von exogenen Technologieimporten in eine den Bedürfnissen der ganzen Bevölkerung gerechten, kulturell angepaßten Wirtschaftsweise, die zu einer technologischen Eigenständigkeit führt, in Angriff nehmen und diesen Bemühungen das entsprechende Durchsetzungspotential verleihen. Im Vordergrund muß verstärkt eine neue Entwicklungs- und Technologiepolitik stehen, die darauf ausgerichtet ist, die nationale wissenschaftlich-technologische Kapazität zu erweitern und zu konsolidieren. Es soll ein neues, eigenständiges, also endogenes technologisches Entwicklungsmuster entstehen, das Alternativen aufbaut zu den transnationalen und oligopolitischen, importierten und imitativen Ansätzen, um eine interne strukturelle Festigung zu erwirken. Die Möglichkeiten und Auswirkungen des technologischen Wandels müssen in den erzieherischen Inhalten und den Berufsqualifikationen mehr zum Ausdruck gebracht werden.

Es müssen neue Inhalte und Erziehungsmethoden auf wissenschaftlich-technologischem Gebiet in Kongruenz mit der sozioökonomischen und kulturellen Dimension entwickelt werden. Das Ziel dieser integralen Erziehung für Kinder, Jugendliche und Erwachsene ist auf die Ausbildung von Talent und Vermögen zur wissenschaftlichen Forschung und der angemessenen Akzeptanz der technologischen Innovation gerichtet. Eine wichtige Voraussetzung für diesen alternativen Ansatz ist eine Politik der langfristigen industriellen Entwicklung und Modernisierung, gegründet auf eine Marktexpansion neuer Güter und Dienstleistungen sowie einer produktiven Integration der technologischen Innovationskapazität im Mittelstand sowie in der Großindustrie.

Als wichtiger Schritt ist eine fortschreitende Substitution der Importe in den verschiedenen Bereichen des Ingenieurwesens, im Gebrauch der staatlichen Kaufkraft, in spezifischen Programmen auf strategischen Gebieten wie bei Kapitalgütern, Informatik und Telekommunikation anzupeilen. Die Stärkung der Forschungs- und Entwicklungskapazität muß schwerpunktmäßig in der höheren Bildung angesetzt werden.

Eine solche Politik der edukativen Technologie müßte die Formulierung einer systematischen Politik des Einpassens fortgeschrittener Technologien in die neuen nationalen Strategien der industriellen, sozialen und agrikulturellen Formen einschließen. Diese Eingliederungsfähigkeit setzt das völlige Verstehen der neuen technologischen Kapazität voraus, ebenso die Fähigkeit zur Nachahmung und Reproduktion, der Verbesserung und des Angleichens der Innovationen. Im Falle der Informatik und der Biotechnologien sowie der Mikroelektronik muß neben der Produktions- und Innovationskapazität im besonderen Maße eine Angleichung an die besonderen Konditionen des Marktes vorgenommen werden. In der zu formulierenden Politik müssen auch Fragen der öffentlichen Verwaltung beantwortet werden, die für das Funktionieren der Maßnahmen eine Schlüsselrolle spielt. Eine Integration der wesentlichen Zweige des produktiven Sektors muß erreicht werden, wo Technologien entsprechend dem Radius der Produktion zur Anwendung kommen, die dem Unternehmen in einem spezifischen Staat angemessen sind. Die erzieherischen Angebote in traditioneller wie experimenteller Form müssen vom theoretischen Wissen zum angewandten Wissen übergeleitet werden.

Aus diesem Grund muß unter der Priorität von edukativen vor ökonomischen und finanziellen Maßnahmen in den Andenstaaten jede Fähigkeit zur technologischen Innovation gefördert werden durch die Schaffung von Zentren und Institutionen der technologischen Forschung in allen produktiven Sektoren (Telekommunikation, Metallurgie, mechanische Zweige, Informatik, Mikroelektronik und Biotechnologie).

Als Voraussetzung für eine Endogenität muß die Technologiepolitik die Identifizierbarkeit von Kriterien, Zwecken, Prioritäten und Optionen im ökonomischen und institutionellen Raum beinhalten. Mit einer Demokratisierung dieser Informationen wird der Weg zu einer ökonomischen und wissenschaftlich-technologischen Autonomie frei.

Dies fordert neue Prioritäten in der Angebotspalette des Arbeitsmarkts. Der Schwerpunkt liegt hier bei erzieherischen Innovationen von langfristigem Charakter. Bei der Schaffung von Studiengängen, die Erziehung und Sozialisierungsprozeß mit den Strategien der Arbeit und der beruflichen Qualifikation verknüpfen, sind verstärkte Experimente in den Fragen der Lehrerausbildung notwendig.

Diese eben umrissene Endogenisierung der Technologie, die zentrale Zielsetzung dieser Studie, bemißt sich nach dem Verständnis für die kulturelle Dimension, d. h. den Verhaltensparametern, die verschiedene ethnische Gruppen an den Tag legen angesichts von Technologien, die unvermeidbar eindringen in deren Idiosynkrasien und einen bestimmten kulturellen Wandel auslösen.

Die Grundlage dazu bildet ein anderes konzeptuelles Verständnis der Verhältnisse von Technologie und Kultur. Hierzu ist eine holistisch-anthropologische Sicht notwendig, die die Stellung zur Natur, zum Übernatürlichen ebenso einbezieht wie die Stellung der Natur zu den Gottheiten in der präkolumbianischen Kultur. Dies bedingt den Einschluß des mythischen und religiösen Raumes, stets mit Blick auf die Kompatibilität mit der Technologie.

Auch das Verhältnis von Zeit und Raum und die Stellung des Menschen im Universum sowie die Rückkoppelung auf Staat, Gesellschaft und Wirtschaft geben hier den Ausschlag.

Weiterführende Literatur

Aaronovitch, S. and M. C. Sawyer: »The Concentration of British Manufacturing«, *Lloyds Bank Review* no. 14, Oktober 1974

Ademan, I. and C. T. Morris: *Economic growth and social equity in developing countries,* Stanford Univ. Press, Stanford 1973

Antonorsi-Blanco, Marcel: »Las consequencias sociales del cambio tecnológico y la búsqueda de tecnologías alternativas«; CONICIT Caracas; *Reto* 4, Herbst 1975

Arrow, K. J.: *Social choice and individual values;* New York 1951

Atkinson, A. B. and J. B. Stiglitz: »A new view of technological change«, *Economic Journal* 79, Juni 1962

Baer, W. and M. Hervé: »Employment and industrialisation in developing countries«, *Quarterly Journal of Economics* 80, Februar 1966

Bain, J. S.: *Barriers to new competition;* Harvard Univ. Press, Cambridge (Mass.) 1956

Barnet, Richard J., and Roland F. Muller: *Global reach: the power of multinational corporations;* Simon and Schuster, New York 1974

Baumol, W. J.: *Economic theory and operations analysis;* Prentice Hall, New York 1961

Ben-David, Joseph: *The scientist's role in society: a comparative study;* Prentice Hall, New Jersey 1971

Bernal, J.: *Science in history;* Penguin, Harmondsworth 1969

Boyle, Godfrey and Peter Harper: *Radical technology;* Wildwood House, London 1976

Bruno, M.: »Development policy and dynamic comparative Advantage«. In R. Vernon (ed.): *The technology factor in international trade;* Oficina Nacional de Investigación Económica, o. O. 1970

Bruton, H.: »Economic development and labour use: a review«, *World Development* 1, Dezember 1973

Business Intelligence Program: *Biotechnology and agriculture;* Report 707, Herbst 1984

Calder, Nigel: *Technopolis;* Flammarion, Paris 1971

Casas, Rosalba: *Algunos lineamientos de política de ciencia y tecnología para el sector agropecuario;* Instituto de Investigaciones Sociales, UNAM, México, 1986

Chipman, J., L. Harwicz, M. Richter and H. Sonnenschein (eds.): *Preferences, utility and demand;* Harcourt Brace, o. O. 1971

Clarke, Robin (ed.): *Notes for the future (An alternative history of the past decade);* Universe Books, New York 1975

Comisión Económica para la América Latina (CEPAL): *Choice of technique in the Latin American textile industry;* UNO, New York 1966

Cooper, C.: »Science, technology and production in the underdeveloped countries: an introduction«, *Journal of Development Studies* 9, Oktober 1972

– »Science policy and technological change in underdeveloped economies«, *World Development* 2, März 1974

Cooper, C. and F. Sercovich: »The channels and mechanisms for the transfer of technology from developed to developing countries«, UNCTAD, TD/D/AC 11/5, Genf 1970

Chenery, H. B., M. S. Ahluwalia, C. L. G. Bell, J. H. Duloy and R. Jolly: *Redistribution with growth;* Oxford Univ. Press, Oxford 1974

Denison, E.: *Why growth rates differ;* Brookings Institution, Washington (D. C.) 1967

Departamento de Asuntos Económicos y Sociales de las Naciones Unidas: *Panel of foreign investments in Latin America;* Colombia 1971

Dickson, D.: *Alternative technology and the politics of technical change;* Fontana, Bloomington 1974

Dobb, M. H.: *Theories of value and distribution since Adam Smith;* Cambridge 1973

Domar, E.: *Essays in the theory of growth,* Oxford Univ. Press, Oxford 1957

Eckaus, R. S.: »The factor proportions problem in underdeveloped areas«, *American Economic Review* 45, September 1955

Edel, Matthew: *Economies and the environment;* o. O. 1973

Edwards, E. O. (ed.): *Employment in developing countries;* Columbia Univ. Press, New York 1974

Ehrlich, Paul and Anne: *Population, ressources, environment;* Fayard, Paris 1972

Ehrlich, Paul et al.: *Human ecology: problems and solutions;* W. R. Freemann and Co., San Francisco 1973

Emmanuel, A.: *Unequal exchange: a study of the imperialism of trade;* Monthly Review Press, o. O. 1972

Farvar, M. T. and J. P. Milton (eds.): *The careless technology: ecology and international development;* Natural History Press, Doubleday & Co., New York 1972

Frank, A. G.: *Capitalism and underdevelopment in Latin America;* Monthly Review Press, London 1967
– *Latin America, underdevelopment or revolution;* Monthly Review Press, London 1969
Freeman, C.: »Research and development: a comparison between British and American industry«, *National Institute Economic and Social Review* 20, Mai 1962
Furtado, C.: *Development and underdevelopment;* Univ. of California Press, Berkeley 1964
Galbraith, J. K.: *The new industrial state;* Penguin, Harmondsworth 1974
Georgescu-Roegen, N.: *The entropy law and the economic process;* Harvard Univ. Press, Cambridge (Mass.) 1971
Gerschenkron, A.: *Economic backwardness in historical perspective;* Harvard Univ. Press, Cambridge (Mass.) 1962
Griffin, Keith: *Underdevelopment in Spanish America;* Allen & Unwin, London 1969
Healey, J. M.: »Industrialisation, capital intensity and efficiency«, *Bulletin of the Oxford Institute of Economics and Statistics* 30, November 1968
Helleiner, G. K.: »Manufactured Exports from less developed countries and multinational firms«, *Economic Journal* 83, März 1973
– »The role of multinational corporations in the less developed countries' trade in trade in technology«, *World Development* 3, April 1975
Herskovits, Melville J.: *Les bases de l'anthropologie culturelle;* Petite Bibliothèque Payot, Paris 1967
Hirsch, S.: *Location of industry and international competitiveness,* Clarendon Press, Oxford 1967
Hollis, M. and E. J. Nell: *Rational economic man: a philosophical critique of neo-classical economics;* Cambridge 1975
Hutchison, T. W.: *The significance and basic postulates of economic theory;* London 1960[2]
Lowe, A.: *On economic knowledge;* New York 1965
Johnson, H. G.: *International trade and economic growth;* Allen & Unwin, London 1958
– *Comparative cost and commercial policy, theory for a developing world economy;* Conferencias Wicksell, o. O. 1968
Kay, C.: »Comparative development of the European manorial system and the Latin American Hacienda system«, *Journal of Peasant Studies* 2, Oktober 1974
Landes, D. S.: *The unbound Prometheus;* Cambridge Univ. Press, Cambridge 1969
Leff, N. H.: *The Brazilian capital goods industry 1929–1964;* Harvard Univ. Press, Cambridge (Mass.) 1968
Lewis, W. A.: *The theory of economic growth;* Allen & Unwin, London 1955

Maizels, A.: *Industrial growth on world trade;* Cambridge Univ. Press, Cambridge 1963

Mansfield, E.: *The economics of technological change;* Longman, New York 1969

Maritano, A.: *A Latin American common market;* Univ. of Notre Dame Press, Notre Dame (Canada) 1970

McKinnon, R. L.: *Money and capital in economic development;* Brookings Institution, Washington (D. C.) 1973

Meadows, D. H. et al.: *The limits of growth;* New American Library, New York 1972

von Mises, L.: *Epistemological problems of economics;* Princeton 1960

Morawetz, D.: »Employment implications of industrialisation in developing countries: a survey«, *Economic Journal* 84, September 1974

– »Elasticities of substitution in industry«, *World Development* 4, no. 1, Januar 1976

Müller-Plantenberg, Urs: »Technologie et dépendence«, *Critique de l'Economie Politique* 3: 68–82, Frühjahr 1971

Myrdal, G.: *Economic theory and underdeveloped regions;* Duckworth, London 1957

Office of Technology Assessment: *Technology, public policy, and the changing structure of American agriculture;* Congress of the United States, Washington (D. C.) 1986

Pickett, J., D. Forsyth and N. McBain: »The choice of technology, economic efficiency and employment in developing countries«, *World Development* 2, März 1974

Prebisch, R.: *Towards a new trade policy for development;* UNO, New York 1964

Puiseux, Louis: *L'énergie et le désarroi post-industriel* (essai sur la croissance énergétique); Hachette, Paris 1973

Rains, G. (ed.): *The gap between rich and poor nations;* MacMillan, New York 1972

Robinson, R. (ed.): *Industrialisation in developing countries,* Cambridge Overseas Studies Committee, Cambridge 1965

Robson, P. (ed.): *International economic integration;* Penguin Readings, Harmondsworth 1971

Sachs, Ignacy: *Croissance et environnement: élements pour une stratégie d'harmonisation* (Estudio dirigido por Ignacy Sachs, para la Conferencia de Naciones Unidas para el Medio Ambiente Humano); New York 1972

– »Développement, environnement et évaluation des techniques«, *Revue Internationale des Sciences Sociales* 25: 301–312, 1973

Salter, W. E. G.: *Productivity and technical change;* Cambridge Univ. Press, Cambridge 1966[2]

Samuelson, P.: »International trade and the equalisation of factor prices«, *Economic Journal* 58, Juni 1948

Samuelson, P. A.: »Parable and realism in capital theory: the surrogate production function«, *Review of Economic Studies,* 1962
– »Some notions of causality and teleology in economics«. In P. D. Lerner (ed.): *Cause and effect;* New York 1965
Schumacher, E. F.: *Small is beautiful: a study of economics as if people mattered;* Blond & Briggs, London 1973
Sen, A. K.: *Choice of techniques; an aspect of the theory of planned economic development;* Basil Blackwell, Oxford 1972
– *Collective choice and social welfare;* San Francisco 1970
– *On economic inequality;* Oxford 1973
Sercovich, F. C.: *Foreign technology and control in the Argentinian industry;* Dissertation, Univ. of Sussex, London 1974
Smith, A. D. (ed.): *Wage policy issues in economic development;* MacMillan, New York 1969
Solow, R. M.: *Growth theory;* Clarendon Press, Oxford 1970
Staley, E. and R. Morse: *Modern small industry for developing countries;* McGraw Hill, New York 1965
Strassman, W. P.: *Technological change and economic development;* Cornell Univ. Press, Ithaca (N. Y.) 1968
– »Mass production of dwellings in Colombia: a case study«; mimeographed; OIT, Genf 1974
Streeten, P. P.: »Technology gaps between rich and poor countries«, *The Scottish Journal of Political Economy* 19, November 1972
Sunkel, O.: »National development policy and external dependence in Latin America«, *Journal of Development Studies* 6, Oktober 1969
– »Transnational capital and national disintegration in Latin America«, *Social and Economic Studies* 22, März 1973
Sylos-Labini, P.: *Oligopoly and technical progress.* Translated by E. Henderson; Harvard Univ. Press, Cambridge (Mass.) 1969
Szentes, T.: *The political economy of underdevelopment;* Budapest Akademiai Kiado, Budapest 1971
Tinbergen, Jan et el.: *RIO: reshaping international order* (A report to the Club of Rome); E. P. Dutton & Co. Inc., New York 1976
Toffler, Alwin: *The future shock;* Bantam Books, New York 1970
Turnham, D.: *The employment problem in less developed countries, a review of the evidence;* OCDE, 1971
United Nations Industrial Development Organization (UNIDO): *Small scale industry in Latin America;* Wien 1969
UN-Konferenz für Handel und Entwicklung (UNCTAD): ST/MD/6, *Dominant positions of market power of transnational corporations: use of the transfer pricing mechanism;* Genf 1977
Varian, H. R.: »Equity, envy and efficiency«, *Journal of Economic Theory,* 1974

– »Distributive justice, welfare, economics and the theory of fairness«, *Philosophy and Public Affairs,* 1975
– »Two problems in the theory of fairness«, *Journal of Public Economics,* 1976
Weisskoff, R. Levy, L. Nisonoff and E. Wolff: »A multi-sector simulation model of employment, growth and income distribution in Puerto Rico: a re-evaluation of ›successful‹ development strategy«, mimeographed, Yale, New Haven 1973
Wilkinson, R. G.: *Poverty and progress;* Methuen, London 1973
Wong, S.: »The ›F-Tuist‹ and the methodology of Paul Samuelson«, *American Economic Review,* 1973
Wynne, Brian: »Technology assessment«, *Science for People* 24: 11–13, 1974
Zevallos, M., et al.: *Ciencia y tecnología para el desarrollo. Una bibliografía;* Centro de Investigaciones de la Universidad del Pacífico, Lima 1980

WISSENSCHAFT UND TECHNOLOGIE LATEINAMERIKAS

Technologie und kulturelle Pluralität

Der Anteil Lateinamerikas an der Weltwirtschaft nahm in den letzten Jahrzehnten eindeutig ab.

Die Gründe hierfür sind zu benennen. Lateinamerika ist durch eine ethnische und kulturelle Vielseitigkeit charakterisiert, von der zumal die Andenpaktstaaten geprägt sind. Dieser Vielschichtigkeit der Ethnien steht aber keine Vielschichtigkeit der Ebenen der politischen und wirtschaftlichen Erscheinungen zur Seite. Hierin wurzelt ein Kardinalproblem der Region. Die Andenpaktstaaten sind im Gegenteil in unrealistischer Weise von der Vorstellung einer nationalen Gesellschaft durchherrscht, die lediglich vorgibt, kulturell homogen zu sein, vor allem in politischen Entscheidungen.

Es wird aber Wert gelegt auf die Notwendigkeit einer Anerkennung der kulturellen Vielseitigkeit als unabdingbare Voraussetzung für die Formulierung einer neuen kulturellen und nationalen Identität der lateinamerikanischen Staaten. Hierbei müssen mehrere Voraussetzungen erfüllt sein: Zunächst die Anerkennung, daß jede Kultur das Resultat einer zunächst einzigartigen, nicht wiederholbaren historischen Erfahrung darstellt, durch die die gesamte Erfahrung der Menschheit bereichert wird. Zweitens ist die Krise der nationalen Ökonomien auch eine Krisis der nationalen Kulturmodelle. Andere Kulturen, denen bislang das Lebensrecht abgesprochen wurde, können jedoch die Einsicht fördern, daß sie durch ihre Existenzsicherung Lösungen zu Problemen beitragen können, die zunächst als unlösbar galten. Größeres Interesse an traditonellen Technologien, an Formen der sozialen Organisation können nach eingehender Untersuchung alternative Lösungen für nationale Ökonomien erbringen. Dies richtet sich vor allem gegen die vereinheitlichenden Tendenzen, die eine kulturelle Diversität verneinen. Menschen müssen zur Neuorganisation der sozialen und wirtschaftlichen Ordnung in verschiedenen kulturellen Traditionen angehalten werden. Die Krisis der Wirtschaft reduziert bislang in einem gefährlichem Maße die Kulturvielfalt auf einen bedrohlichen Uniformismus. Gerade in den Andenpaktstaaten muß es aber um die Schaffung einer fruchtbaren Koexistenz verschiedener Kulturen im Staatsverband gehen. Nur auf diesem Weg kann die Kardinalfrage, die Bedingungen einer autonomen kulturellen Entwicklung vor dem Hintergrund einer endogenen Technologie und der Pluralität der Kulturen, beantwortet werden.

Dies setzt die Lösung aller Probleme der territorialen Organisationen des Staates voraus, ebenso müssen die juristischen Formen, die abgespalten sind von den traditionellen Autoritäten, in eine nationale Abgewogenheit übergeleitet werden. Das Studium der verschiedenen Dialekte und Sprachfamilien ist eine weitere Voraussetzung, die formellen und informellen religiösen Systeme vor dem Hintergrund der Integration aller kulturellen Praktiken zu erkennen. Es muß eine Methodologie und Hermeneutik des interkulturellen Dialogs zwischen den Kulturen der Andenpaktstaaten erstellt werden, um ethnozentrische Vorurteile abzubauen, entsprechende juristische Bestimmungen für die administrativen Organisationen zu entwerfen, um schließlich Wissenschaft und Technologie in Staat und Wirtschaft verankern zu können. Entwicklungsprojekte müssen vor diesem Hintergrund betrachtet werden.

Das Ringen um den kulturellen Pluralismus setzt eine mentale Dekolonialisierung ohne jeglichen dogmatischen Charakter voraus.

Wissenschaft und Technologie im frühen Lateinamerika: Das koloniale Beispiel

Es lassen sich historisch folgende Phasen bei der wirtschaftlichen Entwicklung unterscheiden: die indigene Kulturstufe der vorkolonialen Zeit, die vorindustrielle koloniale Phase, die Phase der Eingliederung in den Weltmarkt auf der Grundlage von Rohstoffexporten, die Phase der Industrialisierung im Rahmen von Importsubstitutionen und schließlich die Phase der wachsenden Schwierigkeiten der Importsubstitutionen und der Exportdiversifizierung.

In der vorkolonialen, der präkolumbianischen Phase, die in Kap. IV erläutert wird, liegen noch keinerlei Berührungen mit fremden Kultursystemen vor. Die erste Kontaktphase erstreckt sich von Beginn des 16. bis in das 19. Jahrhundert. Sie wurde von Bedürfnissen der Kolonialmacht Spanien geprägt. Die zweite Phase setzte um die Mitte des 19. Jahrhunderts ein und dauerte bis in das erste Drittel des 20. Jahrhunderts. Die vorherrschende wirtschaftliche Modalität beruhte auf dem Export einiger weniger Rohstoffe und im Import von Industrie- und Konsumgütern. Nach der politischen Unabhängigkeit im ersten Viertel des 19. Jahrhunderts unternahmen einige Regierungen bereits Anstrengungen, ihre wissenschaftlichen Einrichtungen der Entwicklung anzugleichen, die

Nord- und Mitteleuropa und die USA im Zeichen der Aufklärung und der Industrialisierung vorlegten. In der nächsten Phase vollzog sich die Industrialisierung auf dem Felde der Importsubstitution.

Die Spanier, die Lateinamerika kolonialisierten, waren weniger Bauern oder Handwerker, sondern Militärs und zum überwiegenden Teil Kaufleute. Hier liegt ein großer Unterschied zu den Siedlern Nordamerikas des 17. Jahrhunderts, die zudem eine Flächenbesiedlung vornahmen und keine Punktbesiedlung wie in Lateinamerika. Nach Nordamerika wanderten größere Bevölkerungsteile mit dem Motiv aus, ein seßhaftes Siedlungswesen zu begründen und nicht lediglich mit dem Ziel einer kurzfristigen Eroberung für materiellen Reichtum.

Das Inkareich, das eine sehr hohe Kulturstufe erreichte, gründete sich zudem auf eine Agrarkultur, die auch Rückwirkungen auf die Organisation der sozialen Struktur hatte. Hinzu kam, daß die ökologische Wirklichkeit auf der spanischen Halbinsel zur Zeit der Conquista anders gelagert war als im andinischen Hochland. Entscheidend bleibt, daß in den folgenden Jahrhunderten von der spanischen Halbinsel wesentlich geringere technologische Innovationen kommen sollten für die industrielle Revolution, als dies im Vergleich zu England, Deutschland oder Frankreich geschah.

Lediglich die Infrastrukturmaßnahmen wurden partiell getroffen, die zum Abbau und Transport der Rohstoffe dienten sowie zum Ausbau der Verwaltungs- und Handelsstädte. Nur Bergbauschulen wurden eröffnet, wobei die andinische Elite immer nach dem Anschluß des wissenschaftlichen Systems an Europa strebte.

Die frühe spanisch-amerikanische Wissenschaft zeigt zwei Spitzen; die erste im 16. Jahrhundert vornehmlich in Mexiko bzw. Peru, als die besondere Qualität der Wissensformen entstand, die weitgehend von Europa beeinflußt war; die zweite Periode von Interesse markiert die zweite Hälfte des 18. Jahrhunderts, besonders unter Karl III. von Spanien von 1759 bis 1788, als die großen Expeditionen unternommen wurden, Ideen zu zirkulieren begannen und eine begrenzte lokale Entwicklung stattfand.

Eine Quelle gewisser Kontinuität waren in Lateinamerika die Gründungen der Universitäten während der kolonialen Epoche, ebenso die Installation der Druckpressen, deren Produktivität Hand in Hand ging mit der Universitätspolitik der Zeit in Spanien. Die Spanier gründeten während der Kolonialzeit nicht weniger als dreißig Universitäten in Spanisch-Amerika. 1535 entstand die Universität in Lima, 1551 das Colegio del Rosario in Kolumbien.

Die naturwissenschaftlichen Experimente hielten sich von Beginn an in Grenzen, zu nennen wäre etwa der Vorgang der Amalgamierung als ein früher industrieller Prozeß in Mesoamerika durch

Bartolome de Medina, der ursprünglich aus Sevilla kam. Medina wanderte 1533 aus Spanien ein und setzte nach zwei Jahren der Versuche 1555 den Prozeß der Amalgamierung in Gang, die später in Peru 1571 gestartet wurde. Die Arbeit wurde in Peru verbessert durch den Forscher Alonso Barba im 16. und 17. Jahrhundert.

Zudem kam ein Transfer der Agrartechnologie vom spanischen Stammland in die Kolonien in Schwung. Trotz der Innovationen wurde aber in der Kultivierung des lokalen Getreideanbaus relativ wenig erreicht. Die Spanier führten eine reiche Vielfalt an Pflanzen und Tieren nach Lateinamerika ein, wie eine Liste preisgibt, die Bernabe Cobos im 17. Jahrhundert aufführt. Sie schließt Weizen, Reis, Früchte und Gemüsesorten ebenso ein wie Pferde, Kühe, Schafe, Maultiere, Hühner und Gänse. So verwundert es nicht, daß die herausragendste Wissenschaft der Kolonialzeit die Botanik war; nicht zuletzt aus dem praktischen Grund der Gewinnung von Medizin.

Trotz des pragmatischen Mandats läßt sich im kolonialen Lateinamerika nicht wirklich von einer Nutzbarmachung der Forschung sprechen. Hier beginnt die Tradition, die für Lateinamerika in den folgenden Jahrhunderten noch schwerwiegende Konsequenzen haben sollte. Es gibt kaum Beiträge zu einer Theoriebildung im wissenschaftlichen Denken aufgrund der empirischen Erfahrungen. Wir können von einer zögernden praktischen Nutzanwendung ohne parallelen theoretischen Überbau sprechen.

Hinzu tritt, daß im europäischen Vergleich bereits Spanien einen gewissen Mangel an Theoriebildung offenbarte. Menendez y Pelayo macht dahingehend eine Bemerkung, als er vom Land der Mystiker, der Idealisten spricht. In dieselbe Richtung zielt die Aussage des zeitgenössischen Mathematikers Rey Pastor, der bemerkt, die spanische Kultur wäre schwach in der reinen Wissenschaft, besonders in der Abstraktion der Mathematik. Zudem herrsche unter lateinamerikanischen Wissenschaftlern der Kolonialzeit die Ansicht, daß aufgrund der peripheren Lage Lateinamerikas zu wenig Kontakt bestünde zu den nordamerikanischen und europäischen Geistesgrößen. Die Spanier und Portugiesen unternahmen zwar im 16., 17. und 18. Jahrhundert Anstrengungen, lokale Fragen und Erzeugnisse wissenschaftlich zu untersuchen, es war ihnen dabei aber nur sehr bedingter Erfolg beschieden.

Eine gewisse endogene wissenschaftliche Tradition schien sich nur in den reicheren Kolonien im Ansatz zu entwickeln, etwa in Mexiko während der drei Jahrhunderte der spanischen Herrschaft oder in Kolumbien im 18. Jahrhundert. Wissenschaft hatte aber, mit sehr wenigen Ausnahmen, einen praktischen Charakter ohne die notwendige theoretische Abstraktion als Voraussetzung einer weiterreichenden endogenen Technologieperspektive. Es gab in Lateinamerika nicht jene praktische Theorie gewissermaßen, die in Nordamerika zur frühen Erstarkung der Industrie und im Verbund mit der Evolutionslehre Charles Darwins und dem Sozialdarwinismus Herbert Spencers zu einem überragenden nationalen wissenschaftlich-technologischen Aufstieg führte.

Spätere industrielle Bemühungen, vor Ort zu produzieren, was bislang aus den Industriestaaten eingeführt wurde, begrenzte sich darauf, die Produkte weiterhin entsprechend den Bedürfnissen der einkommensstarken, an den weltwirtschaftlichen Zentren orientierten Schichten auszurichten. Dies hatte zur Folge, daß die Ergebnisse eines wissenschaftlich-technologischen Procederes der Industrieländer übernommen und die nötigen Forschungen nicht selbst entwickelt wurden. Hierin liegt noch bis heute ein Grundproblem der Andenpaktstaaten. Eine endogene Technologie konnte sich vor diesem Hintergrund kaum entwickeln.

Die lokale wissenschaftlich-technologische Infrastruktur wurde nur schwach durch neue Aufgaben herausgefordert. Auch der in den USA und Europa so wissensfördernde industrielle Aufbau, etwa das Verkehrs- und Kommunikationswesen oder die Grundstofferzeugung, begründeten sich in Lateinamerika überwiegend auf abgeschriebenem Wissen und wurden zudem unter der Ägide von europäischen und nordamerikanischen Experten errichtet und überwacht. Die für eine endogene Technologie notwendige enge Verknüpfung zwischen wachstumsfreundlichen Industrien und der wissenschaftlich-technologischen Infrastruktur als einer charakteristischen Verbindung der Industriestaaten war in Lateinamerika von Beginn an durch seine besondere Art der Eingliederung in den Weltmarkt nicht gegeben. Dies ließ das Bild der historischen Rückständigkeit und Isolation der andinischen Wissenschaft und Technologie entstehen. Die Unterentwicklung und die internationale Ungleichheit sind unvermeidbar in einem System, das den technologischen Fortschritt auf dem Weltmarkt auf so wenige Staaten konzentriert.

Stellenwert der Entwicklung von Technologie in Lateinamerika

Es ist offensichtlich, daß Wissenschaft und Technologie zu einem Haupttopos des Nord-Süd-Dialogs werden. Die Frage nach dem Stellenwert von Wissenschaft und Technologie in der Entwicklung Lateinamerikas hat in den letzten Jahren eine grundsätzliche Aufwertung erfahren. Es läßt sich in der Zwischenzeit kaum ein nationales oder auch regionales Entwicklungsprogramm aufzeigen, in dem dieses Bewußtsein nicht auffindbar wäre. Freilich sind die Rahmenbedingungen im kulturellen Kontext dabei nicht immer gebührend beachtet, obgleich sie sich zu einem elementaren Bestandteil der Entwicklungspolitik gesteigert haben.

Die Krise der Entwicklung in den Staaten der technologischen Peripherie ist immer auch eine Krise der Entwicklungstheorie. Ökonomisches Wachstum allein, gleichgültig, wie schnell es auch sein mag, kann soziale Probleme nicht lösen und kulturelle Spannungen nicht abbauen. Die Bedeutung der Wissenschaft und Technologie für die gesamtgesellschaftliche Entwicklung ist bisher rascher und vordergründiger in das Bewußtsein der Politiker und offiziellen Vertreter der Planung vorgedrungen als die gleichberechtigte Bedeutung der kulturellen Veränderungen, die den wissenschaftlich-technologischen Fortschritt erst dauerhaft integrieren müssen.

Erst in einem systematisch übergreifenden und grenzüberschreitenden Forschungsprocedere gelingt die Verbindung zwischen Wissenschaft und Technologie und der gesamtgesellschaftlichen, auch kulturellen Entwicklung. Mit dieser Wechselwirkung ließe sich die strukturelle Abhängigkeit der peripheren Staaten abbauen. Dependente Beziehungen können in interdependente verwandelt werden. Für Wissenschaft und Technologie bedarf es in Lateinamerika dazu eines entscheidenden Konsolidierungsprozesses.

Technologietransfer, ebenso aber intermediäre und angepaßte Technologie greifen als Verfahrensweisen tief in Produktionsabläufe ein. Technologie darf in toto begriffen werden als die Vorgehensweise, wodurch die Wissenschaft die Prozesse der Veränderung und der Verwandlung von Materie, ebenso der Energie und der menschlichen Umwelt erfaßt, eben grundsätzlich die äußeren Existenzbedingungen der menschlichen Gesellschaft. Entsprechend umfaßt Technologie nicht nur wissenschaftliche Erkenntnisse, sondern auch aus der Praxis stammende Erfahrung über die staatlichen und gesellschaftlichen Verwertungsmöglichkeiten. Hierdurch ist sie auf fundamentale Weise mit der Kultur verknüpft. Technologie ist zwar immer Bestandteil eines Erzeugnisses, aber sie steckt auch im Wissen über die Verfahrensweisen, enthalten in Dokumenten und erlerntem menschlichen Verhalten.

Von angepaßter Technologie darf gesprochen werden, wenn enge Beziehungen vorliegen zwischen den sozialen, kulturellen Bedingungen auf der einen Seite und dem Forschungs- und Entwicklungsprozeß mit den Vorgehensweisen der wissenschaftlich-technologischen Sphäre andererseits. Hiermit sind Produktionstechniken gemeint, welche die vorgegebenen wirtschaftlichen, sozialen und kulturellen Bedingungen eines Staates berücksichtigen.

Jeder Staat ist gezwungen, bestimmte wissenschaftlich-technologische Schwerpunkte zu setzen; hierbei gibt es qualitative und quantitative Schwellen, die überwunden werden müssen, um zumindest die Sprache der internationalen wissenschaftlich-technologischen Abläufe verstehen zu lernen. Die Andenpaktstaaten haben in vielen Fällen diese Schwellen noch nicht erreicht. Die gemeinsamen Merkmale der Andenpaktstaaten bestehen zunächst in einer peripheren historischen und gegenwärtigen Rolle in der Weltwirtschaft, weiter in einer internen Heterogenität der Produktionsstrukturen und Märkte, mitverursacht durch externe Faktoren. Dies mündete in ungleich interne Entwicklungsprozesse, die durch die extremen sozialen Unterschiede noch vertieft werden.

Der rasche technologische Wandel ermöglicht es den reichen Staaten bis heute, sich relativ flexibel zu entwickeln, und es liegt am Fehlen des technologischen Wandels, daß unterentwickelte Staaten zu einer drastischen Verschlechterung ihres Pro-Kopf-Einkommens verurteilt sind.

Der technologische Wandel und das damit verbundene Monopol über Kenntnisse, welche die Arbeitsproduktivität und die Lohnebene steigen lassen, sichert den entwickelten Staaten eine relativ hohe Rentabilitätsrate. Das Monopol über die Spitzentechnologie versetzt zudem die reichen Staaten in die Lage, über Handel und Direktinvestitionen höhere Gewinne aus den unterentwickelten Staaten zu ziehen. Die Kontraste werden noch dadurch verschärft, daß ein Teil des wirtschaftlichen Mehrprodukts der unterentwickelten Staaten ausschließlich den reichen Staaten zugeleitet wird, weil vornehmlich Privatunternehmen ihre Bilanzen durch Produktionsverlagerung in Schwellenländer verbessern und damit menschliche und finanzielle Ressourcen aus den unterentwickelten Staaten vereinnahmen, wohingegen Aufbauinvestitionen der Entwicklungshilfe überwiegend von staatlichen Organisationen geleistet werden. Die wissenschaftlich-technologische Ungleichheit im Weltmaßstab ist ein Grundfaktor der internationalen wirtschaftlichen und sozialen Desintegration.

Die Lösung der Probleme der unterentwickelten Staaten kann bei einer realistischen Betrachtung nur im Aufbau einer höheren Ebene der Technologie und nicht in einem Abbau bestehen. Freilich muß eine Wirtschaft, die sich auf Technologie gründet, flankiert werden durch eine problemlösende Kompetenz, die ein breites Spektrum von Aktivitäten von der Wissenschaft bis hin zur Administration und zum Management abdeckt. Die Schaffung einer endogenen Kompetenz bedeutet die Schöpfung einer Fähigkeit, Forschung und Entwicklung durchzuführen, womit wir wieder am Ausgangspunkt edukativer Technologie stehen. Es bedeutet, die Institutionen zu fördern, die Wissenschaftler und Ingenieure in die Lage versetzen, effizient zu arbeiten (s. Kap. VII).

Während aber Forschung und Entwicklung substantiell zum wirtschaftlichen Erfolg der Industriestaaten beigetragen haben, können die unterentwickelten Staaten ihre technischen Probleme nicht dadurch lösen, daß sie einfach die notwendige Technologie von den entwickelten Staaten importieren.

Eine politische Ökonomie muß auch die mechanistischen Modelle überwinden und erkennen, daß der Mensch mehr ist als ein Homo Deconomicus. Das Planen erschöpft sich nicht im Ökonomischen, es hat lediglich eine ökonomische Dimension. *Die politische Ökonomie, wie sie hier verstanden wird, muß das Joch der reinen Nationalökonomie abstreifen und sich öffnen für die ökologischen, sozialen und kulturellen Dimensionen des Wachstums.*

Erweiterung des Technologiebegriffs

Es gibt bei einer globalen Betrachtung keine wissenschaftlichen Doppelstandards zwischen den technologisch fortgeschrittenen Staaten und den unterentwickelten. Technologie wird immer als der Prozeß verstanden, in dem Kenntnis geschaffen und weiterverteilt wird. Dies heißt aber nicht, daß der Mensch, der Technologie schafft, sie auch anwendet oder daß die angewandte Technologie an der gleichen Stelle ausgeführt wird, wo sie entstand; vielmehr liegt eine Wechselwirkung dieser Faktoren vor. Ohne ein ausgebildetes wissenschaftliches System ist eine innovatorische technologische Entwicklung in einem Staat nicht möglich. Die Trias aus wissenschaftlich-technologischem System, der Regierung und dem produktiven Sektor ist notwendig.

Woraus besteht nun das wissenschaftlich-technologische System? Vereinfacht läßt sich sagen: aus den politischen Organen, welche die Wissenschaftspolitik eines Staates bestimmen, sowie der wissenschaftlich-technologischen Infrastruktur als der Gesamtheit aller Institutionen der Bildung und Wissenschaft, die einen Staat mit Erkenntnissen versorgt. Der produktive Sektor ist die Quelle der Nachfrage nach Wissenschaft und Technologie, die in Dienstleistungen und Produkte übergeführt wird.

Eine Aufgabe, die der Produktionssektor in einem Staat zu übernehmen hat, ist der Gebrauch der Ressourcen, wobei Innovation auf der Grundlage von Wissenschaft und Technologie gefragt ist. Die Regierung spielt die Schlüsselrolle bei der Ausrichtung der technologischen Entwicklung auf die sozialen und wirtschaftlichen Ziele des Staates. Aus diesen Gründen übernimmt die Regierung finanzielle, fiskalische und legislative Maßnahmen zur Innovation des technischen Systems.

Technologie kommt selbstredend zur Anwendung bei der Fabrikkonstruktion und der Installation der Ausstattung, ebenso bei den Elementen der technologischen Kenntnis im Durchführungsstadium, bei der Organisation der Produktionsfazilitäten, bei der Verbesserung der Effizienz der eingerichteten Innovationen sowie bei Import und Adaption von Material und Know-how.

Die Industrialisierung, die Lateinamerika seit dem 19. Jahrhundert erfahren hat, weist aus, daß nur ein sehr geringer Teil der angewandten Technologie aus internen Institutionen, aus den Forschungs- und Entwicklungsanstrengungen der Staaten selbst kam. Es ist von Wichtigkeit, daß nicht nur die Industriestaaten technologisches Wissen schöpfen, sondern auch die unterentwickelten Staaten und die Schwellenländer. Das könnte in einem Umkehrschluß sogar in einen Verkauf von technologischen Erkenntnissen der Schwellenländer an die Industriestaaten münden.

Der erweiterte Technologiebegriff dieser Studie schließt Informationen über das technische Vermögen der Natur mit ein, die notwendig sind, um industrielle Produkte herzustellen. Hier gäbe es Anknüpfungspunkte zu den indigenen Traditionen, wobei aber erst das Verständnis dafür geweckt werden muß. Zur Erhellung dient die Darstellung des kosmologischen Denkens der Indios im folgenden Kapitel.

Weiterführende Literatur

Alberti, Giorgio, y Enrique Mayer (eds.): *Reciprocidad e intercambio en los Andes peruanos;* Instituto de Estudios Peruanos, Perú Problema 12, Lima 1974

Altimir, Oscar: *Las búsquedas de nuevas alternativas para el desarrollo de América Latina;* Junte del Acuerdo Cartagena, Seminario sobre el Grupo Andino: Nuevas enfoques para el desarrollo y la integración subregional, 17.–19. 9. 1985; Lima

Amat y Leon, C., et al.: *Realidad del campo peruano después de la reforma agraria. 10 ensayos críticos;* Centro de Investigación y Capacitación (CIC), Editora Ital Perú S. A., Lima 1980

Aseniero, George: »A reflection on developmentalism: from development to transformation; *Development as social transformation;* Hodder and Stoughton and United Nations University, London 1985

Baer, Werner, and Isaac Kerstenitzky: *Inflation and growth in Latin America,* Yale Univ. Press, New Haven 1964

Barrenecha, Carlos L. (ed.): *El problema regional hoy;* Tarea, Lima 1983

Barry, Brian: *Power and political theory;* John Wiley, London and New York 1976

Bitar, Sergio: »La inserción de América Latina en la economía mundial. Riesgos y desafíos« (unveröffentlicht), Santiago, April 1986

Brunner, José Joaquín: *Universidad y sociedad latinoamericana: un esquema de interpretación;* CRESALC/UNESCO, Caracas 1985

Caballero, José Maria: *Economía agraria de la sierra peruana. Antes de la reforma agraria de 1969;* Instituto de Estudios Peruanos, Lima 1981

Carbonetto, Daniel: »El sector informal urbano: estructura y evidencias«. In Germán Alarco (ed.): *Desafíos para la economía peruana 1985–1990;* Centro de Investigación de la Universidad del Pacífico, Lima 1985

Cardoso, F. H. y E. Faletto: *Dependencia y desarrollo en América Latina;* Siglo XXI, México 1969

Carr, M.: *Economically appropriate technologies for developing countries; an annotated bibliography;* Grupo de Desarrollo de Tecnología Intermedia, o. O. 1976

Casas Gonzalez, Antonio: »El potencial de las fuentes convencionales en el abastecimiento energético de la América Latina«, el Trimestre Económico 200, México, Dezember 1983

Centre d'Etudes Prospectives et d'Informations Internationales (CEPII): *Economie mondiale: la montée des tensions;* Economica, Paris 1983

Chavez Achong, Julio: *Introdución al problema agrario en el Perú;* Ideas, Lima 1983

Chonchol, Jacques: »Revalorización del espacio rural como uno de los ejes fundamentales del desarrollo futuro de América Latina«, Paris 1985

Comisión Económica para la América Latina (CEPAL): *Choice of technique in the Latin American textile industry;* UNO, New York 1966

– *Crisis y desarrollo: presente y futuro de América Latina y el Caribe;* Reunión de expertos sobre crisis y desarrollo de América Latina y el Caribe; 29. 4.–3. 5. 1983, Santiago de Chile 1983

– *América Latina y el programa de acción de Viena: ciencia y tecnología para el desarrollo de los años ochenta;* Noveno período de sesiones del Comité des Expertos Gubernamentales de Alto Nivel (CEGAN), 23.–24. 1. 1984, Montevideo 1984

Cotler, Julio: *Clases, estado y nación en el Perú;* Instituto de Estudios Peruanos, Perú Problema 17, Lima 1978

Crozier, Brian: *A theory of conflict;* Hamish Hamilton, London 1974

Dagnino, Renato P.: *Aspectos tecnológicos e económicos do armamentismo;* Proyecto prospectiva tecnológica para América Latina, Universidad Estatal de Campinhas; São Paulo, Juli 1985

– *Novo desenvolvimento e novas tocnologias: una equação a resolver;* mimeographed; s.p.d.i., Februar 1986

Degregori, Carlos Iván: *Ayacucho, raíces de una crisis,* IER José Maria Arguedas, Ayacucho 1986

Degregori, Carlos Iván, C. Urrutia y Edwige Balutansky: »Apuntes sobre el desarrollo del capitalismo y la destrucción del área cultural del capitalismo y la destrucción del área cultural Pokra-Chanca«, *Investigaciones,* Universidad Nacional de San Cristóbal de Huamanga, pp. 243–252, Ayacucho 1979

Departamento de Asuntos Económicos y Sociales de las Naciones Unidas: *Panel of foreign investment in Latin America;* Colombia 1971

– *Tendencias y políticas actuales en la economía mundial;* New York 1985

Diaz Martinez, Antonio: *Ayacucho: hambre y esperanza,* Waman Puma, Ayacucho 1969

Dollfus, Olivier: »Les Andes Centrales tropicales vues par deux géographes: Isaiah Bowman et Carl Troll«, *Boletín del Instituto Francés de Estudios Andinos* 7: 7–21, Lima 1978

Ernst, Dieter: »Industrial redeployment and control over technology – consequences for the Third World«, *Vierteljahresberichte* 83, 1981

Espinoza, Gustavo, y Carlos Malpica: *El problema de la tierra;* Empresa Editora Amauta S. A., Biblioteca Amauta, Lima 1978

Fajnzylber, Fernando: »La industrialización de América Latina: especificidades y perspectivas«, mimeographed, August 1985

Frank, A. G.: *Capitalism and underdevelopment in Latin America;* Monthly Review Press, London 1967

– *Latin America, underdevelopment or revolution;* Monthly Review Press, London 1969

Fuenzalida, F., T. Valente, J. L. Villaran, J. Golte, C. I. Degregori y J. Casaverde: *El desafío de Huayopampa. Comuneros y empresarios;* Instituto de Estudios Peruanos, Lima 1982

García, Norberto y Víctor Tokman: »Transformación ocupación y crisis«, *Revista de la* CEPAL 24; Naciones Unidas, Santiago de Chile, Dezember 1984

Goldhamer, Herbert: *The foreign powers in Latin America;* Princeton Univ. Press, Princeton 1972

Gonzales de Olarte, Efráin: »Comunidades campesinas: economía y diferenciación campesina«, *Crítica Andina* 2: 137–163, Instituto de Estudios Sociales, Cuzco 1978

Griffin, Keith: *Underdevelopment in Spanish America;* Allen & Unwin, London 1969

Henriquez, Narda, José Blanes y Sandra Callenas: *Migraciones internas, estructura urbana y estructura productiva;* PUCP, Departamento de Ciencias Sociales, Lima 1979

Herrera, Amílcar O.: *América Latina y la nueva onda de innovaciones;* Proyecto prospectiva tecnológica para América Latina, Universidad Estatal de Campinhas, São Paulo 1985

– *Ciencia y política en América Latina,* Siglo XXI, México 1971

Herrera, Amílcar O. et al.: *América Latina: ciencia y tecnología en el desarrollo y las sociedad;* Editorial Universitaria, Santiago de Chile 1970

Hopkins, Raúl: *Desarrollo desigual y crisis en la agricultura peruana. 1944–1969;* Instituto de Estudios Peruanos, Lima 1981

Horowitz, Irving Louis: *Historia y elementos de la sociología del conocimiento. Tomo I. Contenido y contexto de las ideas sociales;* EUDEBA – Editorial Univ. de Buenos Aires, Buenos Aires 1964

– *Historia y elementos de la sociología del conocimiento. Tomo II. Contenido y contexto de las ideas sociales;* EUDEBA – Editorial Univ. de Buenos Aires, Buenos Aires 1964

Hurtado, Hugo: *Formación de las comunidades campesinas en el Perú;* Ed. Tercer Mundo, Lima 1974

Kaplinsky, Raphael: *Automation: the technology and society;* Longman, Harlow (Essex) 1984

– *Electronics based automation technologies and the onset of systemofacture: some implications for Third World industrialization;* Institute of Development Studies, University of Sussex, London, Juni 1984

Katz, Jorge, Ricardo Soifer y Angel Castaño: *Cambio tecnológico en la industria metalmecánica latinoamericana;* Oficina de la CEPAL, Buenos Aires, September 1985

Lipset, Seymour Martin (ed.): *Elites in Latin America;* Oxford Univ. Press, New York 1967

Maldonado, Guillermo: »La América Latina y la integración: opciones frente a la crisis«, *Revista de la* CEPAL 27, Santiago de Chile, Dezember 1985

Maletta, Héctor, y Jesús Foronda: *La acumulación de capital en la agricultura peruana;* Centro de Investigación de la Univ. del Pacífico, Lima 1980

Maritano, A.: *A Latin American common market;* Univ. of Notre Dame Press, Notre Dame (Canada) 1970

Matos Mar, José, y José Manuel Mejia (eds.): *La reforma agraria en el Perú;* Instituto de Estudios Peruanos; Perú Problema 3, Lima 1980

– *Reforma agraria: logros y contradiciones 1969–1979;* Instituto de Estudios Peruanos, Lima 1980

Nayudamma, Y.: *An alternative pathway for industrialization; a biomass-based strategy;* Diskussionspapier, UNIDO, Wien, 29. Juni 1984

Montoya, Rodrigo: *Capitalismo y no capitalismo. Un estudio histórico de su articulación en un eje regional;* Mosca Azul, Lima 1980

Murra, John V.: *Formaciones económicas y políticas del mundo andino;* Instituto de Estudios Peruanos, Lima 1975

Pérez, Carlota: *Microelectronics, long-waves and world structural change: new perspectives for developing countries;* Science Policy Research Unit (SPRU), University of Sussex, London, Juli 1984

Prebisch, Raúl: »Renovar el pensamiento económico latinoamericano, un imperativo«, *Comercio Exterior* 36, Juni 1986

Quintero Ramírez, Rodolfo, y Rosa Luz González: *Agricultura y alimentos, perspectivas mexicanas;* Ponencia presentada als Seminario TEPLA; Universidade de Campinas, April 1986

Reynolds, Lloyd G.: *Economic growth in the Third World, 1850–1980;* Yale University Press, New Haven 1985

Sagasti, Francisco: »Hacia la incorporación de la ciencia y la tecnología en la conceptión del desarrollo«, *El Trimestre Económico* 1(3), Sommer 1983

– *Ciencia, tecnología y desarrollo latinoamericano;* Fondo de Cultura Económica, México 1981

Sagasti, Francisco, y Cecilia Cook: *Tiempos difíciles: ciencia y tecnología en América Latina durante el decenio de 1980;* GRADE, Lima, Dezember 1985

Sagasti, Francisco, and Gonzalo Garland: *Crisis, knowledge and development: a review of long-term perspectives on science and technology for development;* GRADE, Lima, Januar 1985

Sagasti, Francisco, Fernando Chaparro, Carlos Paredes y Hernán Jaramillo: *Un decenio de transición: ciencia y tecnología en América Latina durante los* 70, GRADE, Lima, März 1983

Salgado, Germánico: *El Grupo Andino: problemas y perspectivas,* Quito o.J.

Samir, Amin: *Le développement inégal. Essai sur les formations sociales du capitalisme périphérique;* Editions de Minuit, Paris 1983

Sánchez, Vicente: *Modalidades de desarrollo, relaciones internacionales y políticas ambientales;* Programa Desarrollo y Medio Ambiente, El Colegio de México, México, Dezember 1985

Sánchez Albavera, Fernando, et al.: *Problema nacional. Cultura y clases sociales;* DESCO, Lima 1981

Schaff, Adam: *Qué futuro nos aguarda?: las consecuencias sociales de la segunda revolución industrial;* Editorial Crítica, Barcelona 1985

Schatan, Jacobo: »América Latina. Deuda externa y desarrollo: un enfoque heterodoxo«, *Revista Investigaciones Económicas* 215, México

Sempat Assadourian, Carlos: *El sistema de la economía colonial. Mercado interno, regiones y espacio económico;* Instituto de Estudios Peruanos, Lima 1982

Solis, José Luis: »Industrialización, crisis y estrategias alternativas del desarrollo en Centroamérica«, *Revista Economía de América Latina,* México, Dezember 1984

Sunkel, Osvaldo: *América Latina y la crisis económica internacional: ocho tesis y una propuesta;* Grupo Editor Latinoamericano, Buenos Aires 1985

Tavares, Maria da Conçeicão: *A retomada da hegemonia Norte America – un aprofundamento do debate;* Universidad Federal do Rio de Janeiro, Instituto de Economía Industrial, ANPEC/PNPE, Rio de Janeiro, August 1985

Tedesco, Juan Carlos: »Crisis económica, educación y futuro de América Latina«, *Revista Nueva Sociedad* 84, Caracas, Juni 1986

Tokman, Víctor: »El proceso de acumulación y la debilidad de los actores«, *Revista de la* CEPAL 26, Naciones Unidas, August 1985
– »Monetarismo global y destrucción industrial«, *Revista de la* CEPAL 23, Naciones Unidas, August 1984
United Nations Conference of Trade and Development (UNCTAD): »Una visión panorámica de las tendencias de la economía mundial«, *Cuadernos sobre Prospectiva Energética,* El Colegio de México, México, November 1985
United Nations Industrial Development Organization (UNIDO): *Industry 2000 – new perspectives;* Wien 1979
– »Report of the International Forum on Technological Advances and Development«, Tbilisi, 12.–16. 4. 1983
– *Small scale industry in Latin America,* Wien 1969
Urquidi, Víctor, Vicente Sánchez y Eduardo Terrazas: *Perspectivas y alternativas de América Latina ante los problemas mundiales,* Centro de Tepoztlán, México, Mai 1981
Wiarda, Howard J.: »The future of Latin America: Any cause for optimism?«. In H. Wiarda (ed.): *The alternative futures of Latin America;* AEI Foreign Policy and Defensive Review, American Enterprise Institute for Public Policy Research 5, no. 3, Washington (D. C.) 1985

DIE PRÄKOLUMBIANISCHEN KULTUREN

Der historische Verlauf und die gebrochene Akkulturation

Die Entdeckung Amerikas verkörperte als Aufbruch zu einer neuen historischen Wirklichkeit einen großen Augenblick. Es wäre möglich gewesen, daß Lateinamerika am Ende des 15. Jahrhunderts schon auf den Weg zu vorindustriellen Produktionsformen hätte gebracht werden können. Doch die Großtat von Kolumbus gab lediglich Europa und Nordamerika Anstöße für wissenschaftliche und technologische Erfindungen. In Lateinamerika selbst war diese Vektorkraft nicht in gleichem Maße zu spüren. Der neue Kontinent wurde zwar durch die Öffnung zur übrigen Welt Hoffnungsträger wachsender Produktivität, aber daß faktisch nur die europäischen und nordamerikanischen Kräfte Vorteil aus der neuen Situation zogen, trieb Lateinamerika in eine widersprüchliche Lage.

Die experimentellen Wissenschaften erstarkten in dieser Periode, und im 17. Jahrhundert entstand die Theorie der induktiven Logik, ausgearbeitet von Francis Bacon und später in die Praxis umgesetzt von John Stuart Mill mit seiner utilitaristischen Methode. Der Wirklichkeitsbegriff wurde empirischer, in Spanien bemühten sich Denker wie Ramon Sibuida oder Juan Luis Vives (1492–1540) mit seiner Schrift »Las Disciplinas« um eine neue Wirklichkeitsebene.

Die neue europäische Wissenschaft konnte das vorwissenschaftliche Denken des indigenen Amerika nur ablehnen. Aus Reisedokumenten und Forschungsunterlagen, etwa von Americo Vespucci, spricht ein besonderer Hochmut des europäischen Denkens, wobei die indigenen Kulturen aus einem theoretisch-philosophischen Blickwinkel betrachtet werden, der sich auf das scholastische Erbe berief, wie es von spanischen Chronisten und Vertretern der Krone dargestellt wurde. Hierauf baute sich das Paradigma des spanischen Denkens auf. *Aus europäischer Sicht wurde von einer Minderwertigkeit der indigenen und autochthonen Kulturen Lateinamerikas ausgegangen.* Das vorwissenschaftliche Denken in der Kosmologie der indigenen Kulturen wurde von den Europäern der Reformation wie der Gegenreformation geleugnet.

Es handelte sich um einen indigenen Materialismus, wie ihn etwa Lopez de Gomara zum Ausdruck brachte. Erste Versuche einer

Kausalität und frühe rudimentäre, konzeptuelle sowie systematische Ansätze traten in der Neuen Welt auf. Sie verkörperten prälogische Erzeugnisse einer natürlichen Notwendigkeit in der Staatsorganisation. Entscheidend für die spätere Entwicklung war, daß von einem intuitiven Wirklichkeitsverständnis ausgegangen werden konnte.

Die Theogonie wurzelte in Naturmythen. Zu Beginn des 16. Jahrhunderts stellten die in der Hierarchie höchsten Götter gleichzeitig die zwei Instanzen dar, welche die Welt erschufen: Sonne und Mond. Sie verkörperten Gottheiten, die entsprechend der ältesten Theogonie als konstituierende Gottheiten aufschienen. In dieser Phase erreichte das mythisch-magische Denken eine hochgradige Komplexität, wobei die Gottheiten hierarchisch strukturiert waren und über die wirtschaftlichen Fragen wie Fruchtbarkeit, Ernte und Gesundheit zu Gericht saßen.

Mit Beginn der spanischen Eroberung setzte ein Prozeß der Synkretisierung und der Amalgamierung ein. Die gleichen mythischen und magischen Zeichen wurden als logische und notwendige Punkte im geistigen und staatlichen Leben gewertet, wie die Chronisten José de Acosta und Cieza de Leon berichteten. Das religiöse und kosmologische Reich der indigenen Andenkulturen war ausgesprochen vielschichtig und reich. Es ist für den Verlauf der andinischen Geschichte sehr verhängnisvoll, daß es aus europäischer Sicht als minderwertig eingestuft wurde. Religion stand in enger Verbindung nicht nur zu den übernatürlich gewerteten Elementen wie Blitz, Donner und Regen als Bestandteil der Kosmologien, sondern auch zu den materiellen Lebensgrundlagen bei der Produktion, dem Handel und dem Verbrauch, so daß hier die abendländische Technologie nicht leicht vordringen konnte und immer wieder auf Hemmschwellen stieß.

Von entscheidender Bedeutung ist: Selbst an den Stellen, wo in der andinischen Kultur eine mathematische und physikalische Interpretation des Weltgeschehens vorlag, darf nicht unterschätzt werden, daß diese numerischen Ansätze in ein magisch-mythisches Weltbild eingebunden waren. Wir müssen folglich mit Begriffen wie einer frühen »Mathematik« oder »Astronomie« sehr vorsichtig umgehen, weil es sich um Bezeichnungen handelt, die leicht den Eindruck einer exakten Wissenschaft entstehen lassen, was aber in den indigenen Kulturen nicht der Fall war.

Diese Einsicht war auch bei Garcilasco de la Vega in seiner Schilderung der Astrologie und der Naturphilosophie der Inkas zu spüren. Da die indigene Kultur keine Buchstaben kannte, verlief das Denken der »Amautas«, gleichsam der Philosophen, in einer oralen Tradition. Gewisse Prinzipien in den »Wissenschaften« wurden im

Lichte einer Art Naturreligion verstanden. Auch die astronomischen Erkenntnisse waren eng verknüpft mit der magisch-mythischen Gedankenwelt, so daß eine Art der »metaphysischen Mathematik« entstand, die nur sehr schwer mit der Algebraisierung der späteren wissenschaftlich-technischen Zivilisation in Einklang zu bringen war. Garcilasco de la Vega beobachtete in diesem Zusammenhang, daß die Kenntnisse über Pflanzen und Gräser, die zur Heilkunde verwendet wurden, sich auf Erfahrungswerte gründeten, die durch die im Wortsinne »natürliche Notwendigkeit« diktiert wurden und nicht auf einer ausgearbeiteten, gedanklich ausgeklügelten Naturphilosophie beruhten, da die Andenkultur nicht über diesen Reflexionsgrad verfügte. Dieses Merkmal behinderte die Annahme der Abstraktion des aufstrebenden Industriezeitalters.

Die indigenen Kulturen offenbarten die grundsätzliche Schwierigkeit, mit dem Verstehen der objektiven Welt Schritt zu halten, was eine Voraussetzung für eine erfolgreiche Adaption der späteren Technologie gewesen wäre. Das autoreflexive Denken, das in produktive Kräfte hätte münden können, war nicht in genügendem Maß gegeben. Die Vision der Besiegten hatte zumindest ebenso weitreichende Folgen für das Vermögen zu Wissenschaft und Technologie wie die Perspektive der Spanier.

Verschiedene Dokumente der indigenen Kulturen bezeugen ein gewisses Maß an religiöser Furcht unmittelbar vor der Ankunft der Spanier. Selbst wenn davon auszugehen ist, daß es sich um retrospektive Deutungen handelt, spricht doch das Trauma daraus, das die indigenen Kulturen durchlebten. Prophetien ließen das Ende der Welt anklingen, von vierbeinigen berittenen Monstern, angeführt von weißen Kreaturen mit menschlichem Antlitz, war die Rede. Hieraus wird ersichtlich, daß die voraussehende magisch-mythische Vision der Inkakultur schon vor der Conquista zu einer in letzter Konsequenz gescheiterten Akkulturation mit der spanischen Kultur führen mußte.

In Peru beispielsweise waren die letzten Jahre von Huayna Capac durchsetzt von einer Serie schwerer Erdbeben. Schilderungen bezeugen, daß ein Blitz den Palast des Inka durchzuckte und Kometen am Himmel aufleuchteten. In indigenen Berichten ist von einem Kondor die Rede, der während des Festes der Sonne von einem Falken gejagt wurde und in die Mitte des großen Platzes von Cuzco stürzte. Der Vogel wurde aufgegriffen, gepflegt, starb aber trotzdem kurze Zeit später. Dies wurde von der indigenen Kultur als Zeichen einer kriegerischen Vision gedeutet. In einer hellen Nacht wurde der Himmel von der Farbe des Blutes überzogen, dann legten sich ein grünliches Schwarz, sodann rauchiges Grau über das Firmament. Das Blut sollte anzeigen, daß ein grausamer Krieg die Kinder von Huayna Capac spalten würde. Die schwarze Farbe signalisierte die Zerstörung des Inkareiches, das sich dem letzten Farbton nach dann in Rauch auflösen würde.

Daraus wird die stark magische und mythische Seinsauffassung der Inkakultur deutlich. Die Inkakultur offenbarte früh den jenseitigen, mystischen Charakter der Kosmologie, der unvereinbar schien mit den Anforderungen der westlichen Zweckrationalität in Wissenschaft und Technologie.

In der Kosmologie Lateinamerikas war der Mythos des zivilisationsstiftenden Gottes weit verbreitet, der sich nach seiner wohltätigen Herrschaft abwandte und versprach, eines Tages zurückzukehren. In Mexiko gab es Quetzalcoatl, der auf mysteriöse Weise nach Osten aufbrach, in der andinischen Region war es Viracocha, der im westlichen Meer verschwand. In Mexiko drangen die Spanier von Osten vor, und so wurde 1519 zum »ce-acatl«-Jahr ausgerufen. In Peru rückten sie von Westen vor. Atahuallpa wurde zum 12. Inka gekürt. Wiederum wird deutlich, daß die Inkas den Weltverlauf im Rahmen des mythischen Denkens begriffen und zumindest in gewisser Weise die Ankunft der Spanier als die Wiederkehr der Götter begriffen. Es ist merkwürdig, daß von Mexiko bis Peru die indigenen Beschreibungen dieselben furchterregenden Charakteristika herausstrichen, um die Fremdheit und Macht der Eindringlinge zu skizzieren: die weiße Hautfarbe, die Bärte der Männer, die Pferde, die Feuerwaffen und die Fähigkeit zu schreiben.

Andinische Chronisten wie Titu Cusi berichteten, daß die Spanier bei ihrer Ankunft als Viracochas betrachtet wurden, als Söhne des göttlichen Schöpfers, eben weil sie zu sehen glaubten, daß die Spanier miteinander mit Hilfe eines weißen »Tuches« sprachen. Gemeint war ihre Fähigkeit, Bücher und Briefe zu lesen und zu schreiben. Vor allem die Waffenarten und die Schreibfähigkeit markierten eine technische Überlegenheit der eindringenden Spanier. Noch schwerwiegender wurde bei der indigenen Bevölkerung deutlich ihr Unvermögen, ein naturgetreues Bild von ihrer Umwelt zu entwerfen, die empirische Wirklichkeit zu erfassen. Gerade dieses partielle Unvermögen, mit der Wirklichkeit identisch zu werden, sollte der strategisch hemmende Faktor für die Akzeptanz der späteren westlichen Technologie werden, die ein Gleichgewicht mit der empirischen Wirklichkeit zur Voraussetzung hatte. Jene magisch-mythische Verwurzelung war ein negatives Vorzeichen für die Akkulturation mit der mathematisch exakten abendländischen Technologie.

Selbst bei den Elementen, die auf eine vermeintliche Exaktheit in der Kosmologie der Inkas hätten rückschließen lassen, blieb der kulturgeschichtliche Hintergrund ein magisch-mythischer. Hierin wurzelt der diametrale Unterschied zur abendländischen Wissenschaft und Technologie und die Unvereinbarkeit der Nachfolgekulturen der Inkas zu einer leichten Verschmelzung der traditionellen Inkatechnologie mit der abendländischen. Entsprechend wurde in der Kolonialzeit sowie im 19. und 20. Jahrhundert jede wissenschaftlich-technische Zusammenarbeit zwischen beiden Traditionen erschwert.

Den bleibendsten Eindruck muß die zweifellose technisch-militärische Überlegenheit der Spanier hinterlassen haben. Dies ist wichtig als Erklärung dafür, daß eine relativ geringe Zahl von spanischen Kriegern das ehemals mächtige Reich der Inkas einnehmen und zunehmend zerstören konnte. Stahlschwerter standen gegen Lanzen aus Obsidian, Armbrüste gegen Pfeil und Bogen, Kavallerie gegen Infanterie. Diese Überlegenheit war freilich nicht alleine verantwortlich für den raschen Sieg über die Inkakultur. Die Feuerwaffen waren in ihrer Anzahl begrenzt, ihre Bedeutung war wie bei den Pferden mehr psychologischer Natur, was wieder auf das gebrochene Wirklichkeitsverständnis der Inkas Rückschlüsse erlaubt. Zudem wurde der spanische Sieg durch die politische und ethnische Teilung der andinischen Kulturen erleichtert.

Das Inkareich war seinerseits durch sukzessive Eroberungen aufgebaut; gewisse Gruppierungen der Inkas erkannten in der Ankunft der Spanier eine Möglichkeit, gegenüber rivalisierenden Stämmen das Joch der Unterdrückung abzuschütteln, gleichsam durch einen Pakt mit den Spaniern strategisch vorzugehen. In Peru schlug sich etwa die Huascar-Fraktion auf die Seite von Pizarro, der sich auch des Beistandes anderer Gruppierungen wie der Canaris versicherte, die sich der Hegemonie der Inkas widersetzten.

In der Kultur der Anden schwankte der Inka als Sohn der Sonne in seiner Stellung zwischen den Göttern und Menschen, wurde aber selbst als Gott verehrt. In gewissem Sinn verkörperte er das Zentrum des Universums, dessen Harmonie er garantierte. Der Tod des Inka bedeutete die Preisgabe des vitalen Referenzpunktes des Universums, die vollkommene Zerstörung des Ordnungsgefüges. Aus diesem Grund partizipierte die gesamte natürliche Welt an dem Drama der Vernichtung.

Das Trauma der Eroberung blieb nicht begrenzt auf den psychologischen Einfluß der Ankunft des weißen Mannes und der Auslöschung der alten Gottheiten. Das spanische Rechtswesen führte zu einer Desintegration, obgleich es sich der indigenen Institutionen bediente und sogar Segmente der traditionellen Rechtsprechung am Leben erhielt. In den fünfzig Jahren nach der Conquista erlebten die indigenen Kulturen dennoch eine Auflösung auf allen Ebenen:

der demographischen, ökonomischen, sozialen, religiös-kulturellen und geistesgeschichtlichen.

Der demographische Zusammenbruch war von grotesker Dramatik und war der Lage in Mesoamerika vergleichbar. Wie stark die Niederlage der Indianer vor einem kosmologischen Hintergrund zu verstehen ist, ja, über eine transzendentale Komponente verfügt, offenbart die Vision der Besiegten. Hiernach hatte die Invasion einen religiösen, kosmischen Hintergrund. Die Massaker, Feuerwaffen und kriegerischen Auseinandersetzungen wurden von den Indianern als das Ende der Welt erlebt. Ihre Niederlage wurde dahingehend gedeutet, daß die traditionellen Götter ihre natürliche Macht verloren hatten. Das irdische Leben hatte seinen Sinn eingebüßt, und da die Götter tot waren, sahen die Indianer keinen Ausweg, als auch zu sterben. Der Bevölkerungsrückgang in den nördlichen Anden betrug von 1530 bis 1560 10 Millionen Menschen (Nathan Wachtel, La Vision des Vaincus, Paris 1971, S. 135–140).

Die Gründe hierfür waren in Seuchen, etwa Pocken, Masern oder der Pest, zu suchen. Selbst vor Pizarros erster Expedition 1524 rafften diese Seuchen Tausende von Menschen dahin, auch den Inka Huayna Capac. Die vielbeschworene Krankheit »matlazahuatl« verseuchte das Territorium des heutigen Peru.

Der spanischen Herrschaft oblag eine wesentliche Verantwortung an dem demographischen Niedergang. Der erste Zensus nach der Eroberung weist eine besonders hohe männliche Sterblichkeitsrate auf, die durch den Krieg verursacht wurde. Hinzu traten individuelle und kollektive Selbstmorde und Abtreibungen auf weiblicher Seite, die Verzweiflung und Widerstand signalisierten. Die Alterspyramiden in der zweiten Hälfte des 16. Jahrhunderts bringen einen Fall der Geburtenrate zum Ausdruck und können als Kehrseite des Traumas der Eroberung betrachtet werden. Dies weist alles auf eine völlige Desintegration des wirtschaftlichen, gesellschaftlichen und kulturell-religiösen Systems hin, das früher Staat und Kultur einen übergeordneten Sinn verliehen hat. Die indigene Welt durchlebte eine Auflösung ihrer gewachsenen Geschlossenheit.

Will man den Prozeß der Zerstörung deuten, ist es notwendig, die besonderen Charakteristika der präkolumbianischen Kultur zu verstehen. Dies ist auch eine Voraussetzung für das Verständnis der nachkolumbianischen technologischen Verfassung und der Frage der Kompatibilität von Technologie und Kultur in den Andenstaaten.

Vor dem Aufstieg des Inkastaates (Tahuantinsuyu) war das große Territorium von verschiedenen Gruppierungen von unterschiedlicher Größe besiedelt. Die Chupachos aus der Region Huanuco zählten etwa 10000 Menschen, während die Lupacas auf der westlichen Seite des Titicacasees ein mächtiges Königreich von über 100000 Bewohnern errichteten. Die Inkas des Cuzco-Gebietes stellten zu Anfang eine ethnische Gruppierung von relativ geringer Bedeutung dar, die sich vor anderen nur durch den ihr gegebenen einzigartigen Platz in der Geschichte auszeichnete. Das »ayllu« verkörperte, analog zum mexikanischen »calpulli«, die grundsätzliche Einheit der verschiedenen ethnischen Gruppierungen, wobei ein Nukleus geformt wurde, der eine Zahl von Verwandtschaftsgruppen verband, die gemeinsam in einem gewissen Territorium angesiedelt waren.

Der Inkastaat stellte den Überbegriff dieser wechselseitig verbundenen Einheit dar. Er verfügte über einen politischen und militärischen Apparat, der von allen ethnischen Einheiten respektiert wurde, während die Hierarchie von lokalen Anführern, den Curacas, nicht angetastet wurde. Die gegenseitige Hilfeleistung war die geistige und materielle Grundlage für alle sozialen Verbindungen und durchherrschte den gesamten Ablauf der Produktion. Es ist für das Verständnis der Technologie in der nachkolumbianischen Epoche aber unerläßlich, auf den magisch-mythischen Hintergrund dieser Vorgänge hinzuweisen.

Die Dienstleistungen der Bürger von »Tahuantinsuyu« wurden für lokale Gottheiten und für die Curacas vollbracht. Gemeinsam bearbeiteten sie die Erde der Inkas und der Sonne im Geiste des religiösen Rituals und erhielten zum Ausgleich Nahrungsmittel (chica und coca), oder sie fertigten Kleidungsstücke an und übten den Dienst des »Mita« aus, d.h. sie verrichteten öffentliche Arbeiten oder den Kriegsdienst.

Die Gemeinwesen der präkolumbianischen Welt wurden durch die Conquista einem Prozeß der inneren Zerstörung ausgesetzt. Die wichtigsten Elemente dabei waren die neuen Formen der Tribute, die Einführung des Geldes und der Marktwirtschaft. Diese Ereignisse waren im Andenraum stärker ausgeprägt als in Mexiko, da die Untertanen des Inka im Gegensatz zu den Macehuales des aztekischen Reiches dem Staat nur Arbeitsdienste schuldeten und keine Zahlungen. Die Spanier organisierten ein neues Zahlungssystem für ihre Tributleistungen, die ersten »encomenderos« fällten ihre Entscheidungen willkürlich und achteten auch später auf keine Steuergesetze. Die Indios waren kollektiv für die Bezahlung der Steuern verantwortlich; da aber mit der demographischen Verringerung die Zahl der Indios drastisch abnahm, die Steuern aber gleich blieben, nahm das Steuersystem einen immer ungerechteren Charakter an.

Die spanischen Händler kontrollierten rasch den Markt. In fragmentalisierter Weise vermochten indigene Traditionen fortzubestehen, freilich losgelöst von ihrem ursprünglichen Zusammenhang und lieblos überführt in eine koloniale Welt bei gleichzeitiger Hegemonie des spanischen Reiches.

Auf dem Feld der Religion wurde noch stärker deutlich, wie schwer es die Entwicklung der Technologie im andinischen Raum hatte. Im Gegensatz zu den Mexikanern, die etwa bis 1570 starken Enthusiasmus für das Christentum aufbrachten, hielten etwa in Peru die Indios mehr an ihren eigenen Glaubensinhalten und Ritualen fest. Wenn auch die offizielle Verehrung der Sonne und des Inka im andinischen Raum nach der Eroberung schwand, wurde doch die volkstümliche Verehrung der Huacas, der lokalen Götter, weitergeführt. Die Indios arbeiteten wieder auf den Feldern, die den Göttern gewidmet waren, sie gruben ihre Toten auf den Friedhöfen aus und legten sie auf ihre alten Bestattungsplätze. Während sie den äußerlichen Anforderungen des Christentums oft widerwillig Genüge leisteten, bestand doch der tiefe Wunsch, die traditionellen Riten weiter zu pflegen. Die Spanier versuchten ihrerseits, dieser Ambiguität zu begegnen, indem sie Kreuze und Kirchen auf den alten sakralen Orten errichteten. Im Gegenzug verhüllten die Indios ihre Gottheiten schamvoll und brachten versteckte christliche Kreuze zum Vorschein.

Die Spanier deuteten die indigenen Götter als Symbole des Teufels, die Indios verstanden ihrerseits das Christentum als Götzenanbetung. Gestanden die Indios die Existenz des christlichen Gottes ein, betrachteten sie ihre Einflußsphäre als begrenzt und suchten Schutz bei den eigenen Gottheiten. Die religiöse Sphäre spiegelte die Teilung zwischen indianischer und europäischer Welt wider. Selbst in der Gegenwart findet die anthropologische Forschung noch Gedankengut bei gewissen Indios, etwa denen von Puquio, wonach Jesus Christus von der eigenen Kultur getrennt blieb. Nicht er schützte sie vor Gefahren, sondern die Berge.

In einer Epistel von Antonio de Zuniga an Philip II. aus dem Jahre 1579 kommt diese Trennung deutlich zum Ausdruck. Er beklagt sich darüber, daß die Indios nur vorgeben würden, an den katholischen Zeremonien teilzunehmen. Sie wären aber tatsächlich nicht mehr christianisiert als zur Zeit der Eroberung. Dieser Tatbestand, der in gewissen Formen bis in die Gegenwart fortdauert, ist für die Kompatibilität von Technologie und Kultur von größter Wichtigkeit, weil von einem hohen Anteil der indianischen Bevölkerung auszugehen ist, die in ihren Werten einer Annahme der westlichen, mathematisch-empirischen Technologie entgegensteht. In dem Wechselspiel von Kontinuität und Wandel setzte sich die Tradition gegen die Akkulturation durch.

Die Indios haben Elemente ihrer indigenen Kultur beibehalten und dazu Bruchstücke der abendländischen Kultur entlehnt, die sie als eine Art Verkleidung verwendeten. Wurden europäische Sitten, Riten und Gebräuche übernommen, so hatten sie sich in den Rahmen der indianischen Kultur einzufügen. An diesem anthropologischen Sachverhalt muß die Selbstkritik der Andenpaktstaaten mit Blick auf die mangelhafte endogene Technologiepolitik einsetzen. Hier liegen die Widersprüche zwischen der traditionellen Kultur, die bis in unsere Tage fortbesteht, und der modernen Technologie. Die Kontinuität der Tradition war ebenso fehlerhaft wie eine Synthese durch Angleichung an die moderne Technologie.

Das Beispiel von Guzman Poma de Ayala, einem der herausragendsten peruanischen Schriftsteller, der seine originäre Stimme nicht preisgab, verdeutlicht diese Gespaltenheit. Obgleich er in spanischer Sprache schrieb und das Christentum ausübte, betrachtete er weiterhin die koloniale Welt durch räumliche und zeitliche Kategorien, die das Inkareich in seiner Organisation begründet hatten. So skizzierte er eine Karte des Gebietes von Peru, die in ihren Grundzügen, untergliedert in Tiefen- und Höhenlinien, einer spanischen Karte glich. Freilich vermochten diese Linien mit nichts Vergleichbarem zu korrespondieren. Pomas Zeichnung von Peru drehte sich um zwei Diagonalen, durch welche die früheren Grenzen des Inkareiches markiert wurden, Chinchaysuyu im Westen, Antisuyu im Norden, Collasuyu im Osten und Cuntisuyu im Süden. Diese Linien waren auf der Karte explizit eingetragen. Die zwei Diagonalen kreuzten sich in Cuzco, so daß die alte Hauptstadt im Zentrum der Karte stand. Lima war zwar seit langer Zeit die Hauptstadt des Vizekönigtums, aber für Poma blieb, stellvertretend für die indigene Kultur, Cuzco der Kern des Universums. Hieran änderte auch die Tatsache nichts, daß das Bild durch zwei Symbole der abendländischen Macht, durch den Papst und den König von Spanien, umrandet war. Das Beispiel von Poma steht symbolisch für die mißglückte Form der Akkulturation.

Die indigene Kultur im andinischen Raum zeigt, daß in der Kolonialzeit dort auf vorher gültige Strukturen und Institutionen zurückgegriffen wurde, die aber – isoliert von ihrem kulturellen Zusammenhang – nur in fragmentarischer Weise überlebten. Die traditionellen religiösen Rahmenbedingungen behielten ihre Bedeutung bei, und es entwickelte sich eine Kluft zwischen der Weltsicht, die auf ein ganzheitliches Bild ausgerichtet war, und der nur teilweisen Kontinuität von Institutionen, die ihnen Bedeutung und Sinn verliehen hatten. Es herrschte die Divergenz zwischen dem Fortbestehenden und den zerstörenden Veränderungen, die unmittelbar nach der europäischen Invasion eine Krise der Auflösung in der indianischen Welt auslöste; diese Krise dauert bis in die Gegenwart fort und ist für das Verhältnis von Technologie und Kultur von ausschlaggebender Bedeutung.

Der Konflikt zwischen der dominanten spanischen Kultur, die seit der Kolonialzeit versuchte, ihre Werte der Andenregion aufzuerlegen, und der beherrschten indigenen Kultur, der eine tiefe Kluft in den sozialen und wirtschaftlichen Auffassungen der beiden Kultursysteme aufriß, hat sich bis heute weiterentwickelt und erklärt grundlegend auch Widerstände gegen eine endogene Technologieentwicklung in der Gegenwart.

Das Inkaimperium war zwar auch wie die spanische Kolonialmacht daran interessiert, wertvolle Metalle zu akkumulieren, aber die indigenen Kulturen gebrauchten Gold und Silber zu ornamentalen Zwecken, nicht aus marktwirtschaftlichen Gründen.

Natur- und Zeitverständnis der andinischen Kultur

Die empirische Wirklichkeit blieb in der mythischen Welt oftmals verborgen und erklärte sich nicht immer vollständig; wir können von einer verhüllten Transzendenz sprechen. Dies beginnt bereits mit der mythischen Vision der Natur in den präkolumbianischen Kulturen, die über die Kolonialzeit hinaus streckenweise bis in die Gegenwart Bestand hatte. Der indigene Mensch stand vor einer nicht zu beherrschenden Natur. Hier liegt ein genuiner Widerspruch zu den westlichen Technologiebestrebungen der spanischen Kolonialherren, die darangingen, die Natur zu beherrschen, sogar die Auswirkungen von Winden, Regen, Kälte und Dürre durch Eingriffe zu mindern. Die Balance zwischen Mensch und Natur wurde durch die Conquista zerstört und ist bis in die Gegenwart nicht wieder stimmig aufgebaut worden.

Unstrittig war die Tatsache, daß der indigene Mensch die Erde niemals als seinen Feind begriff, sondern als ihr Beschützer auftrat und sie als Quelle des Lebens verstand. Auf der anderen Seite ließen die schwierigen Lebensumstände in ihm Fähigkeiten erwachsen, auch das Leiden auf sich zu nehmen, sofern die Natur ihn hierzu zwang.

In der präkolumbianischen Kultur war die Beziehung des Menschen zur Natur so vertraut, daß der Regen, die Morgendämmerung, der Wind oder die Kälte nichts anderes darstellten als Wohltätigkeit, Geschenke, die die Natur bot. Der Mensch war mit der Natur verbunden, weil er sich als ein Teil von ihr verstand. Die

Natur forderte vom indigenen Menschen, hofiert und geachtet zu werden; der Bauer war verpflichtet, Opfer zu bringen, den Ritualen Folge zu leisten, so daß die Erde schließlich förderte, was der Mensch brauchte. Das sakrale Reich der Pacha Mama in ihrem magisch-universalen Weltanspruch war eindrucksvoll präsent. Die westliche Sicht, die den Menschen nicht als einen auf Gnade ausgerichteten Bestandteil der Natur sieht, bildet einen wesentlichen Unterschied dazu.

Entsprechend sind die Nachfahren der andinischen Kulturen nicht in gleichem Maße an einer wissenschaftlichen Erschließung der Natur und des Universums interessiert wie etwa die kalvinistische Tradition der nordamerikanischen Kultur. In der präkolumbianischen Kultur stand die Verknüpfung des einzelnen mit der Natur im Vordergrund. Die Erde war letzte Instanz, die Leben spendet, sie war der Urgrund des Lebens und wurde nicht analytisch ausgehorcht.

Daraus wird verständlich, warum bis in die Gegenwart indianische Bevölkerung und Mestizen nur schwer in urbanen, industrialisierten Siedlungen leben können, ohne ihre Identität preiszugeben, die durch historisch gewachsene Riten bestimmt ist. Alle Erntetituale und Festlichkeiten im Gemeindeleben veranschaulichen einen anderen Naturbegriff. Siedeln junge Mitglieder einer indigenen Kultur in die Stadt um, behalten sie enge Beziehungen zu ihrer Gemeinde bei, die den Nukleus ihres Lebens darstellt.

Eine direkte Beziehung zur beseelten Natur mit ihren symbolischen Formen der animalischen Welt, die neue Facetten des reichen spirituellen Lebens preisgab, herrschte in der Agrikultur. Die spanischen Eroberer veränderten das physikalisch-empirische Szenario dieser beseelten Umwelt, sie änderten aber gleichermaßen die Symbole innerhalb dieser Wirklichkeit. Hierin lag das größere Hindernis für eine spätere Entwicklung der endogenen Technologie. Sogenannte primitive Traditionen wurden in grundlegende Bestandteile aufgelöst, und die koloniale spanische Symbolwelt wurde auferlegt, so daß alle Symbole wie Vögel, Reptilien, Haustiere und wilde Tiere eine andere Bedeutung erhielten. Dies hat nichts daran geändert, daß bis heute Magie und Mythos in den Indianerkulturen vorherrschen und in einem westlichen Sinne fortschrittshemmend wirken.

Die Magie kennt eine Vielzahl von Gottheiten und Geistern, wozu Marcel Mauss richtig erkannte, daß diese Magie auch in Aktionen übergeführt werden kann. Die übernatürliche Dingwelt steht in einem sakralen Raum, der in seinen empirischen Auswirkungen nicht mit der westlichen Technologie kompatibel ist.

Das Leben in den Pflanzen und Tieren wurde als eine Fortführung des eigenen Lebens betrachtet, dort fanden sich Lösungen der eigenen Probleme (Krankheit, Ungnade), weil die Tiere Milch und Fleisch gaben und auch die Pflanzen eine Lebensgrundlage garantierten. Die Wahrheits- und Wirklichkeitsauffassung war bei einem Indio angesichts seines Naturbegriffs dementsprechend eine andere. Die indianische Einstellung zur Natur verkörperte die Kunst des »sanften« Überlebens.

Hieraus folgt, daß auch die indianischen Vorstellungen von Passivität und Aktivität andere sein mußten als in der westlichen Kultur. Die indianische Welt verfügte über einen zutiefst mythischen Nukleus, der aktualisiert und materialisiert wurde in allen Bereichen der Alltagskultur und des Wirtschaftslebens. Die Vorstellungen des Sakralen standen in unmittelbarem Bezug zur agrikulturellen Entwicklung, wobei die Erde im Mittelpunkt der indianischen Kosmologie ruhte, aber nicht ohne weiteres unterworfen und technologisch nutzbar gemacht werden konnte.

Die indianische Sensibilität kannte ein tellurisches Element; die Beziehung des Menschen zur Erde wurde durch eine familiäre Koexistenz bestritten, eine Lebensgemeinschaft zwischen der Erde, den Pflanzen, den Tieren und den Menschen. Diese Familiarität kristallisierte sich durch eine besondere religiöse Perspektive heraus. Die Erde formte letztlich die Lebenswelt, die Alltagskultur, die Wirtschaftsverfassung. *Der indigene Mensch wandte sich der Erde nicht zu, um sie auszubeuten, sie zu unterwerfen und technisch zu beherrschen, sondern um die Frucht seiner Arbeit als ein großzügiges Geschenk der Ernte zu erhalten.* Die Erde kann nicht aus ihrem kosmologisch-religiösen Zusammenhang herausgelöst werden; hierauf muß auch die heutige Agrarpolitik im andinischen Raum Rücksicht nehmen.

Trotz der 500jährigen Geschichte des Katholizismus in den Andenstaaten ist die Erde immer noch das Kernstück der indianischen Kosmologie, die Quelle des Lebens und der Fruchtbarkeit als Hintergrund der Sakralität des indianischen Denk-, Seins- und Tätigkeitsbegriffs.

Die indianische Rationalität war auch eng verbunden mit einem anderen Zeitbegriff, der mit dem Respekt vor dem Sakralen korreliert war. Auch er stand mit der Natur in Verbindung. Zeit war in der indianischen Kosmologie mit der Erde verknüpft. Die Organisation der Zeit mit der Zielsetzung der Effizienz war der indianischen Kultur fremd. Diese Einsicht wiegt schwer bei der Erklärung der gebrochenen Akkulturation von westlicher Technologie. Für den indigenen Menschen war Zeit sakral und wurde durch Riten und Aktionen der Alltagskultur in der Auseinandersetzung mit der Natur vollzogen.

Aus diesem Grund war der Beginn eines neuen Jahres der Anfang eines neuen Lebens, auch in der Tradition der oralen Literatur der indianischen Erzählwelt. Es bestand weniger die Vorstellung von Ewigkeit wie in der christlichen Tradition als die Sicht einer Zeit, die wuchs. Der Zeit- und Raumbegriff war verschieden von der abendländischen Philosophie. Der indigene Mensch fand Zuflucht in der heiligen Erde und erfuhr hierdurch auch die Erlösung in der Gemeinschaft.

Die indianische Philosophie gründete sich entsprechend auf ein heiliges Universum. Somit gab es keine Verdinglichung wie in der abendländischen Praxis der Wirtschaft und der Philosophie. Der indianische Seinsbegriff war keine Wissenschaft, sondern eine Weisheit, die sich auf eine Religion gründete. Octavio Paz hat eindrucksvoll dargestellt, daß die Beziehung zwischen den drei Zeiten – Vergangenheit, Gegenwart und Zukunft – in der lateinamerikanischen Kultur eine andere ist als in Europa, Asien oder Nordamerika. Dies gilt für die archaische lateinamerikanische Kultur, aber auch noch für das koloniale und moderne Lateinamerika.

Für die archaischen Kulturen ist der Archetypus der Zeit die Vergangenheit, es wird von einer rhythmischen Wiederholung der zeitlosen Vergangenheit ausgegangen. Gegenwart wie Zukunft haben sich nach ihr als einem unwandelbaren Vorbild zu richten. Die Vergangenheit ist zudem immer gegenwärtig, sie ist unempfänglich für den Wandel.

In der westlichen Sicht wird die Zukunft teleologisch aufgefaßt. Sie wird als geradezu zwangsläufig besser angesehen, weil sie einer Erlösung durch Gott näher steht als die Gegenwart. Für die westliche Modernität ist Zeit das Agens der Veränderung als Voraussetzung für den Aufbau von Technologie; *in der archaischen Kultur ist Zeit der Faktor, der die Veränderungen unterdrückt.*

Die Grundhaltung der vorkolumbianischen Religionen beruht auf einem Begriff der Zukunft, der von einem vorbestimmten Weltzusammenbruch ausgeht und hierdurch der Furcht vor der Apokalypse näher verbunden ist als der Gegenwart oder Zukunft.

Hier scheint auf, warum Lateinamerika so vorbelastet ist bei einer Angleichung an die technische Zivilisation, die einen anderen Zeitbegriff voraussetzt. Die archaischen Kulturen stehen den Schwankungen, die der Lauf der Zeit mit sich bringt, zurückweisend gegenüber, sie werden als unheilvoll betrachtet; was das westliche Abendland Geschichte nennt, ist für die archaische Kultur eine Verfehlung, ja ein Straucheln. Dies betrifft die Kulturen des klassischen Mittelmeerraums ebenso wie des Orients, aber auch des präkolumbianischen Amerika.

Das Urbild der archaischen Kultur ist die Vergangenheit vor aller

Zeit, das glückliche Zeitalter des Urbeginns, wo zwischen Himmel und Erde Gleichklang herrschte. Es klingt die Vorstellung der Wiederkehr an, die den Menschen am Ende jedes Zyklus erwartet. Die Vergangenheit ist zugleich eine künftige Zeit. Der Zukunft widerfährt eine Degradierung: sie ist das Ende der Zeiten und zugleich der Wiederbeginn. Am Ende des Zyklus steht die Wiederherstellung der ursprünglichen Vergangenheit. Hier liegt ein elementarer Unterschied zur christlichen Modernität: dort verkörpert die Ewigkeit die vollkommene Zeit. Die Vollkommenheit liegt nicht in der Vergangenheit, sondern in der Zukunft, wobei die Zukunft weder der Vergangenheit noch der Gegenwart gleicht, sondern einen Bezirk des Unerwarteten darstellt. Die zyklische Zeit archaischer Kulturen gleicht einem Ablauf und gerinnt zur Geschichte, ist aber in jedem Fall Wiederholung, die den Lauf der Geschichte und der Zeit verneint.

Die zyklische Vorstellung der Zeit wurde durch den Gedanken einer endlichen, irreversiblen Zeit im Christentum ersetzt, die Heterogenität der Zeit gewann an Gewicht, die Zeit konnte sich absondern, voranschreiten. Bereits der Sündenfall stellt eine Zäsur mit der paradiesischen ewigen Gegenwart dar. Wir können von einem Anfang der Zeitfolge sprechen. Jeder Augenblick ist einmalig und anders, was auf einer Vorstellung der Endlichkeit beruht. Hierin ordnet sich der westliche Fortschrittsbegriff ein, der in Lateinamerika in den präkolumbianischen Kulturen nicht und in der katholischen kolonialen Scholastik nur in sehr abgewandelter, transzendentaler Form gegeben war. Die »reale Realität« der kalvinistisch geprägten nordamerikanischen Kultur steht einer »utopischen Realität« Lateinamerikas gegenüber. Das Problem liegt darin, daß Lateinamerika, bevor es eine eigene historische Existenz besaß, bereits eine Vorhut der europäischen Ideenwelt war; Lateinamerika gleichsam als ein Kapitel der europäischen Utopien. Alejo Carpentier spricht in seiner Schrift »Das Reich von dieser Welt« von einer besonders »wunderbaren Wirklichkeit« Lateinamerikas, Angel Asturias ergänzt den elementaren Begriff des »magischen Realismus«. Er geht von einer nur »irrational erfahrbaren Wirklichkeit« aus, die im Widerspruch zum »rationalen« Verständnis der umgebenden Wirklichkeit steht. Dies ist zurückzuführen auf eine animistische Betrachtungsweise der Welt in den präkolumbianischen Hochkulturen und auch noch in der Gegenwart, etwa in der afrobrasilianischen Kultur des Macumba und Candomblé oder in der Tristesse der Melancholie, des fatalistischen Irrationalismus der andinischen Kultur. Carlos Fuentes erkannte, daß es entsprechend für Lateinamerika weniger darauf ankam, seine Modernität als seine indigenen Traditionen zu erkennen.

Technologie als besondere Einheit von Theorie und Praxis im andinischen Raum

Die präkolumbianische Wissenschaft und Technologie ist ein bislang nicht ausreichend untersuchtes Feld. Die Fragen bewegen sich auf einer Gratwanderung zwischen der Geschichte der Wissenschaft und Technologie einerseits und der Ethnowissenschaft andererseits. Dieser Brückenschlag setzt voraus, daß wir die Ethnowissenschaft als das Studium der wissenschaftlichen und technischen Phänomene in direkter Verbindung zu ihrem sozialen, ökonomischen und kulturellen Hintergrund begreifen. Technologie und Wissenschaft können im frühen Stadium kaum unterschieden werden, da sie sich unmittelbar von den täglichen Handlungen der Menschen und den Mythen ableiten. Es gibt eine vergleichbare Verbindung zwischen Kunst und Religion. Betrachten wir das traditionelle quipu, das Zählen der Kordeln im alten Peru, so läßt sich eindeutig ein wissenschaftliches Element ausmachen, das Seite an Seite mit dem göttlichen Prinzip auftritt, welches seine Verkörperung im Inka findet.

Entscheidend für die spätere Entwicklung des andinischen Raums mit seiner Technologie ist, daß es in den vorkolumbianischen Kulturen keine Evidenz für die notwendige experimentelle Wissenschaft gibt, wie sie charakteristisch für die erfolgreiche Entwicklung in den Industriestaaten werden sollte. Hier liegen erste Anzeichen für eine defizitäre Entwicklung im andinischen Raum vor, die Auswirkungen auf die ungenügende spätere Industrialisierung und die gebrochene Kompatibilität von Technologie und Kultur haben sollte.

Es ist äußerst schwierig, innerhalb der präkolumbianischen Kulturen eine analytisch-experimentelle Komponente auf empirischer Ebene zu bestimmen, was auf einen möglichen wissenschaftlichen Prozeß hinweisen würde. Die verschiedenen Kulturen des andinischen Raums spürten den paralysierenden Einfluß der völlig verschiedenartigen spanischen Kultur, die auf ungleichen kulturellen Motivationen begründet war. Bei der Ankunft fanden die Europäer in Lateinamerika teilweise Kulturen vor, die ein hohes Maß an Entwicklung erreicht hatten und zugleich radikal verschieden waren von ihrer eigenen Kultur. Kulturen mit einer sehr hohen Zivilisationsstufe existierten zur Zeit der Eroberung auf der Andenkette von Mexiko bis Chile. Trotzdem ist relativ wenig bekannt über die Wissenschaft in den präkolumbianischen Kulturen. Bereits das Konzept der Wissenschaft in diesen Kulturen bleibt im dunkeln.

Zweifelsohne lag ein gewisses Verständnis der natürlichen Phänomene bei der geistigen Elite vor, die Metall, Textilien und Keramik verarbeitete oder im Ackerbau tätig war. Die bedeutenden Errungenschaften der vorkolumbianischen Epoche, die aus der Architektur und der städtischen Organisation wie auch aus den Straßen und Brücken sowie der küstennahen Navigation hervorleuchten, rechtfertigen die Annahme einer ersten Kenntnis der Mathematik, Physik und Mechanik. Weiter ist das Maß an künstlerischer Schöpfung zu bedenken, ebenso die Entwicklung der Astronomie für praktische und religiöse Zwecke. Dennoch bleibt zu erwähnen, daß ein theoretisches Denken vor experimentellem und zugleich empirischem Hintergrund, wie es die westliche Wissenschaft kennzeichnet, unter der intellektuellen Elite der Andenkulturen nicht weit verbreitet war.

Der Hauptgrund für die mangelnde wissenschaftliche Aktivität in den präkolumbianischen Kulturen lag in der Konzeption dessen verborgen, was unter Wissenschaft zu verstehen ist. Um die Technologie in den Andenpaktstaaten zu begreifen, muß sie als eine Einheit aus Theorie und Praxis gesehen werden.

Diese Überlegungen sind Voraussetzung für die technologische Frage innerhalb der traditionellen andinischen Kultur und Gesellschaft. Was wir gerne als mythisches Denken bezeichnen, ist die »Theorie« für die Praxis der Naturtransformation. Durch eine Theorie des mythischen Denkens können die technische Praxis und die soziale Organisation verstanden werden.

Der Zusammenhang zwischen mythisch-»theoretischem« Denken und der Praxis läßt sich etwa in der Dialektik aus Agrarproduktion und gesundheitlicher Heilung zeigen. Für den andinischen Menschen sind beide Ebenen eng miteinander verbunden, da sie Leben hervorbringen. Für den Bauer ist ein landwirtschaftliches Erzeugnis nicht nur Zeichen des Wohlstandes als Ergebnis seiner Arbeit, es verkörpert auch Leben als ein Erzeugnis der Erde. Tatsächlich bedeutet der Quechua-Ausdruck »kawsay« zugleich Leben und landwirtschaftliches Produkt. »Pacha Mama«, der fruchtbare Boden, ist die wahre Quelle des Lebens. Auf der anderen Seite verkörperte die andinische Medizin ebenfalls den Kampf um das Leben gegen die Kräfte des Todes.

Der Mond und seine Stellung hat in der andinischen Agrartechnolgie große Aussagekraft. In der traditionellen Kultur ziehen die Bauern den Verlauf der Sterne und die Phasen des Mondes in Betracht, um die meteorologischen Voraussetzungen für die Zukunft bestimmen zu können und folglich festzulegen, welche Pflanzungsstrategie gewählt werden soll. Die Positionen der Sterne sind ein Indikator für besondere technische Vorgänge. Die Verbindung beider Ebenen besteht darin, daß der Bauer die Sterne nicht nur für seine technische Orientierung, sondern auch für seine Weltsicht verwendete. So ist der Mond stets der Sonne entgegengesetzt. Es ist auch üblich, die Sonne gleichzusetzen mit dem Prinzip der Männlichkeit und dem Patriarchat, den Mond hingegen mit der Weiblichkeit und dem Matriarchat.

Der Chronist Juan de Santa Cruz Pachacuti Yamqui sprach davon, wie der Kosmos seine Repräsentanz in der Coricancha in Cuzco fand. Nach dieser Zeitrechnung war die Welt eindeutig in zwei Teile geteilt: in die Sonne und den Mond. Auf der einen Seite des Mondes erschienen folgende Elemente: eine Frau, die Mama Cocha (Mutter, See oder Meer) mit einer Wasserquelle, einem Baum (mallqui) und einer Wolke. Es läßt sich unschwer erkennen, daß der Mond mit der Frau und dem Wasser verbunden war. Wasser galt als fruchtbar im Regen und stellte mit dem Bewässerungssystem eine Quelle des Lebens dar. In der Quechua-Sprache bedeutete der Begriff »quilla« zugleich Mond und Monat. Diese Analogie mit dem Lebenszyklus ist notwendig, um das andinische Denken bezüglich Mond und Technologie zu begreifen. Der »grüne Mond« galt als sehr schwach und vermochte keine Kraft zu geben. Wie der Mond verfügte die Pflanze über eine jugendliche Stärke, verhielt sich aber noch unreif und unproduktiv. Der volle Mond war hingegen ein Ausdruck von Kraft im Gegensatz zum abnehmenden Mond, der sich gleichsam dem Tode nähert. Die Saat des einen Jahres hing von der Fruchtbarkeit des vorhergegangenen ab. Es wird erkennbar, daß die praktischen technologischen Bedürfnisse sich widerspiegeln in der Beziehung des Menschen zum Mond, dem Kraft zugesprochen wird, wenn er sich in der richtigen Stellung befindet. An dieser Stelle muß unterstrichen werden, daß aus andinischer Sicht die Vorfahren in der Lage sind, den gewünschten Regen zu bringen. Sie zählen wie der Mond zu der Welt der Dunkelheit, und da sie sich unter der Erde befinden, kontrollieren sie die Urgründe des Wassers. Entsprechend brachte der Neumond, wenn er sich der Mythologie nach in der Unterwelt aufhielt, die Wolken.

Es wird ersichtlich, daß im andinischen Denken Kategorien gebraucht werden, die das konkrete Leben berühren, daß dieses Denken aber in seinem großen Reichtum und seiner Vielschichtigkeit auf überhöhte Mythen aufgebaut ist. Der bindende Zusammenhang zwischen Natur, Technologie und Kultur tritt in besonders deutlichem Ausmaß zutage.

Die traditionelle Form des andinischen Denkens ist vor dem Hintergrund der sozialen Organisation und des mythischen Denkens zu werten. Die andinische Rationalität vollzieht sich auf der Grundlage von Gegensätzen, die inkompatibel sind. Leben und Tod, Tag und Nacht können nicht verwechselt werden. Das mythische Denken erscheint als hermetisch verschlossen und ist doch der Hintergrund für den Versuch zur technologischen Innovation. Es wird offensichtlich, daß keinerlei Übereinstimmung mit dem abendländischen Rationalismus herrschte, der mit der Conquista eindrang. In der andinischen Kultur verkörperte das mythische Denken den theoretischen Hintergrund für die Praxis der Umgestaltung der Natur. Der Begriff der Theorie ist im übertragenen Sinne gebraucht, um anzuzeigen, daß hier der Mythos eine gedanklich übergeordnete Ebene einnimmt und stellvertretend steht. Eine »Theorie« des mythischen Denkens ist die zutreffende für das präkolumbianische technologische Vermögen.

Um zu zeigen, in welchem Maße in den andinischen Kulturen das mythische Denken die technologischen Fähigkeiten beeinflußt hat, ist das Beispiel des Mondes im Agrarwesen herangezogen worden. Ganz allgemein gab es eine Verbindung zwischen dem Verlauf der Sterne und den technologischen Praktiken. Aus mythologischer Sicht wurde auf das technologische Vermögen übergeleitet. Eine kosmologische Vision wurde zur Grundlage der praktischen Tätigkeit. Der Mond und das Nachtlicht wurden der Sonne und dem Tageslicht entgegengestellt. In Ayacucho wurde die Veränderung des Mondes als »wanuquilla« bezeichnet, also als Tod des Mondes. Die Gegenwart des Mondes legte Zeugnis von der Feuchtigkeit ab, die mit den ersten Regenfällen im Jahr einsetzte, wie dies in den Schriften von Guzman Poma de Ayala nachzulesen ist.

Beim Ackerbau wurde die Arbeit getragen durch die Spannung zwischen Leben und Tod; in der Medizin wird dieses Verhältnis noch deutlicher zum Ausdruck gebracht. Medizin und Naturheilkunde bewiesen den mythologischen Charakter der Vorgehensweise, der sich bis hin zu Praktiken der Hexerei steigerte. Eine Vielzahl von Tierprodukten und Pflanzenextrakten wurde für die Gesundheitsfürsorge verwendet, etwa Guaicum-Holz für Bluterkrankungen, Quinca zur Heilung von Fieber oder Chili gegen Hämorrhoiden.

Die Medizin wurde in einer magischen Weise durch Schamanen oder Amautas verabreicht, deren Handlungsweisen einen tellurischen Charakter hatten. Wie in der Agrartechnologie wurde der Gegensatz von Trockenheit und Feuchtigkeit als grundsätzlich begriffen; in der Medizin entsprach ihm die Klassifizierung von frischen und erhitzten Elementen. Es gab auch einen Zustand der Mitte in Gestalt des Vollmonds, der die Balance zwischen den trocknenden Strahlen der Sonne und dem Regen des neuen Mondes hielt. Dem entsprach die Wärme als Scheidepunkt zwischen Kälte und Hitze. Auch hieraus ist zu sehen, wie dicht das Netz der Korrelationen zwischen den Konzeptionen des Lebens, der technologischen Praxis und der kulturellen Organisation im andinischen Denken geknüpft war.

Dies galt auch für das Verhältnis von Leben und Tod, das Lauro Hinostroza für die Tradition von Ayacucho beschrieb. Zur Heilung eines kranken Menschen mußte die Krankheit dem Körper entzogen und die Seele der Person zurückgerufen werden. Oft sollte die Krankheit auf einen anderen Körper, beispielsweise den eines Schweines, übergeleitet werden. Für die Heilung brachte der Mensch Geschenke dar, etwa für Apusuyu, die Gottheit der Berge, oder für eine Gottheit, welche die kranke Person bestrafte. Die Krankheit markierte einen Bruch mit der Harmonie des Weltablaufs und signalisierte zugleich einen Mangel an Respekt gegenüber den Gottheiten und der Kraft der Natur.

Das mythische Denken – so zeigt sich – griff in den humanen Innovationsprozeß ein. Hierbei bediente es sich Kategorien des Denkens, welche die andinische Kosmologie grundsätzlich von der westlichen unterschieden. Es handelte sich nicht nur um ein hohes Maß an Irrationalität, sondern vor allem um mangelndes Abstraktionsvermögen, das für die erfolgreiche Bewältigung der modernen westlichen Technologie notwendig gewesen wäre. *Das andinische Denken – wie es aus der präspanischen Epoche überliefert wurde – identifizierte das Ding mit der Konzeption und beruhte auf einer kosmologischen Vision, die rückwärtsgerichtet war.*

Das mythische Denken in der andinischen Kultur war zugleich Theorie, technologische Praxis und sozial-wirtschaftliche Organisation. Die praktische Note entstand durch die Umformung der Natur, die gleiche Theorie stand der sozial-wirtschaftlichen Organisation vor. Diese Dreiecksverbindung machte einen Umstieg auf die westliche Technologie in den andinischen Kulturen so schwierig.

Bei einer Beurteilung der künftigen Agrartechnologie muß auf technologische Alternativen Rücksicht genommen werden, die diesen besonderen Traditionen des andinischen Raums Rechnung tragen. Hierzu könnten Forschungszentren in den verschiedenen ackerbaulich-ökologischen Zonen aufgebaut werden. Die Komplementarität und das Gleichgewicht zwischen technologischem Import und der indigenen Erstellung von Technologie müssen hierbei gewahrt bleiben.

Mythologische Voraussetzungen der Technologie im andinischen Raum

Kultur kann auch verstanden werden als gesammeltes Maß an Lösungen von Problemen, die im historischen Verlauf der Entwicklung einer Gesellschaft entstehen. Diese Lösungen schließen nicht nur technische Antworten auf historische Herausforderungen ein, sondern auch Schöpfung, Denken und die Übermittlung von

Wissen. Um den andinischen Raum künftig für eine technologische Entwicklung realistischer einschätzen zu können, sind drei Fragen von Wichtigkeit:

1. Wie sieht das Menschenbild innerhalb seiner eigenen historischen Voraussetzungen aus?
2. In welcher Weise münden die ethischen Normen in soziale und wirtschaftliche Verhaltensstandards?
3. In welcher Beziehung steht der Mensch zur Natur, zum Übernatürlichen und zur Gesellschaft?

Das mythische Denken gibt der andinischen Kultur Kategorien vor, wie sich der Mensch selbst gegenüber der Natur und der Gesellschaft begreift. Das Gleichgewicht zwischen menschlicher Handlung und Natur ist im andinischen Raum anders gestaffelt, entsprechend nimmt die andinische Rationalität uns nicht geläufige Züge an. Wir können so bei den andinischen Kulturen von einem mythischen Diskurs als dem wahren Ausdruck der Wirklichkeit sprechen.

Die tiefe Umschichtung in der Alltagskultur des andinischen Raums und in der sozialen Organisation, die durch die Eroberung der Spanier und das koloniale System ausgelöst wurde, forderte kulturelle Antworten, durch die alte andinische Traditionen neu interpretiert wurden, indem sie in einen neuen Zusammenhang gestellt wurden. Mythische Geschichten drückten immer soziale Wirklichkeit aus, wobei das andinische Denken von einem besonderen Reichtum geprägt war.

Im Andenraum dauerten die Rebellionen der indigenen Bevölkerung während der gesamten kolonialen Periode an. Auch mit den Unabhängigkeitskriegen kehrte keine Ruhe ein. Die Rebellionen von Tupac Amaru und Pumacagua waren signifikante Beispiele der indigenen Vielfalt und in gewisser Weise die Fortführung der ersten Inka-Rebellion in Cuzco. Die wichtigen Revolten in Atusparia, Ancash, Puno und Ayacucho fanden in der Zeit der Republik statt. Zuvor mußte sich die bürokratische Organisation des Vizekönigtums mit den Konfigurationen des alten Reichs aussöhnen. Die traditionelle Kultur Perus stand folglich im historischen Verlauf der westlichen Kultur ambivalent, wenn nicht feindlich gegenüber.

Merkmale der kolonialen Erschließung des andinischen Raums

Während der letzten Jahrhunderte haben europäische und indianische Kulturen im gleichen Territorium in fortdauernder Wechselwirkung und Einflußnahme koexistiert. Die Entwicklung Lateinamerikas ist gekennzeichnet von einer lokal unterschiedlichen Vermischung kultureller und ethnischer Traditionen. Iberische, amerindianische und afrikanische Elemente wuchsen in einer Periode von über 500 Jahren zusammen. Dieser Prozeß wurde nicht nur von den Spaniern und den Portugiesen bestimmt, sondern vor allem von den autochthonen Kulturen. Diese Gruppen bildeten nicht wie in den USA isolierte ethnische Minderheiten, sondern erstreckten sich über den gesamten Kontinent.

Es entstand ein Persönlichkeitstypus, der eine starke Aktivität entfalten sollte: der Mestize. In den Andenkulturen bildet der an die westliche Kultur assimilierte Mensch jedoch die Minderheit, so in Cuzco, Ayacucho, Arequipa, Huarez, Puno, Jauja, Tarma, Huancayo, Cerro de Pasco oder Huancavelica. Im andinischen Raum ist als Ausnahme in Einzelfällen noch heute von einer scharfen kulturellen Segregation auszugehen, die anachronistisch anmutet. Die rein indianische Bevölkerung geht seit Generationen zurück, trotz der zunehmenden Bemühungen um Überleben und Angleichung an den technologischen Wandel. Dies offenbart ein Blick in die historischen Quellen, etwa in Pedro Cieza de Leons Chronik von Peru.

Als die Spanier in den Andenraum vordrangen, fanden sie ein mächtiges, menschlich und geographisch teilweise erschlossenes Reich vor. Sie vermochten die Natur im andinischen Raum nicht völlig zu beherrschen, vor allem nicht im Hochland. So konzentrierten sich die Kolonialherren zunächst auf die Täler, die ihnen fruchtbarer erschienen. Die Spanier drangen stetig in die Nuklei der alten Kulturen vor, sei dies in fruchtbare Täler wie Vilcanota, Andahuaylas, Cajamarca oder Jauja oder in entlegene Orte wie Chachapoyas und Huancayo. Spanische Städte blieben dennoch Inseln in einem indianischen Territorium. Neue Pflanzen und Haustiere wurden eingeführt; das Pferd, der Weizen und die Bohnen wurden übernommen. Die kreative Imagination der indigenen Kultur wurde bereichert. Das Pferd, filigran in seiner Gestalt, wurde im Töpfereihandwerk in Formen gegossen, wobei die Figur das Gesicht einer Gottheit erhielt. Legenden nahmen mythische Persönlichkeiten auf in Gestalt animistischer Gottheiten, die nach alter Überlieferung die Flüsse, Seen und Wälder bewohnten.

Die Diffusion der westlichen Werte paarte sich mit dem Widerstand der indigenen Kultur. Der sprachliche Austausch war im Hochland unterschiedlich zur Küstenregion. Im Hochland der Anden waren Kolonialherren, Händler und die katholischen Priester gezwungen, Quechua zu lernen. Zugleich markierten die Sprachbarrieren die Diffusion der westlichen Kultur im Hochland.

Die religiösen Festlichkeiten des Katholizismus waren von präspanischen Elementen durchsetzt. Dieses Verhalten reicht bis in die

Gegenwart, denn bis heute behielten in den Überschneidungsbereichen der kulturellen Grenzen viele Mitglieder der indianischen Kultur die indigenen Traditionen bei und überzogen sie nach außen mit Zügen des spanischen Erbes. In den dörflichen Tempelstädten sind Indios in spanische Tücher des 17. Jahrhunderts gekleidet und spielen feierlich »pututos«. Sie singen spanische religiöse Lieder, die aber in die Quechua-Sprache übersetzt sind, zu indianischer Musik, gespielt mit Violine und Quena-Flöten.

Trotz dieser aktiven Assimilierung der westlichen Kultur war nie von einer grundsätzlichen Preisgabe der indianischen Kultur die Sprache. Der Wandel in den Nuklei der Kulturen vollzog und vollzieht sich weiter sehr langsam und ist bis in die Gegenwart nicht abgeschlossen.

Der Umgang mit Geld als Tauschwert war für die indianische Kultur sehr schwierig, da sie ein anderes Verbrauchsgebaren kannte als die westliche Kultur; der Umgang erwies sich sogar als Hindernis bei der Verwirklichung einer modernen Ökonomie und wurde nie zu einem Faktor der positiven ökonomischen Produktion.

Akkulturationshemmnisse in der andinischen Kosmologie

Die Q'ero-Indianer im Hochland von Peru, die als die letzten Nachkommen der Inkas in der Gegenwart angesehen werden können, offenbaren das gebrochene Verhältnis zur westlichen Kultur in den Quechua-Mythen über den Ursprung des Menschen, wobei zumeist präspanische und katholische Elemente verschmolzen wurden. Die Erlöserfigur Inkarri trägt einen Namen, der aus dem Zusammenziehen des Quechua-Wortes Inka und dem spanischen Wort rey (König) resultiert. Oscar Nuñez del Prado deutet Inkarri als die erste Gottheit – neben den Bergen als anderen Gottheiten –, die den Menschen verteidigen. Inkarri war der Sohn der Sonne und einer wilden Frau. Er schuf alles, was auf Erden war und war somit ein Schöpfergott, bevor er vom spanischen König gefangengenommen, gequält und enthauptet wurde. Sein abgeschlagener Kopf lebte aber weiter und wartete auf die Wiedervereinigung mit dem Körper, die diesen Tag zur Stunde des letzten Urteils werden lassen sollte. Hier wird eine Affinität zu der Wiederauferstehungsgeschichte des christlichen Glaubens offenbar. Die Q'eros waren Nachkommen von Inkarris erstgeborenem Sohn. Inkarri selbst war nach seiner Reise durch die Menschheit in den großen Dschungel entschwunden, der Region des Todes in der eigenen Mythologie. Hierbei gibt es im Andenraum verschiedene Versionen der Mythologie um Inkarri.

Entscheidend ist, daß die oralen Quellen im andinischen Raum bezeugen, daß es die Vorstellung eines Himmels im christlichen Sinne nicht gibt, der sich als Kuppel oberhalb der Erde wölbt. Vielmehr ist die Transzendenz auf die Erde hinabgeholt, und es kann keine Voraussetzung des Purgatoriums oder der Hölle geben wie im christlichen Sinn des letzten Urteils.

Ebensowenig entstand die Version eines jenseitigen Reichs, in dem der Mensch erlöst werden oder ihm eine Kompensation für die Ungerechtigkeiten dieser Welt widerfahren sollte. Das Jenseits erschien vielmehr im Diesseits; alle Bestrafungen, Vergütungen und Wiedererstattungen wurden in dieser Welt vollzogen. Dies war nur vordergründig ein Mangel an Transzendenz. Tatsächlich wurde das Reich der Toten auf die Erde gezogen; die Indianer von Puquio lebten mit der Vorstellung, die Toten errichteten auf der Spitze von Quropuna einen Turm, den sie nie vollendeten und erlebten in dieser Unvollendetheit ein tiefes Glücksempfinden.

Es wird verständlich, daß diese Eingliederung des Jenseitigen in das Diesseitige der empirischen Welt einen wesentlich magischeren und mythischeren Charakter verlieh und vor allem der Alltagskultur jenes transzendentale Moment gab, das sie in der keimenden Industriekultur einbüßte. In der indianischen Sicht mußten die Sünder auf Erden arbeiten und als verdammte Seelen ihre Existenz fristen. Welch Unterschied zu der christlichen Erlösungslehre und der mit ihr verbundenen Arbeitsethik etwa im kalvinistischen Verständnis der nordamerikanischen Kultur:

Entscheidend ist, daß in der andinischen Kultur die Empirie niemals reine Empirie darstellte, in der sich ungehindert Technologie entfalten lassen konnte, sondern stetig durchsetzt war mit einer in das Diesseits vorgerückten Transzendenz und Magie, die dem produktiven Prozeß im Sinne einer Industrialisierung sehr hinderlich war. Transzendenz und Empirie fielen bei ihr ins Lot und wurden kongruent.

Heute müssen sich die Bewohner der andinischen Region einer neuen Herausforderung stellen, die ebenso schwer wiegt wie die fehlgeschlagene Akkulturation im technologischen Sinn während der Conquista: der Integration in die Marktwirtschaft und in die moderne Welt. Dies betrifft alle Stufungen der sozialen Organisation ebenso wie die traditionelle Form der Gemeinde, die in Auflösung begriffen ist, sowie besonders die Landwirtschaft, auf die neue Techniken zukommen.

Die Einverleibung der westlichen Technologie und Wissenschaft durch die indigene Indiokultur ist ein nicht umkehrbarer Vorgang, der Hand in Hand geht mit dem Problem der sozialen Umschichtung. Hierbei werden traditionelle mythische Formen abgebaut, wobei dies nicht bedeutet, daß das mythische Denken ausgelöscht wird, sondern daß sich alte Ausdrucksformen, die sich bis heute gehalten haben, wandeln werden zu neuen Formeln der alten Bedeutungsinhalte. Die alten mythischen Traditionen müssen in einem modernen Diskurs unter neuen Aspekten gesehen werden. Moderne Agrikultur kann als Technologie nicht alleine auf der Grundlage des westlichen, naturwissenschaftlichen Experiments eingeführt werden, sondern wird sich auch künftig in der andinischen Kultur unter einem mythischen Überbau abspielen. Bei der Bearbeitung des Bodens, der Pacha Mama, wird der Indio nach einer neuen Göttlichkeit Ausschau halten. Die Bauernkulturen des andinischen Raums zeigen, daß sie fähig sind, neue Begriffe in ihr Denken aufzunehmen, soweit eine Affinität zu dem traditionellen Denken gewährleistet ist. Hier kann die Entwicklungspolitik einsetzen, da diese Anknüpfungspunkte bislang von den modernen westlichen Naturwissenschaften nicht ausreichend gefunden wurden.

Dies führt immer wieder zu Konflikten, weil die andinische Rationalität anders ausgestaltet ist als die westliche, diese aber die Voraussetzung ist für das Funktionieren westlicher Wissenschaft und Technologie, ohne die der andinische Raum keinen Anschluß an die Weltzivilisation und ihre Wirtschaft findet. Wenn andinische Bauern ein Verständnis von natürlichen und sozialen Prozessen erzielen wollen, müssen sie eine doppelte Schwierigkeit überwinden: auf der einen Seite müssen sie lernen, mit abstrakten Konzeptionen umzugehen, während das mythische Denken geistige Kategorien mit konkreten Objekten kannte, auf der anderen Seite setzte dieser Paradigmenwechsel voraus, daß sie den Verlauf einer anderen Denkweise zumindest teilweise aufnehmen müssen.

Das andinische Denken läßt sich nur theoretisch, nicht aber praktisch von seiner mythischen Grundlage befreien. Ein Beitrag zur allgemeinen Entwicklung des wissenschaftlich-technologischen Denkens ist in den Andenpaktstaaten nur über eine Abstimmung mit den latenten präkolumbianischen Denkweisen zu leisten.

Die Tatsache, daß Bauern beginnen, westliche Wissenschaft und Technologie teilweise in ihre Produktionsweisen zu integrieren, heißt noch nicht, daß sie das traditionelle mythische Denken preisgeben. Es bedeutet lediglich, daß die Logik auf bestimmten Gebieten entzogen wird und jetzt andere Gesichtszüge annimmt. Dies fällt um so mehr ins Gewicht, als etwa Ecuador und Peru den andinischen Kulturtraditionen bei der Suche nach einer kulturellen und letztlich nationalen Identität stark verbunden sind.

In den Andenpaktstaaten erleben wir jenen entscheidenden Widerspruch, der ebenso genuin wie unauflöslich ist. Die Alltagskultur gründet sich auf eine Gesamtheit der repräsentativen Eigenschaften indigener Ästhetik und wirtschaftlicher Organisation. Diese Elemente sind nur sehr schwer kompatibel mit der wissenschaftlich-technologischen Produktion des Westens; endogene Kultur und exogene Technologie scheinen auf kaum miteinander kommunizierbaren Ebenen zu liegen. Auf diesen genuinen Widerspruch muß eine künftige Enerige- und Technologiepolitik Rücksicht nehmen, besonders auf die regionalen und lokalen Umstände der Produktion, die für eine extensive Diffusion Voraussetzung sind.

Vor allem die kosmologischen Schöpfungsbilder unterscheiden traditionelle andinische Mythen von der westlichen Sicht, schon angefangen bei der Entstehung des Universums, wobei die Frage entstand, ob es immer existiert hat. Vorläufer eines evolutiven Denkens waren in der traditionellen andinischen Kultur fremd, es lag kein über Jahrmillionen fortschreitender Entwurf einer menschlichen Zivilisation vor. Dieser Vorstellung der Entstehung des Menschen durch einen natürlichen Prozeß steht die Version der Schöpfung des Menschen durch einen Demiurgen auf wundersame Weise gegenüber.

Die Mythen und religiösen Vorstellungen der andinischen Kultur nahmen ihren Anfangspunkt immer im Animismus, in der Idee, daß alle Elemente der Natur beseelt waren und zum Leben erweckt wurden, selbst Berge, Flüsse, die Luft und das Feuer.

In den Andenkulturen hat die Figur Gottes, wie sie in der christlichen Form in der nachkolumbianischen Zeit aufschien, andere Vorläufer; dort lag der Ursprung in einem Gott des Feuers, des Donners und des Lichtwurfs, der die wichtige Bedeutung hatte, die Menschen in Furcht und Schrecken zu versetzen. Zwar ist auch in den Andenkulturen von einer Universalität des Glaubens an ein göttliches Wesen auszugehen als einem Schöpfer des Universums, der die Fruchtbarkeit der Erde dank des Regens, den er auslöst, sichert, doch für die archaische Einstellung ist die Natur nicht ausschließlich »natürlich«.

Entscheidend für unsere Fragestellung ist die Sicht der Welt und des Kosmos, die in der Inkakultur Vorrang hatten, weil dort die Wurzeln einer frühen indianischen Weisheit lagen, die bloßlegte, wie sehr eine spätere Verbindung zur westlichen Technologie mit ihrem pragmatischen Grundton in den postkolumbianischen Kulturen erschwert wurde.

Die Kosmologie der Inkas hatte eine andere Vorstellung von Raum und Zeit als die, welche das aristotelisch-lineare Zeitverständnis des Abendlandes kannte. Es wurde von einer Teilung des horizontalen Raums in vier Quadranten mit Hilfe von vier Kardinalpunkten ausgegangen. Die Einheit der Welt erschien in der Verkleidung einer Figur, die in vier Sektoren eingeteilt war, denen eine vitale Bedeutung beigemessen wurde, als wären dies die vier Endpunkte eines Alligators, einer Schildkröte oder eines Menschen. Im Zentrum stand das Herz, von dem aus die vier Kardinalpunkte betrachtet werden konnten. Faktisch war das Zentrum die theokratische Stadt, der Stadtgott oder der Stadtstaat. Jeder dieser Kardinalpunkte verkörperte zugleich einen Gott, eine Jahreszeit.

Die Inkas schritten von der Konzeption des Raums zur Vorstellung der Zeit voran, wobei sie zwei Ordnungen beachteten: erstens den Kalender mit seinen Tagen, Monden und säkularen Gruppierungen; zweitens die Doktrin der Alterszeit der Welt, die eine Skizze der mythischen Kosmologie war. Die Inkas verfügten über eine kubische Konzeption der Welt, wobei die Erde eine zentrale Fläche bildet mit zwei Absätzen, die Himmel und Hölle verkörperten als eine höhere und niedrigere Stufe. Die Tierwelt, die Pflanzen waren in diese Überhöhung mit einbezogen, wobei die himmlische, göttliche Instanz immer eine Auswirkung auf die Empirie hatte.

Das andinische Denken hatte keinen im westlichen Sinne praxisnahen Charakter, es war auch nicht im technologischen Verständnis innovatorisch. Selbst die Beobachtungen der solaren Bewegungen und der Mondphasen hatten keinen im technischen Sinne interpretativen Charakter. In der Inkakosmologie nehmen die Sonne (Inti), der Mond (Quilla) und die Venus (Chasca) die vorrangige Stellung ein. Der jährliche Kalender wurde durch Beobachtung der Sonnenrotation erstellt. Die Inkas verfügten über einen Kalender von zwölf Monaten und 360 Tagen. Die Messungen der Zeit wurden mit Hilfe der Sonnenrichtung ausgeführt auf den höchsten Punkt der Anden sowie zwölf Pfählen, die in Richtung der Sonne gesteckt waren. Sie wurden Succanga genannt, und durch sie erfolgte die räumliche Aufteilung der religiösen Parteien und der Erntezeit. Anders als die Azteken und Maya, die das Jahr im März initiierten, vollzogen die Inkas der zentralen Anden dies im Januar, wobei sie jedem Monat einen eigenen Namen mit ritueller Bedeutung verliehen.

Die Relation zwischen Erkenntnis, Ökonomie und Religion war zwar gegeben, hatte aber trotz des naturwissenschaftlichen Anstrichs durch mathematische Meßgenauigkeit (das Sonnenjahr des Maya-Kalenders ist im Vergleich zu astronomischen Messungen beispielsweise exakter als das des gregorianischen Kalenders) letztlich mythischen Charakter, auch bei dem agrikulturellen Kalender des religiösen Systems der Inkas, wie Felipe Guaman Poma de Ayala (1560–1641) in seiner Schrift »Nueva y Buen Gobierno« vermerkte. Die ökonomischen Symbole wurden qualitativ und intuitiv ausgedeutet, auch wenn sie im historischen Gedächtnis einen quantitativen Charakter zu haben schienen. Die andinische Kultur war eine irrationale und intuitive Kultur, die den denkbar ungünstigsten Nährboden für die Kompatibilität mit der späteren, auf sachlich-empirischem Grund stehenden westlichen Technologie abgab.

Das »Movens« der astronomischen zeitlichen und klimatischen Phänomene waren mythische Götterfiguren, also nicht rationale Ursachen. Darauf beruhten die Komponenten der Wirklichkeitskonzeption der Inkas, wie dies auch im Schrifttum von Jose de Acosta zum Ausdruck kommt. Die kognitive Ebene der Andenkulturen lieferte für eine descartessche Rationalität als Vorstufe der westlichen empirischen Technologie keine Grundlage.

Wegen der außerordentlichen Höhenunterschiede, die eine territoriale Ungleichheit bedingten, stellte der andinische Raum ein sehr heterogenes Gebilde dar, das eine große Zahl an Klimazonen hervorbrachte. Als Resultat des evolutionären Prozesses lieferte diese genetische Vielseitigkeit in Flora und Fauna besondere Voraussetzungen im andinischen Raum. Besondere Ökotypen wurden durch intensive Sonnenbestrahlung in den Höhenlagen begünstigt. Entsprechend gab es in der andinischen Agrartechnologie eine differenzierte Logik in der Landwirtschaft als Ergebnis von Beobachtungen, die sich über Generationen erstreckten. Die ökologische Vielschichtigkeit in der Andenregion stand dabei im Vordergrund.

Das Bewässerungssystem mit den künstlichen Kanälen, die Kultivierung der Flußläufe und der trockenen Täler ließen bei dem Versuch der Nutzbarmachung des Bodens und der natürlichen Ressourcen zwar ein frühes ökologisches Bewußtsein erkennen, doch es gehorchte keiner instrumentellen Rationalität, sondern der mythischen Maßgabe, im Einklang mit der Natur zu leben. Es lagen demnach geradezu umgekehrte Voraussetzungen und Beweggründe für den Umgang mit der Natur vor. Nicht die zweckmäßige Nutzbarmachung stand im Vordergrund, sondern die demutvolle Unterwerfung unter die Gnade einer übernatürlichen Gottheit. Rein abstrakt kalkulierte Methoden, die Vorgänge der Natur ohne Rücksicht auf das innere Gleichgewicht wirtschaftlich maximal nutzbar zu machen, konnten auf dieser Ebene gar nicht Eingang finden.

Das grundlegende handwerkliche Arbeitsmaterial der Indios waren Holz und Stein, und es waren die Spanier im 16. Jahrhundert, die zum ersten Mal Metallwerkzeuge einführten. Hier liegt wiederum eine instrumentelle Modalität vor, die aus der abendländischen Kultur kam und die andinische Kultur entscheidend bereicherte. Die weiterreichende Metallurgie mit instrumentellem Charakter stammte nicht aus der andinischen Kultur, dort wurden Gold- und

Silberfunde nicht zu Münzen geprägt oder in anderer Weise funktional verwendet, sondern hatten zeremoniellen und religiösen Charakter. Das Edelmetall genoß eine gewisse Zweckfreiheit in technologisch-instrumenteller Sicht und wurde nicht zweckrational im Sinne empirischer Technologie westlichen Zuschnitts verwendet. Dies blieb den spanischen Eroberern überlassen; sie verfügten über Werkzeuge und Techniken. Grundlegende Naturwissenschaften wie Biologie, Physik oder Chemie waren in einen irrationalen Rahmen eingebunden, der noch vorwissenschaftlichen Charakter hatte.

Es besteht ein Grundwiderspruch zwischen indigener Weisheit und der Logik des westlichen technologischen Denkens. Über die Jahrhunderte hinweg entwickelte sich im Unterschied zu der okzidentalen Wissenschaft eine besondere Wechselbeziehung zwischen dem Denken und den konkreten Handlungsanleitungen in der andinischen Kultur.

Dies ergibt noch keine Wissenschaftsdisziplin in unserem Sinne, sondern nur eine spezifische Technologie. Die präkolumbianische Technologie war eine Antwort auf die Ernährungsfragen, wobei die kollektive Arbeit ein tragendes Element der andinischen Kultur darstellte. Sie umfaßte in ihrer räumlichen Dimension Hochland und Küste und fiel besonders durch ihre ökologischen Maßgaben auf. Heute fehlt der Andenregion die Sicherung des ökologischen Gleichgewichts. Die andinische Weisheit kannte verschiedene Techniken der Bearbeitung und Bewahrung der Bodenverhältnisse, die auf Selbstversorgung ausgerichtet waren. Heute erschöpft sich die Technologiepolitik der Andenpaktstaaten auf bürokratische Aktionen, die im Sande verlaufen, ohne wirklichen Einfluß zu gewinnen. Es besteht ein gravierender Mangel an eigenständig geschaffener Technologie, der in der Agrikultur die größte Diskrepanz aufweist, da hier genug aus vorhandenen Traditionen geschöpft werden könnte.

Mit dem Wort Technologie meinen wir in erster Linie den technischen Aspekt, das materielle Erzeugnis, die Maschine. Sprechen wir von importierter Technologie, so denken wir an hochwertige Ausrüstung und Ausstattung. Selten wird Technologie in ihrer umfassenden, tatsächlichen Dimension erschlossen, als Einheit zwischen Theorie und Praxis. Das Kardinalproblem der Andenpaktstaaten besteht darin, daß sie Maschinen und Technologien einführen, ohne Kontrolle über den materiellen und intellektuellen Prozeß ihrer Reproduktion zu haben. *Bereits die Umformung der Natur durch den technischen Prozeß ist nicht nur theoretisch bestimmt, sondern im Rahmen der jeweiligen Geschichte und Kultur zu werten.* Folglich stellt sich die Notwendigkeit einer Integration von theoretischer Planung und praktischer Technologiepolitik im Andenraum, die bis heute auf dem Weg zu einer autonomen nationalen technologischen Produktion nicht geleistet ist.

Die besonderen Denk- und Handlungslogiken in der andinischen Kultur

Zusammenfassend läßt sich sagen, daß das Problem in den Andenpaktstaaten darin besteht, daß die moderne technische Zivilisation mit ihrer Technologie ein hohes Maß an Abstraktion verlangt, die andinische Rationalität hingegen wesentlich auf der Konkretion, das konkrete Beispiel am Einzelfall fußt. Aus dieser Dissonanz erklärt sich die Rückschrittlichkeit der andinischen Region in einem Weltmaßstab heute.

Auch der experimentelle Charakter der Handlungsweise in den Andenländern verfügte nicht über den gleichen Grad an Abstraktion, sondern berief sich auf das konkrete Beispiel. Diese Haltung beruhte auf der überwiegend mythisch-magischen Ordnung der traditionellen andinischen Welt, die bis in die Gegenwart fortwirkt. Um aber zu einer wissenschaftlichen Rationalität westlichen Zuschnitts vorzudringen, wäre es in der andinischen Kultur notwendig gewesen, zwischen einer konzeptuellen gedanklichen Ebene und der Ebene der Realität zu unterscheiden, um besonders das konzeptuelle Instrumentarium zu bestimmen, das für die westliche Technologie Voraussetzung war. Hier lagen Keime für kulturellen, wirtschaftlichen und politischen Widerspruch und Wurzeln der Instabilität. Die andinische Kultur vermochte diese Unterscheidung nicht ohne weiteres durchzusetzen. Die wissenschaftliche Rationalität bedeutet in vielen Fällen einen schroffen und völligen Bruch mit dem magisch-mythischen Denken.

Die indigene Kultur kannte und kennt heute noch eine andere Logik des Denkens und Handelns, die sich unterschied von der formalen wie auch der aristotelischen Logik als der Grundlage der westlichen Wissenschaft und Technologie. So konstruiert der andinische Mensch seine Denkkategorien auf der präkolumbianischen Grundlage einer spiegelartigen Symmetrie, die zwischen zwei Teilen liegt. Jeder dieser Teile ist in zwei weitere Teile untergliedert. Einer der beiden Teile dominiert den anderen, dieser Vorgang wiederholt sich in der zweiten Untergliederung. Beispielsweise sind Sonne und Mond Bestandteile der oberen Welt und verfügen über ihre Gegenstücke in der unteren Welt. Die Sonne dominiert in der oberen Welt als maskulines, während die Erde als überwiegend feminines Element in der unteren Welt vorherrscht. Entscheidend für den Vergleich mit der abendländischen Rationalität ist, daß in der andinischen Logik die gedanklichen Konzeptionen und Symbole keine endgültige Bedeutung haben, wenngleich Veränderungen besonderen Gesetzen unterworfen sind. So ist der Mond beispielsweise feminin, kann aber auch eine maskuline Seite haben, da er der oberen Welt angehört. Seine Zuordnung hängt vom Zusammenhang ab, besonders von der Frage, ob er im Gegensatz zur Sonne oder der Erde steht. Die andinische Logik kennt auch nicht eine dem westlichen Denken vergleichbare horizontale und vertikale Ebene.

Es wird an diesen Beispielen der verschiedenen Varianten der Rationalität deutlich, daß im andinischen Raum nur eine angemessene, im Wortsinn gemäße Technologie dauerhaften Erfolg ermöglicht und gegen eine staatlich-kulturelle Auflösung und Zersetzung schützt (vgl. dazu Kap. VII).

Der charakteristisch statische Grundzustand, welcher der traditionellen andinischen Kultur eigen ist, stellt zunächst eine Hemmschwelle für die moderne Technologie dar, die in ihrem Verständnis einen dynamischen Charakter hat. Es gilt, zwischen diesen verschiedenen Varianten der Logik und Rationalität zu vermitteln, um endogenes Wachstum zu erreichen.

Eine wissenschaftlich-technologische Strategie für die Andenregion muß einer vorausgreifenden Sicht des Prozesses des sozialen, kulturellen und wirtschaftlichen Wandels, der in den nächsten Jahrzehnten entscheidend sein wird, entsprechen. Als Voraussetzung gilt, daß die andinischen Gesellschaften in Einklang mit ihren kulturgeschichtlichen und religiösen Traditionen leben. Dieser Einklang ist immer stärker gefährdet. Insofern ist vor allem die endogene Kapazität von Wissenschaft und Technologie gefragt, um eine geglückte Akkulturation zu gewährleisten, das heißt, die angebotenen technologischen Lösungen müssen kulturell verträglich – eben kompatibel sein.

In jeder Kultur bedient sich der Mensch einer eigenen Interpretation der Wirklichkeit, die einer übergeordneten Sinnstruktur gehorcht, welche wesentlich durch die Traditionen der Kultur beeinflußt ist. Gerade die Verschiedenheit der Interpretationen der Wirklichkeit macht es so schwierig, Ordnungsprinzipien und Arbeitsethik unabhängig zu sehen von einer bestimmten Kultur- und Religionstradition.

Adams, Richard N.: *A community in the Andes. Problems and progress in Muquiyauyo;* Washington (D. C.) 1959

Andrade Reimers, Luis: »Hacia la verdadera historia de Atahualpa«, Casa de la Cultura Ecuatoriana, Quito 1980

Ansion, J.: *Essais sur la pensée andine et ses réinterprétations actuelles dans la région d'Ayacucho (Pérou);* Dissertation; Université Catholique de Louvain, Louvain-la-Neuve 1984

Arguedas, José María: *Canciones y cuentos del pueblo quechua;* Ed. Huascarán, Lima 1949

– *»Las comunidades de España y del Perú;* Univ. de San Marcos, Lima 1968

– Cuentos mágico-ralistas y canciones de fiestas tradicionales del valle del Mantaro, provincias de Jauja y Concepción. Archivo del Instituto de Estudios Etnológicas«, *Folklore Americano* 1: 101–293, Lima 1953

– Cuentos religioso-mágicos quechuas de Lucanamarca«, *Folklore Americano* 8–9: 142–126, Lima 1961

– »Evolución de las comunidades indígenas. El valle del Mantaro y la ciudad de Huancayo«, *Revista del Museo Nacional* 26: 78–151, Lima 1957

– »Mitos quechuas prehispánicos«, *Amaru* 3: 14–18, Lima 1967

– »Notas elementales sobre el arte popular religioso y la cultura mestiza en Huamanga«, *Revista del Museo Nacional* 27, Lima 1958

– »Puquio, una cultura en proceso de cambio«, *Revista del Museo Nacional* 25: 185–232, Lima 1956

Arguedas, José María, y Francisco Izquierdo Rios: *Mitos, leyendas y cuentos peruanos;* Casa de la Cultura del Perú, Lima 1970

Arriaga, José de: *La extirpación de la idolatría en el Perú,* Colección de libros y documentos relativos a la historia del Perú; Imp. Sanmarti, Lima 1920

Bagu, Sergio: *La economía de la sociedad colonial;* Sin Editorial, Buenos Aires 1949

Basto Girón, Luis: *Salud y enfermedad en el campesino peruano;* Universidad de San Marcos, Lima 1957

Baudin, Luis: *El imperio socialista de los Incas;* Zig-Zag, Santiago de Chile 1943

Berlin, Brent, y Blois Ann Berlin: »Etnobiología, subsistencia y nutrición en una sociedad de la selva tropical: los Aguaruna (Jíbaro)«. In: Alberto Chirif (ed.): *Salud y nutrición en sociedades nativas;* Centro de Investigatión y promoción amazónica, pp. 13–47, o. O. 1978

Blanco, Hugo: *Tierra o muerte;* Siglo XXI, México 1972

Buehler, Anton: *La estructura y la conciencia de las clases sociales;* (Publicación Previa), Departamento de Ciencias Sociales – PUCP, Lima 1978

Buntinx, Gustavo: »Mirar desde el otro lado. El mito de Inkarrí, de la tradición oral a la plástica erudita« (unveröffentlicht); Postgrado de Ciencias Sociales, Universidad Católica del Perú, Lima o. J.

– »Los profétos de la rebelión«, *Estados y regiones en los Andes,* Instituto Francés de Estudios Andinos, Lima 1986

Caballero, J. M.: »Diez años de investigación agraria en el Perú«, *Apuntes,* Revista de la Universidad del Pacífico, Lima 1984

Cajías, F.: »Los objetivos de la revolución indígena de 1781: el caso de Oruro«, *Revista Andina* 2, Cuzco o. J.

Cardoso, Ciro F.: *Historia económica de América Latina* (2 Bde.); Barcelona 1979

– »Sobre los modos de producción coloniales en América«, *Modos de producción en América Latina, cuadernos del pasado y presente,* 40; 135–159, Córdoba 1973

Carrillo, Alfredo: *La trayectoria del pensamiento filosófico en Latinoamérica;* Casa de la Cultura Ecuatoriana, Quito 1959

Cassirer, Ernest: *Antropología filosófica;* Fondo de Cultura Económica, México 1971

Castelli, Amalia, Marcia Koth de Paredes y Mariana Mould de Pease (eds.) *Etnohistoria y antropología andina;* Segunda jornada del Museo Nacional de Historia, 1979, Lima 1981

Castro Pozo, Hildebrando: *Nuestra comunidad indígena;* Lima 1924

Cencillo, Luis: *Mitos: semántica y realidad;* Biblioteca de Autores Cristianos, Madrid 1970

CENCIRA-COTESU: *Capacitación campesina. Una experiencia en Huancavelica. Proyecto* CENCIRA-COTESU 1979–1981, editado por el proyecto »Capacitación especializada y básica para campesinos«; CENCIRA-COTESU, Lima 1982

– *Comunidades campesinas. Proceso histórico de diferenciación;* CENCIRA-COTESU, Lima 1977

Cerutti Guldberg, Horacio Victorio: »Ubicación política de los orígenes y el desarrollo de la filosofía de la liberación latinoamericana«, *Cuadernos Salmantinos de Filosofía* 3: 351–360, 1976

Chaves, Milcíades: »La Guajira: una región y una cultura de Colombia«, *Revista Colombiana de antropología* 1, no. 1, Bogotá, Juni 1953

– »Mitos, leyendas y cuentos de la Guajira«, *Boletín de Arqueología* 11(4), Bogotá 1946

Chonati, Irma, et al.: *Tradición oral peruana. I. Hemerografía (1896–1976);* Instituto Nacional de Cultura, Lima 1978

Cobo, Bernabé: *Historia del nuevo mundo,* Atlas, Madrid 1956

Colombres, Adolfo: *La colonización cultural de la América indígena;* El sol, Quito 1977

Cook, Noble David: *Demographic collapse, Indian Peru, 1520–1620,* Cambridge Univ. Press, Cambridge 1981

Costales, Alfredo, y Piedad Peñaherrera de C.: »El indio de Chimborazo: hombre desconocido; *Boletin de Informaciones Científicas Nacionales* 5: 541–565, Quito 1953

– *Historia social del Ecuador,* Band 4; Casa de la Cultura Ecuatoriana, Quito 1971

Curátola, Marco: »Mito y milenarismo en los Andes; del Taqui Onkoy a Inkarrí, la visión de un pueblo invicto«, *Allpanchis* 10, Instituto de Pastoral Andino, Cuzco 177

Diez Astete, Alvaro, Rodolfo Sánchez Garrafa y Jorge Perez Mundaca: »Que es el mito?«, *Anthropologica* 1: 5–36, PUCP, Lima 1983

Dobyns, Henry F.: *Comunidades campesinas del Perú;* Lima 1970

Dobyns, Henry F., y Mario Vásquez: *Migración e integración en el Perú,* Monografía Andina No. 2; Ed. Estudios Andinos, Lima 1963

Duviols, Pierre: *Cultura andina y represión;* Centro de Estudios Rurales Andinos Bartolomé de las Casas, Cuzco 1986

– *La lutte contre les religions autochtones dans le Pérou colonial. »L'extirpation de l'idolãtrie« entre 1532 et 1660;* Instituto Francés de Estudios Andinos, Lima 1971

– »Huari y Llacuaz. Agricultores y pastores. Un dualismo prehispánico de oposición y complementaridad«, *Revista del Museo Nacional* 39: 153–198, Lima 1973

Earls, John: »La organización del poder en la mitología quechua«, OSSIO, pp. 393–414, 1973

– »Astronomía y ecología: la sincronización alimenticia del maíz«, *Allpanchis* 14: 117–135, Instituto de Pastoral Andina, Cuzco 1979

Eliade, Mircea: *La búsqueda;* Ediciones Megápolis, Buenos Aires 1971

– *El chamanismo;* Ed. Fondo de Cultura Económica, México 1960

– *Dioses, diosas y mitos de la creación;* Ediciones Megápolis, Buenos Aires 1977

– *Imágines y simbolos;* Guadarrama, Madrid 1974

– *El mito del eterno retorno;* Emece, Buenos Aires 1958

– *Mito y realidad,* Guadarrama, Madrid 1973[2]

– *Mitos, sueños y misterios;* Compañía General Editora, Buenos Aires 1961

– *Tratado de historia de las religiones;* Instituto de Estudios Políticos, Madrid 1954

Espinoza Soriano, Waldemar (ed.): *Los modos de producción en el imperio de los Incas;* Montaño, Lima 1978

– »El curaca de los cayambes y su sometimiento al imperio español, siglo XV y XVI, *Boletín de Instituto Francés de Estudios Andinos,* Bd. 9, no. 1–2: 89–119, Lima 1980

Estrella, Eduardo: *Medicina aborígen;* Epoca, Quito 1978

Fischer, John R.: »La formación del estado peruano (1808–1824) y Simón Bolívar. In *Problemas de la formación del estado y la nación en Hispanoamérica;* Inter Nationes, Bonn o. J.

– *Gobierno y sociedad en el Perú colonial: el régimen de las intendencias;* Pontificia Universidad Católica del Perú, Lima 1981

Fuenzalida, Fernando: »El mundo de los gentiles y las tres eras de la creación«, *Revista de la Universidad Católica* – nueva serie – 2: 59–84, PUCP, Lima 1977
– »El Cristo pagano de los Andes: una cuestión de identidad y otra sobre las eras solares«, *Debates en Antropología* 4: 1–10, PUCP, Lima 1979
– »Santiago y el Wamani: aspectos de un culto pagano en Moya«, *Debates en Antropología* 5, PUCP, Lima 1980
Fuenzalida, Fernando, José Luis Villaran, Jürgen Golte y Teresa Valiente: *Estructuras tradicionales y economía de mercado, la comunidad de indígenas de Huayopampa;* IEP, Lima 1968
Galdo Pagaza, Raúl: *El indígena y el mestizo en Volquechico,* Plan Nacional de Integración de la Población Aborigen, Serie Monográfica no. 3; Publicaciones del Ministerio de Trabajo y Asuntos Indígenas; Lima 1962
Geertz, Clifford: »Religion as a cultural system«. In Lessa and Vogt: *Readings in comparative religion;* Harper and Row, New York 1965
Girard, Raphael: »Consideraciones sobre mitología indoamericana«, *Runa* 10, Instituto de Antropología, Buenos Aires 1967
Golte, J.: *La racionalidad de la organización andina;* Instituto de Estudios Peruanos, Lima 1980
Gómez, Antonio: »El cosmos, religión y creencias de los indios Cuna«, *Boletín de Antropología* 3, no. 11, Univ. de Antioquía, Medellin, September 1969
Gonzalez Alvarez, Luis: »El sentido de nuestra cultura«. In *El hombre latinoaméricano y su mundo,* pp. 161–247, Nueva América, Bogotá 1980³
Gonzalez Carre, Enrique: *Historia prehispánica de Ayacucho;* Universidad Nacional de San Cristóbal de Huamanga, Ayacucho 1982
Gow, Rosalinda, y Bernabé Condori: *Kay Pacha. Tradición oral andina;* Centro de Estudios Rurales Andinos »Bartolomé de las Casas«, Cuzco 1976
Guaman Poma de Ayala, Felipe: *Nueva crónica y buen gobierno;* Travaux et Mémoires de l'Institut d'Ethnologie XXIII, Univ. de Paris, Paris 1936
Guevara, Darío: *Un mundo mítico-mágico en la mitad del mundo;* Imprenta del I. C. Municipal de Quito, Quito 1972
Harnecker, Marta: *Los conceptos elementales del materialismo histórico,* Siglo XXI, México 1971
Hawley, Florence: »The role of Pueblo social organization in the dissemination of Catholicism«, *American Anthropologist* 48: 407–415, 1946
Hegenberg, Leonidas: *Introducción a la filosofía de las ciencias,* Herder, Barcelona 1969
Horkheimer, Hans: *Nahrung und Nahrungsgewinnung im vorspanischen Peru;* Berlin 1960
Huertas Vallejos, Lorenzo: *La religión en una sociedad rural andina (siglo XVII);* Universidad Nacional de San Cristóbal de Huamanga, Ayacucho 1981

Hurtado de Mendoza, S. W.: *Wiraqocha – Mitos;* Nueva Epoca, Lima 1980
Ibarra, Grasso, y Edgar Dick: *La representación de América en mapas romanos de tiempos de Cristo;* Ed. del autor, Buenos Aires 1970
– *La verdadera historia de los Incas;* Editorial »Los Amigos del Libro«, La Paz-Cochabamba 1969[2]
Imbelloni, José: *Religiosidad indígena Americana;* Castañeda, Buenos Aires 1979
– »La ›Weltanschauung‹ de los amautas reconstruida: formas peruanas del pensamiento templario«. In *Actas y trabajos científicos 27. Congreso Internacional de Americanistas,* Bd. 2, Lima 1942
Izquierdo Gallo, Mariano R. P.: *Mitología americana;* Ediciones Guadarrama, Madrid 1957
Jijon y Camaño, Jacinto: *La religión del imperio de los Incas;* Band I, Escuela Tipográfica Salesiana, Quito 1931
Jimenez Núñez, A.: *Mitos de creación en Sudamérica;* Publicaciones del Seminario de Antropología Americana, Bd. 3, Sevilla 1962
Katz, Friedrich: *The ancient American civilisation;* Weidenfeld and Nicholson, London 1969
Köpcke, Hans-Wilhelm: *Synökologische Studien an der Westseite der peruanischen Anden;* Bonn 1961
Kusch, Rodolfo: *El pensamiento indígena y popular en América;* Hachette S. A., Buenos Aires 1977[3]
Larrea, Carlos Manuel: *Prehistoria de la región andina del Ecuador;* Corporación de Estudios y Publicaciones, Quito 1971
Las Casas, Bartolomé de: »Denuncia profética de la destrucción de Indias«. In *Ideología y praxis de la conquista. Denuncia de Montesinos y Las Casas;* Nueva América, Bogotá 1978
Levinas, Emmanuel: *Humanismo del otro hombre;* Siglo XXI, México 1974
Lumbreras, L. G., et al.: *Arqueología de la América andina;* Milla Batres, Lima 1981
– *Nueva historia general del Perú;* Mosca Azul Editores, Lima 1979
Macera, Pablo: *Visión histórica del Perú (del paleolítico al proceso de 1968);* Milla Batres, Lima 1978
Malinowski, Bronislav: *Magia, Ciencia y religión;* Ariel, Barcelona 1974
Mariátegui, José Carlos: »El indigenismo en la literatura nacional«, *Mundial* 345, Lima, 21. Januar 1927
– *Siete ensayos de interpretación de la realidad peruana;* Amauta, Lima 1928
Mariscotti de Goerlitz, Ana María: *Pachamama. Santa Tierra. Contribución al estudio de la religión autóctona de los Andes centro-meridionales;* Indiana Suplemento 8, Gebr. Mann, Berlin 1978
– »Los posición del señor de los fenómenos metereológicos en los panteones regionales de los Andes centrales«, *Historia y Cultura* (Organo del Museo Nacional de Historia) 6: 207–215, Instituto Nacional de Cultura, Lima 1972

Marzai, Manuel Ma.: »La religiosidad de la cultura de la pobreza«, *Catequesis latinoamericana,* pp. 7–8, Asunción 1970
Mauss, Marcel: *Lo sagrado y lo profano;* Barral Editores, Barcelona 1970
Mendizábal, Emilio: »La difusión, acculturación y reinterpretación a través de las cajas de imaginero ayacuchanas«, *Folklore Americano* 11(11-12), Lima 1963
Métraux, Alfred: »El dios supremo, los creadores y héroes culturales en la mitología sudamericana«, *América Indígena* 6, no. 1, México 1946
– »Ensayos de mitología comparada sudamericana«, *América Indígena* 8, no. 1, México 1948
– *Religión y magias indígenas en América del Sur,* Aguilar, Madrid 1967
Milones, Luis: »Medicina y magia: propuesta para un análisis de los materiales andinos«, *Boletín del Instituto Francés de Estudios Andinos* 12, Lima 1983
– »Shamanismo y política en el Perú colonial: los curacas de Ayacucho«, *Histórica* 8, Lima 1984
Molina, Cristóbal de: *Ritos y fábulos de los Incas;* Futuro, Buenos Aires 1947
Moreno Yánez, Segundo: *Sociedad indígena;* Manuskript; Departamento de Antropología de la PUCE, pp. 10–25, Quito 1982
Morote Best, Efraín: »Un nuevo mito de fundación del imperio«, *Revista del Instituto Americano de Arte* 8: 38–58, Cuzco 1958
Moya, Ruth: *Simbolismo y ritual en el Ecuador andino;* Colección Pendoneros, Otavalo 1981
Murra, John: *Formaciones económicas y políticas del mundo andino;* Instituto de Estudios Peruanos, Lima 1975
– La organización económica del estado Inca; Siglo XXI, México 1978
Nuñez del Prado, Daysi: »La reciprocidad como ethos de la cultura andina«, *Allpanchis* 4: 10–15, Instituto de Pastoral Andina, Cuzco 1971
Nuñez del Prado, Oscar: *El hombre, la familia, su matrimonio y su organización político-social en Q'ero;* Editorial Garcilaso, Cuzco 1957
Orlave, Benjamín S.: »Ricos y pobres: la desigualidad en las comundiades campesinas«, *Estudios Andinos* 8, no. 15, Lima 1979
Ortiz Rescaniere, Alejandro: *De Adaneva a Inkarrí. Una visión indígena del Perú;* Retablo de Papel, Lima 1973
– *Huarochirí, 400 años depués;* Pontificia Universidad Católica del Perú, Fondo Editorial, Lima 1980
– »El tratamiento del tiempo en los mitos andinos«; *Debates en Antropología* 8, PUCP, Lima 1982
Ossio, Juan: »Apuntes para una comprensión del concepto de ›Historia‹ entre los Incas«, PUCP, pp. 170–177, 1969
Pease, Franklin: *El dios creador andino;* Mosca Azul Editores, Lima 1973
– *El pensamiento mítico. Antología;* Mosca Azul Editores, Biblioteca del Pensamiento Peruano, Lima 1982

– »Simbolismo de centro en el inca Gracilaso«, PUCP, pp. 205–211, 1969
– »Las versiones del mito de Inkarrí«, *Revista de la Universidad Católica* – nueva serie – 2: 25–42, PUCP, Lima 1977

Rama, Carlos: *Historia de América Latina;* Bruguera S. A., Barcelona 1978

Reyes, Oscar: *Historia general del Ecuador,* Band I, Talleres Gráficos Nacionales, Quito 1967[8]

Ribeiro, Darcy: »La nación latinoamericana«, *Revista Nueva Sociedad* 62, Caracas, Oktober 1982
– *El proceso civilizado;* Universidad Central de Venezuela, Caracas 1970

Ritter, Ulrich Peter: *Dorfgemeinschaften und Genossenschaften in Peru;* Göttingen 1966

Riva Aguero, José de la: *Paisajes peruanos,* Universidad Católica, Lima 1969

Roel, Virgilio: *Historia social y económica de la colonia;* Gráfica Labor, Lima 1970

Rowe, John: »El movimiento nacional inca del siglo XVII«, *Túpac Amaru II: 1780* (Antología), Lima 1979

Silverblatt, Irene: »Dioses y diablos: idolatrías y evangelización«, *Allpanchis* 19: 31–48, Instituto de Pastoral Andina, Cuzco 1982

Stern, Steve: *Los pueblos indígenas del Perú y el desafío de la conquista española,* Alianza Universidad, Madrid 1986

Tamayo Herrera, José: »Algunos conceptos filosóficos de la cosmovisión del indígena quechua«, *Allpanchis* 2: 245–255, Instituto de Pastoral Andino, Cuzco 1970
– *Historia social del indigenismo en el eltiplano;* Ediciones Treintaitrés, Lima 1982

Tapia, Fernando: »Actualidad del culto a la Pacha-Mama«, *Allpanchis* 3: 21, Instituto de Pastoral Andino, Cuzco 1971

Troll, Carl: »Die Stellung der Indianer-Hochkulturen im Landschaftsaufbau der tropischen Anden«, *Zs. der Gesellschaft für Erdkunde zu Berlin,* No. 3/4, Berlin 1943

Urbano, Henrique: »Del sexo, incesto y los ancestros de Inkarrí. Mito, utopia e historia en las sociedades andinas«, *Allpanchis* 17/18: 77–118, Instituto de Pastoral Andina, Cuzco 1981
– »Discurso mítico y discurso utópico en los Andes«, *Allpanchis* 10, Instituto de Pastoral Andina, Cuzco 1971
– *Wiracocha y Ayar, héroes y funciones en las sociedades andinas;* Centro Bartolomé de las Casas, Cuzco 1981

Valcarcel, Luis E.: *Cuentos y leyendas inkas;* Imprenta del Museo Nacional, Lima 1939
– *Etnohistoria del Perú antiguo;* Universidad Nacional Mayor de San Marcos, Lima 1964

Vásquez, Mario: »La antropología cultural y nuestro problema del indio«, *Perú Indígena* 2: 5–6, 1952

Velee, Lionel: »El discurso mítico de Santa Cruz Pachacuti Yanqui«, *Allpanchis* 20: 103–128, Instituto de Pastoral Andina, Cuzco 1982

Waall, Annemarie: *Introdución a la antropología religiosa;* Verbo Divino, Navarra 1975

Wachtel, Nathan: *La vision des vaincus. Les indiens du Pérou devant la conquête espagnole,* Gallimard, Paris 1971

– *Sociedad e ideología. Ensayos de historia y antropología andinas;* Instituto de Estudios Peruanos, Lima 1973

Wood, Roberto: »El espacio sagrado y el ›centro del mundo‹«, PUCP, pp. 197–204, 1969

Zorrilla, Javier: »Sueño, mito y realidad en una comunidad ayacuchana«, *Debates en Antropología* 2: 119–124, PUCP, Lima 1978

Zuidema, R. T.: »El calendario Inca«, *Actas Memorias XXXVI Congreso Internacional de Americanistas,* pp. 25–30, Sevilla 1966

– *The ceque system of Cuzco. The social organization of the capital of the Inca;* Leiden 1964

ASPEKTE DES KULTURVERGLEICHS

Arbeitsethik im kulturellen Vergleich des Christentums, Japans und des Islam

Jeder Mensch lebt nicht nur in einem geographischen Umfeld, in seiner physikalischen Welt, sondern auch in einem kulturellen Raum, seiner Welt der Sinnbezüge, was sehr treffend durch den englischen Begriff »a world of meaning« ausgedrückt wird. Diese Welt der übergeordneten Sinnbezüge bildet für das tatsächliche Verhalten der Menschen den festeren Wirklichkeitsrahmen als die rein physikalische Welt allein. Die nachstehenden Beispiele aus der christlichen, der islamischen Kultur und den Kulturen Ostasiens können dies in Abgrenzung zu Lateinamerika eindrucksvoll darstellen.

Die Welt der Sinnbezüge und Bedeutungen ist das Ergebnis der sittlichen, sozialen und religiösen Traditionen, die unmittelbare Auswirkungen auf die Gestaltung der Lebensführung haben.

Erst ein Vergleich mit anderen Kulturen und Religionstraditionen vermittelt kontrastiv ein tieferes Verstehen der Besonderheit Lateinamerikas. Dies betrifft die Arbeitsethik ebenso wie das Organisationsvermögen sowie alle anderen entscheidenden anthropologischen Kategorien. Die Sitten, Riten, Mythen und Religionen sind in ihrer jeweiligen kulturellen Prägung Voraussetzung auch für das Verständnis einer Volkswirtschaft und der sie tragenden Technologie.

Auch bei der *christlichen* Tradition ist das Verstehen der Theologie für die Entwicklung des Wirtschaftsverhaltens sehr wichtig. Die Lehren der Reformation sehen den Beruf als existentielle und persönliche Dimension zugleich, vor allem aber wird die Arbeit zur Berufung. In der frühen protestantischen Tradition liegt ein wesentlicher Unterschied zu dem scholastischen katholischen Arbeitsverständnis. Luthers Verse, gerichtet an die Kongregation zu Wittenberg, stellen eine eindeutige Quelle dar: der Handwerker, der Schuhmacher, der Schmied – alle fanden ihre Aufgabe in der demutvollen Pflicht der Verrichtung des täglichen Dienstes durch die Berufung göttlicher Provenienz. Arbeit, so wurde argumentiert, lag in der »Natur« des Menschen und war nicht nur notwendig zum Erhalt des menschlichen Lebens. Der Begriff der »Rerum Novarum« wurde zum Bestandteil der reformatorischen Doktrin.

In allen Anstrengungen des Judaismus und des Christentums galt bei der Ausformulierung einer Theologie der Arbeit der Satz: »Requiem sempiternam dona eis, domine, et lux perpetua luceat eis«. Die Arbeitsauffassung berührte auch die Sicht des Paradieses in der Unterscheidung zwischen dem Paradies als »primitivem« Zustand der Unschuld und dem Paradies als eschatologischem Zustand des Erwähltseins. Diese Unterscheidung hing mit der Anweisung zur Arbeit, mit dem Gebot sowie auch mit der Freisetzung von Arbeit zusammen. *Sowohl die hebräische Bibel wie das christliche Neue Testament erkannten in der Arbeit das entscheidende Versprechen auf das ewige Leben.*

Die protestantischen frühen Traditionen, wie sie später etwa in der nordamerikanischen Kultur zur Ausprägung kamen, zeigten deutliche Unterschiede zur katholisch-scholastischen Tradition des frühen Lateinamerika, das folglich eine andere Arbeitsethik aufbaute.

Die *japanische* Kultur ist durch eine besondere Form des Empirismus geprägt, der unmittelbare Auswirkungen auf die Arbeitsethik haben sollte. Die frühe japanische Kultur betrachtete es als selbstverständlich, daß die »Welt« nur die Welt war, die auf dem japanischen Archipel empirisch erfahren wurde. Anders als abendländische Kulturen, die eine Vorstellung vertraten, wonach der Mensch in einer »gefallenen Welt« lebte, glaubte die japanische Kultur in ihren alten Traditionen, daß die natürliche Welt die wirkliche Welt verkörperte, und sie suchte nicht nach einer anderen Bedeutung jenseits davon. Hierin liegt ein entscheidender Unterschied zu Lateinamerika, das seit der Scholastik des 16. Jahrhunderts durch eine Kultur von transzendentalem Charakter geprägt wurde und somit auch eine Arbeitsethik kennenlernte, die jenseitig ausgerichtet war. Zwangsläufig ging damit eine relative Geringschätzung der Empirie einher, die sich in ungünstigeren Voraussetzungen für wirtschaftliche Effizienz niederschlug.

Japan hatte durch seine kulturellen Voraussetzungen eine wesentlich bessere Grundlage für die Akzeptanz von Technologie, die in sich die Notwendigkeit zu Pragmatik und Empirie barg. Im 5. und 6. Jahrhundert drangen von Korea und China kommend religiöse Einflüsse vor: die Ethik des Konfuzianismus, die Lehre des Buddhismus und das magisch-mythische Denken des Taoismus sowie die Yin-Yang-Schule. In scharfem Gegensatz zu Korea, das gleichfalls durch die chinesische Kultur beeinflußt wurde, versuchte Japan im 7. Jahrhundert eine große Synthese aus Religion, Gesellschaft und Kultur anzustreben, die für die spätere wirtschaftliche Integration von vorausgreifender Bedeutung war. In Lateinamerika ist die Wirtschaft heute noch nicht in einem ganzheitlichen Sinne in den Staat integriert.

Die japanische Synthese umschloß alle Aspekte des Konfuzianismus, des Buddhismus und des eigenen Shintoismus unter der Herrschaft des Kaisers, der dem Staat dank seines sakralen Status in einer Ahnenherrschaft vorstand. Die japanische Kultur läßt sich – im Gegensatz zu Lateinamerika – als eine immanente Theokratie beschreiben, wohingegen das kolonialisierte Lateinamerika in seiner Geistesgeschichte eine weltabgewandte, metaphysische und transzendentale Kultur war. Japan kannte eine zweckdienliche Synthese aller Lebensbereiche durch eine Ritualisierung der Alltagskultur mit Blick auf eine nationale Geschlossenheit und Einheit, den Lateinamerika zu keinem Zeitpunkt der Geschichte gehabt hat. Auch die Staatsspitze war vergleichsweise nicht so eindeutig gestaffelt wie in Japan. Dort waren alle Aspekte des Staates dem Kaiser unterstellt, der als der lebende »kami«, als heiliger König und gleichzeitig als oberster Priester des Staates verstanden wurde. In einer synthetischen Sicht wurde der Staat als Familie begriffen, gestaffelt in einer Pyramide unter dem Thron; das Individuum war hierarchisch-patriarchalisch in die Gemeinschaft eingebunden, zu Loyalität und Frömmigkeit verpflichtet, ganz im Gegensatz zu Lateinamerika, wo das Individuum seit der kolonialen Phase gesellschaftlich parzelliert und ohne Gemeinschaftsethik blieb.

In Japan war das Leben auf das Zweigestirn von Loyalität und Frömmigkeit ausgerichtet. Die feudale Herrschaft (bakufu) verkörperte eine Synthese aus Religion, Gesellschaft, Wirtschaft und Kultur, die im 7. Jahrhundert ins Leben trat. Sie wurde zum staatstragenden Paradigma für die nationale Einheit Japans aus historischer Sicht bis in die Gegenwart, weil in dieser kulturellen Synthese immanent die Möglichkeit der Weiterentwicklung gegeben war unter der Voraussetzung der wechselseitigen Kooperation und der Aufrechterhaltung der nationalen Hierarchie und der staatlichen Gemeinschaft.

Auch unter dem Aspekt der Staatserhaltung zeigen sich einschneidende Unterschiede zu Lateinamerika, wo diese Verklammerung der Faktoren nie gegeben war, weder historisch noch in der jetzigen Zeit. Der Konfuzianismus in Japan hatte staatstragende Züge, und auch der japanische Buddhismus unterstützte flankierend das Prinzip des Schutzes der Nation (chingo-kokka), bejahte ebenfalls Ahnen- und Familienkulte sowie Begräbnisriten, zugleich ließ sich auch von einem Amalgam in der japanischen Kultur sprechen (Shin-Butsu Shungo), das eine immanente Theokratie darstellte. Eben diese Immanenz unterscheidet sich in der Akzeptanz der empirischen Technologie vom transzendental geprägten Lateinamerika.

Die Entwicklung in Japan verlief unterschiedlich, und es ist notwendig, diese Unterschiede in ihrem historischen Verlauf zu begreifen, um die Auswirkungen nach der Industrialisierung in Japan und Lateinamerika kontrastiv zu verstehen. Bereits im Japan des 13. Jahrhunderts traten neue Elemente zur Welt der Sinnbedeutungen hinzu. Die Errichtung des feudalen Regimes in Kamakura, unweit des heutigen Tokyo, fiel zusammen mit der Entwicklung neuer Schulen des Buddhismus, etwa der Nichiren-Schule und des Zen. Gleichzeitig erstarkte der Nationalismus, ausgelöst durch die mongolische Invasion Japans. Das kaiserliche, hofzentrierte und aristokratische Japan, etwa in Kyoto, wurde weitergeführt, aber neue Kulturideale kriegerischer Provenienz beeinflußten breite Bevölkerungskreise. Unter der Anleitung von Zen-Mönchen entwickelten sich diese beiden Kulturformen, das Kriegsideal auf der einen und die Natürlichkeit auf der anderen Seite, die Ruth Benedict bereits für das 15. und 16. Jahrhundert mit dem Zweigestirn »Chrysanthemen und Schwert« bezeichnet hat. Es kam durch den Einfluß des Buddhismus und der chinesischen Kultur zu einer Synthese der traditionellen Elemente. Hinzu kam die Isolierung Japans vom Rest der Welt, die von der Tokugawa- Regierung, die vom 17. Jahrhundert bis zur Mitte des 19. Jahrhunderts herrschte, auferlegt wurde.

Bevor der erste Tokugawa Shogun im Jahre 1600 an die Macht kam, begann Portugal in Asien zu expandieren; römisch-katholische Missionare brachten es auf rund 150000 Konvertiten in Japan. Der Katholizismus ließ sich freilich aufgrund seiner Transzendenz gegenüber der immanenten und empirischen Kultur Japans schwer assimilieren. Nachdem Katholiken verfolgt wurden, untersagte das Tokugawa-Regime jeden Kontakt zu ausländischen Mächten mit Ausnahme von Holland, Korea und China. Im abgeschlossenen Japan entstand ein kaiserliches Regime, das durch religiöse Institutionen getragen war. Die mythologischen Traditionen des Shinto wurden etwas zurückgedrängt durch die konfuzianistischen Prinzipien der Naturrechte. Die Regierung gründete sich auf das Prinzip des »jinsei« als Ausdruck der moralischen Ordnung. Es entstand das baku-han-System, eine Verbindung aus nationaler Administration (bakufu) unter dem Shogun und lokaler Administration durch den Kriegsfürsten (daimyo).

Das Shogunat formuliert sowohl eine Reihe von administrativen und legislativen Prinzipien wie Regulierungen. Die soziale Hierarchie der Tokugawa-Zeit in Gestalt der Kriegerklasse, die an der Spitze stand, unterstützte den Shogun und den Daimyo in ihren Aufgaben. So wurden die Krieger angehalten, zu lernen und entsprechend dem Kodex der Krieger (bushido) moralische Disziplin auszuüben. Unterhalb der Kun, der Meister oder Prinzen, und den

Shin, den Kriegern, waren die anderen Schichten gestaffelt, die Bauern (no), die Handwerker (ko) und Händler (sho), die zusammen als min und shomin bezeichnet wurden. Von ihnen wurde erwartet, daß sie ihren Anforderungen durch die ihnen von göttlicher Instanz aufgetragenen Aufgaben gehorchten.

Die Arbeitsweise war durch eine Ethik bestimmt, die sich bildete aus den Regeln des Shogunats und den Sitten der Familie und dem Verwandtschaftssystem, aus den Berufsgilden und der Pfarrgemeinde der örtlichen Shinto-Schreine und der buddhistischen Tempel. Der Erfolg des Shogunats in der Erhaltung des inneren Friedens durch matriachales Recht diente als Hintergrund für das Wachstum von Industrie und Handel in städtischen und ländlichen Gegenden. Das Wachstum lockerte im Gegenzug das soziale System der Tokugawa-Zeit, das sich ursprünglich auf eine Agrarökonomie gründete.

Bereits diese Übersicht verdeutlicht, daß verschiedene Facetten der japanischen Kultur einen kumulativen Effekt auf die japanische Arbeitsethik hatten, und zwar weit vor der modernen Periode. Dies ist für den Vergleich mit Lateinamerika von großer Wichtigkeit, weil sich hier kontrastiv auf die historischen Wurzeln verweisen läßt, die zu der unterschiedlichen Entwicklung in der Phase der Industrialisierung führten. Nur der vormoderne Vergleich ermöglicht Einsichten in die Divergenz der späteren Entwicklungen.

Wir wissen relativ wenig über die historische Einstellung der japanischen Kultur zur Arbeit. Der Shintotheoretiker des 18. Jahrhunderts, Motoori Noringa (1730–1801), brachte die Überzeugung zum Ausdruck, daß der Mensch von Geburt an mit der Fähigkeit ausgestattet sei, zu tun, was zu tun sei, in einer durchaus empirischen Weise. Er spricht vom Geist der Geburt und des Werdens (musubi no kami). Noch heute glauben Shintoisten, daß die Ordnung des historischen Japan auf dem Individuum, auf seiner Arbeit (waza) und den nachstehenden Kompetenzen und Berufsverzweigungen aufgebaut ist. Die japanische Welt der Sinnbezüge ist durch den ethischen Impuls des Konfuzianismus und die empirische Variante der Metaphysik durch den Buddhismus geprägt worden. Konfuzianismus und Shintoismus beanspruchten ein universell gültiges Tao und Dharma. Die japanische Kultur lehrte, daß durch den Konfuzianismus die menschliche und die kosmische Ordnung in ein und demselben Tao (japanisch michi) als dem ethnischen Imperativ begründet sind. Hiernach sollte die eigene Arbeit verantwortlich geleistet werden. Vom Buddhismus lernte die japanische Kultur die paradoxe Wahrheit, das Vieles zu Einem gerinnt und Eines zu Vielem.

Anerkennung fand der einzelne nach dem Gebot des Tenddai-

Buddhismus und seiner Vorstellung des »endon-kai« (das perfekte Gebot). Hiernach schloß der Gehorsam gegenüber einem Gebot die Kenntnisnahme aller Gebote mit ein. Auf dieser Grundlage dienten etwa Mönche in den Klöstern dem Säubern des Bodens oder dem Kochen vor dem Hintergrund der Vorstellung, daß auch der bescheidenste Weg zur Erleuchtung führt. Diese Einsicht drang auch in das Handwerk und andere Berufssparten vor. Der Mensch bezog Würde aus untergeordneten Tätigkeiten.

Es ist offensichtlich, daß im Vergleich zur Geringschätzung der manuellen Arbeit in der lateinamerikanischen Kultur hier wesentlich bessere Voraussetzungen für den wirtschaftlichen Aufbau lagen. Funktion und Verantwortung sind klar umrissen aufgrund der klaren sozialen Organisation mit einer Dreigliederung in Krieger, Bauern und Stadtmenschen. Diese Arbeitsethik verkörpert eine unabdingliche Voraussetzung für den Aufstieg Japans zur weltführenden Industrienation und verfügt über keinerlei Äquivalent in der lateinamerikanischen Kultur.

In der Meiji-Epoche erfolgte die abschließende Formierung für die Moderne, Japan durchlebte wiederum eine Synthese des 7. Jahrhunderts und der Tokugawa-Zeit. Das Ziel der Meiji-Regierung war nicht nur auf Erneuerung (ishin) in Anlehnung an westliche Beispiele ausgerichtet. Es bestand auch der Gedanke, wiederaufzubauen (fukko) oder selbst zurückzukehren zu dem Ideal des 7. Jahrhunderts, auf eine dem Kaiser unterstellte, religiöse und politische nationale Identität.

So kann das Ethos des modernen Japan vor dem Zweiten Weltkrieg als eine Fusion zweier Elemente charakterisiert werden: der durch den Konfuzianismus inspirierten Werte und Prinzipien, die das Rationale der Tokugawa-Zeit verkörperte. Dazu trat das Ideal des 7. Jahrhunderts, einer sakralen Monarchie der göttlichen Nation und der Einheit von Religion und Staat. Wiederum wird offensichtlich, daß Religion und Staat zu keiner Zeit in Lateinamerika eine solch wirtschaftlich produktive Verbindung eingegangen sind. Die Zielsetzung der Meiji-Restauration war es, ein modernes Staatsgebilde zu errichten mit wirtschaftlichem Wohlstand und starker Verteidigung (fukoku-kyohei) unter dem göttlichen Kaiser. Die Architekten des modernen Japan hatten einen klaren Sinn für Prioritäten.

Japan begann mit der Entsendung von Exploranten in die industrialisierten Zentren Europas und Nordamerikas, die neueste Kenntnisse der Medizin, Rechtswissenschaft, vor allem aber der Technologie nach Japan zurückbrachten. *Der Unterschied zu Lateinamerika besteht darin, daß die Informationsträger im eigenen Staat eingebunden waren in eine streng militärische Ausbildung und ein national kontrolliertes Erziehungssystem.* Gleichfalls wurde der Kaiserkult durch ein Phänomen überhöht, das als Staatsshinto bekanntwerden sollte. Zu Beginn der Meiji-Restauration waren nur 400 Soldaten unter der Kontrolle des Chrysanthementhrones, aber eine allgemeine militärische Einschreibung erfaßte alle männlichen Staatsbürger über 20 Jahre und machte sie zu Dienern des Militärs zur Verteidigung von Staat und Thron.

Das Erziehungswesen ließ Japan zur Schriftkultur werden, es wurde Ethik (shushin) gelehrt, eine Kombination aus bürgerlicher Moral, Wertesystem und Mythengeschichte. Hierbei kam die Vorstellung zum Ausdruck, daß Menschen von Natur aus ungleich sind, daß einige geboren sind zu herrschen, anderere beherrscht zu werden. Jedem Menschen wurde die Fähigkeit zugesprochen, Fleiß, Fruchtbarkeit, Frömmigkeit und Loyalität zu zeigen und die Bereitschaft, sich selbst zu opfern für das übergeordnete Ziel des staatlichen Ganzen, in der Familie wie im Beruf und in der Gesellschaft.

Hier tritt wieder ein elementarer Unterschied zu Lateinamerika auf, wo diese staatstragende Opferbereitschaft des einzelnen nicht historisch gegeben war. Die Doppelstrategie des Meiji-Regimes – ökonomischer Wohlstand und eine starke Verteidigung (fukokukyohei) – ließ die berühmten Zentren der Macht entstehen, die »Zai-batsu«, eine wirtschaftliche Verbindung von Konglomeraten, und die »Gun-batsu«, eine Militärverbindung. Beide Faktoren wuchsen stärker zusammen während des sino-japanischen Krieges 1894–95 sowie des russisch-japanischen Krieges 1904–05, der Annexion von Korea und des Ersten Weltkriegs. Es ergab sich sowohl eine Modernisierung der Tradition wie eine Traditionalisierung der Modernität.

Die tragenden Elemente der japanischen Arbeitsethik lassen sich in Abgrenzung zu Lateinamerika zusammenfassen: Das alte japanische Mandat, daß der Mensch sachgerecht seine Arbeit (waza) zum Vorteil der sozialen Gemeinschaft auszuführen hat, steht an erster Stelle. Hierzu tritt die durch den Buddhismus inspirierte Vorstellung, daß sich der Mensch jeder Tätigkeit hingeben sollte, so bescheiden sie auch sein mag. Die Bedeutung von glaubenstreuer Ausführung der eigenen Pflicht (yaku oder shokubun) resultiert aus der neokonfuzianistischen Sicht. Wir erkennen in der japanischen Geschichte eine Dialektik, die in Lateinamerika unbekannt ist: eine Transformation der Tradition durch neue Einflüsse, die vor allem im späten 19. Jahrhundert mit einer Traditionalisierung dieser neuen Faktoren einherging. Lateinamerika kennt dieses Junktim zwischen Tradition und Modernität nicht.

Diese gleichsam kumulative Arbeitsethik des vormodernen Japan war von großer Wichtigkeit für die Konsolidierung des zentralistischen, hierarchischen Wesens der japanischen Kultur, jener Synthese aus Kultur, Religion, Gesellschaft, Wirtschaft und Politik. Bei historischer Betrachtung ist im engen Wortsinne nicht von einer Ethik in Japan zu sprechen (etwa im Rückgriff auf das Wort »ethos« in der griechischen Kultur oder »mores« in der lateinischen Sprache), sondern von einem eklektischen Begriff. Die Verknüpfung zwischen der Ethik und dem Reich der Sinnbedeutungen blieb in der Geschichte Japans erhalten in der Dichtung, beim buddhistischen Klerus, bei den konfuzianistischen Gelehrten oder den feudalen Krieger-Bürokraten. Als offensichtlich wurde, daß Japan sich mit den westlichen Staatsmächten zu arrangieren hatte, formulierte Sakuma Shozan (1811–1864), ein aufgeklärter Konfuzianist, eine neue Konzeption: östliche Ethik in ihrer Eigenheit und westliche Wissenschaft. Diese dialektisch zu fassenden Prinzipien strukturierten die Meiji-Zeit, sie waren die Grundlage für die Modernisierung. In Japan entstand unter einer starken Monarchie jener moderne Nationalstaat mit neuester Wissenschaft und Technologie, den Lateinamerika bis zum heutigen Tag nicht kennt. Die kaiserlichen Vorschriften für die Erziehung sahen etwa neben charakterlicher Integrität vor allem, wie H. Nakamura feststellt, vor, das Gute nicht auf das Individuum zu begrenzen, sondern auf die soziale Gemeinschaft, den Staat, die Nation zu erweitern. In diesem über das Individuum hinausgreifenden Nexus zwischen Familie und dem Staats- und Wirtschaftsapparat liegt ein weiterer elementarer Unterschied zu Lateinamerika, dessen Staaten auf einer parzellierten Individualethik ohne Staatsverantwortung aufgebaut sind.

Um einen weiteren Vergleichspunkt für Lateinamerika zu erhalten, wird in den nächsten Zeilen ein Brückenschlag zur *islamischen* Arbeitsethik vollzogen, der aufschlußreich ist.

Zu einem besseren Verständnis der islamischen Arbeitsethik ist es notwendig, sich in Erinnerung zu rufen, daß das Wort »Arbeit« zu den wichtigsten Begriffen in der islamischen Kultur zählt und sich nicht unterscheidet vom Wort »Aktion« in seinem grundsätzlichen Sinne, wie es aufscheint im göttlichen Recht (al shari'ah) unter der gleichen Kategorie.

Sucht man nach einer Übersetzung des Wortes »Arbeit« in einem Wörterbuch, so findet man die beiden Begriffe »amal« und »sun« als Äquivalente. Der erste Begriff versteht Aktion im allgemeinen im Gegensatz zum Wissen, der zweite spricht von der Herstellung eines Produkts im handwerklichen Sinne. Der Mensch verkörpert zwei Funktionen im Verhältnis zur Welt: er handelt entweder außerhalb oder innerhalb der Welt.

Die unitarische Sicht des Islam, die sich weigert, zwischen dem Heiligen und dem Profanen zu unterscheiden, steigert sich in der

Weigerung, zwischen religiösen Handlungen und säkularen – Gebet und Arbeit – zu unterscheiden. Die Furcht vor Gott und die Verantwortung ihm gegenüber schließen bei traditionellen Muslims Verehrung und Anbetung, aber auch Arbeit im herkömmlichen Sinne ein. Es läßt sich unschwer erkennen, in welch starkem Maße die islamische Arbeitsethik von kulturell-religiösen Faktoren bestimmt ist und nicht lediglich von streng ökonomischen. In Entsprechung zu dem Wort des Propheten oder »hadith« vergibt Gott gemäß »tawbah«, was der Mensch ihm schuldet, aber nicht, was er Gottes anderen Geschöpfen schuldet.

Traditionelle Muslims halten den Sinn für die Verantwortung aufrecht, diesen »Vertrag« zwischen Mensch und Gott zu erfüllen, um die Arbeit zu verrichten und die Person zufriedenzustellen, für die eine bestimmte Arbeit vollbracht wurde.

Eine große Anzahl der Verse aus dem Koran und zahlreiche »hadiths«, die auch in die Literatur des Islam in Gestalt von Gedichten und Parabeln eingedrungen sind, erinnern die Muslims an die tief religiöse Verwurzelung der Arbeitsethik, die im Einklang mit dem »shari'ah« vollzogen wird. Die moralische Verantwortung in allen Aspekten der Arbeit, ökonomisch, sozial, ästhetisch, wird hier eingeschlossen. Die islamische Arbeitsethik ist untrennbar mit dem moralischen Charakter dessen verknüpft, was ein Muslim auf seiner irdischen Reise im Einklang mit den Richtlinien des göttlichen Rechts geschaffen hat. Arbeit ist eng verknüpft mit dem Gebet. Der tägliche Ruf zum Gebet (al-adhan) wiederholt diese grundsätzliche Verbindung fünfmal am Tag durch Ausruf des »hayy ala'l-salah« und vor allem »hayy ala khayr al-amal«. Aus dem Gebet fließt die Glückseligkeit der Seele.

Die Arbeitsethik des Islam bezieht sich auf beide Ebenen (amal und sun), da das göttliche Gesetz das gesamte Netzwerk der menschlichen Handlungen einschließt. Islamische Arbeitsethik kann somit nicht rein ökonomisch bestimmt, sondern muß vor diesem universellen Hintergrund gesehen werden. Der Koran lehrt, das Wort »uqud« reiche von den täglichen Gebeten bis hin zum Handel im Basar. Die moralische Verantwortung, die auf den Schultern der Gläubigen liegt, bezieht sich auf die Arbeit wie die Gottesverehrung und schließt das gesamte menschliche Leben im Rahmen des »shari'ah« ein. Die Grundlage aller Arbeitsethik im Islam liegt in der moralischen Verantwortung, die ein Mensch für seine Handlungen zeigt, nicht nur gegenüber seinem Vorgesetzten und Arbeitgeber, sondern auch gegenüber der Arbeit selbst, die mit der größtmöglichen Perfektion ausgeführt werden muß, zu der der Mensch fähig ist. Die Verantwortung gegenüber der Arbeit beruht auch auf dem Respekt vor Gott, der Zeuge aller menschlichen

Handlungen ist. Die Verantwortung vor Gott für alle Handlungen und so auch für die Arbeit reicht über den Tod hinaus und begreift den Menschen in seiner letzten Entelechie als ein unsterbliches Wesen.

Wie in der jüdisch-christlichen Tradition, so bleibt auch im Islam der Mensch verantwortlich für die moralisch-ethischen Konsequenzen seiner Handlungen am Tag des Jüngsten Gerichts, dessen Bedeutung in den letzten Kapiteln des Korans betont wird.

Nur unter diesen Voraussetzungen können die Früchte der Arbeit als religiös eingebunden und zudem als legitim betrachtet werden (halal). Ein starkes moralisches Element durchherrscht den traditionellen Islam, das Einkommen soll tatsächlich verdient werden im Einklang mit dem Schwierigkeitsgrad des Erreichten, sonst betrügen sich Arbeitgeber und Arbeitnehmer gegenseitig in einer Weise, die das »halal« nicht verdient.

In der islamischen Kultur scheint bei der Vergabe des Zuspruchs ein ausgearbeitetes System auf, um Einkünften das Prädikat »halal« zu verleihen. Die Dialektik von »halal« und »haram« (verboten) steckt die Grenzen der Arbeit ab, die der Muslim ausführen kann. Arbeit und erlebte Ethik wachsen zusammen, eine persönliche, menschliche Verbindung legt Zeugnis ab von der Stellung Gottes. Der qualitative Aspekt der islamischen Arbeitsvorstellung kann nur verstanden werden, wenn in der traditionellen islamischen Kultur auch die Rolle der Frau mit einbezogen wird, wo sie beim Ackerbau, dem Ausweiden von Tieren, dem Handwerk, dem nomadischen Anbau sowie beim Arbeiten im Basar zur Geltung kommt.

Von entscheidender Bedeutung ist: die Kosmologie der Erleuchtung im Koran – und mit ihr verbunden die symbolische Sprache der islamischen Religion – stellt auch in diesem Fall das Paradigma für die Arbeit dar. Die ausgeführten Handlungen finden in einem sakralen Universum statt, in dem die Arbeit nicht ausschließlich säkular verstanden wird, sondern immer auch eine religiöse Dimension besitzt.

Der Erfolg des Islam in der Errichtung einer eigenen Zivilisation, die getragen ist von dem Gedanken und der Präsenz des Heiligen als Voraussetzung für die Arbeitsethik, darf nicht von der Ökonomie getrennt werden. Die islamische Kultur entwickelte verschiedene Wege und Mittel, die unterschiedlichsten Arbeiten zu sakralisieren und die Arbeitsleistung in einem Aggregat der Gemeinschaft zu verankern. Hier scheint wieder ein wesentlicher Unterschied zu Lateinamerika auf, wo diese Verantwortung für die Gemeinschaft und die Großgruppe des Staates niemals entwickelt wurde.

Der traditionelle Islam kannte verschiedene Gilden und Brüderschaften, genannt »asnaf«, sowie die »akhi«-Bewegung, die sich über die islamische Welt verbreitete. Die Arbeit wurde mit den Sufigeboten in Verbindung gebracht und als Erweiterung der spirituellen Disziplin betrachtet. Ein besonderer Geist dominierte die Gilden (futuwwah im Arabischen und javanmardi im Persischen genannt), ein Vorgang, der sich ebenfalls nicht in Lateinamerika findet.

Ein Ehrenkodex, strikte Arbeitsethik, Verantwortung für und Widmung an die Arbeit, der Stolz auf seinen Beruf, Großzügigkeit zu anderen und Hilfe für die Mitglieder der Gilde bestimmten die traditionelle Arbeitsethik des Islam und kennzeichnen den Unterschied zu Lateinamerika. Auch die Verbindung der Arbeitsethik mit dem aufkommenden Handwerk war im traditionellen Islam einleuchtend. Jede Arbeit, die sich auf die Herstellung von Dingen richtete (sun), verfügte über eine religiöse und spirituelle Signifikanz. Die ethische Dimension des Menschen schloß die ästhetische ein, da ein Werk in Qualität und Schönheit die Liebe des Schöpfers erforderte und diese Arbeit die Tugend des Guten mit ins Spiel brachte. Eine solche Arbeit ermöglichte dem Menschen seelische Tiefe durch ihre spirituelle Dimension.

Es liegt auf der Hand, daß diese ethische Qualität der Arbeit in traditionellen Schichten des Islam stärker verankert war als in der aufbrechenden technischen Zivilisation. Dort ist die Verwurzelung im Koran nicht mehr in dem Maße gegeben wie in der jahrhundertealten Ausgestaltung in den »shari'ite«-Institutionen, in Sufianweisungen, Familienzusammenhalt und der allgemeinen Kultur des Islam.

Kulturelle Merkmale der Arbeitsethik im Andenraum

Die Untersuchung der Frage, wie Lateinamerika zu verstehen ist, setzt den Blick in die Geistesgeschichte voraus, um das Selbstverständnis der verschiedenen Bevölkerungskreise und Ethnien abzuwägen. Es geht hierbei um Amerika als geographische Wirklichkeit ebenso wie als historische Entität.

Die lateinamerikanische Kolonisation vollzog sich unter dem Vorzeichen der katholischen Universalmonarchie. Die lateinamerikanische Kultur war in ihrer Ausrichtung kontemplativ, wobei das Zeitgefühl gleichsam ausdrückte, daß die Ewigkeit noch im gleichen Augenblick eintreten konnte. Ein auf Vollständigkeit ausgerichtetes pantheistisches Empfinden lag dem zugrunde. Von einer Vorstellung der fließenden Zeit, auch von einer Zeit ohne Ziel muß ausgegangen werden. Individualität, der Anspruch auf Universalität und eine ganzheitliche Sicht der Gesellschaft laufen in einem strahlenförmigen Kreisel zusammen. Nur unter diesen Voraussetzungen ist eine eigenständige Ontologie Lateinamerikas zu erwirken, die auch den tellurischen Charakter einfängt.

Carlos Fuentes formulierte zutreffend, daß die lateinamerikanische Kultur zwischen den Polen der Nostalgie für den »edlen Wilden« und der eschatologischen Sehnsucht nach der Revolte, zwischen extremem Individualismus und einer Form des apokalyptischen Kollektivismus gespalten ist. Die wirtschaftliche Unterentwicklung steht in Verbindung mit der Arbeitsethik breiter Bevölkerungskreise, vor allem aber mit der Ethik der Eliten, die man mit dem englischen Begriff »conspicuous indolence« beschreiben könnte. Aristokratische Ideale einer traditionellen iberischen Kultur schufen Vorurteile der manuellen, aber auch der organisatorischen Arbeit gegenüber. Menschen, die einen aristokratischen Status in der kolonialen und postkolonialen Gesellschaft beanspruchten, wollten sich durch einen Lebensweg auszeichnen, der sich explizit unterschied von dem der unteren sozialen Schichten. Um zu vermeiden, mit den Niederungen des Sozialgefüges in Verbindung gebracht zu werden, waren die Eliten darauf bedacht, keine Arbeiten auszuführen, die auch von den Unterschichten, den Mestizen und der indianischen Bevölkerung, hätten erledigt werden können. Folglich hatte die aristrokratische Elite Schwierigkeiten, eine produktive Arbeit zu finden, die ihr nicht unter ihrer Würde erschien.

Ein herausragendes Merkmal der persönlichen Struktur der Unternehmerschichten in Lateinamerika war der hohe Prozentsatz an ausländischen Investoren oder zumindest an Immigranten. Nur in seltenen Fällen gelang der Aufstieg von Unternehmerpersönlichkeiten aus der Unter- und Mittelschicht. Die lateinamerikanischen Eliten stellten stets unüberwindbare Hindernisse für eine breitgefächerte soziale Mobilität dar. Das rationale ökonomische Verhalten etwa der nordamerikanischen Kultur, das in besonderen Fällen in unternehmerische Initiative münden kann, war in den lateinamerikanischen Staaten nicht in dieser Weise gegeben. Das Wertesystem der traditionellen lateinamerikanischen Kultur kannte nicht im gleichen Maße die Maximalisierung der Effizienz pro Zeiteinheit und ließ es unwahrscheinlich erscheinen, daß in weiten Bevölkerungskreisen aktives Unternehmertum entstand. Auch die unternehmerische Qualität war ein Resultat des Verhältnisses von kulturellen Werten und ökonomischer Führung.

Das Vermögen zur abgewogenen Risikobereitschaft als Voraussetzung für Unternehmertum ist von kulturellen Werten abhängig, die Innovationen vorantreiben oder hemmen konnten. In der äußerst statusbewußten lateinamerikanischen Gesellschaft fürchteten die Unternehmer das Risiko des Konkurses weniger aus Gründen des Geldverlustes als aus Furcht vor der Einbuße des sozialen Status und Prestiges. Langfristige Investitionen mit hoher Risikobereitschaft waren folglich selten. Auch der soziale Rang, der Geschäftsleuten in den lateinamerikanischen Gesellschaften beigemessen wurde, war wesentlich geringer als in der nordamerikanischen Gesellschaft. Dies ist wesentlich, weil in der lateinamerikanischen Kultur soziales Prestige wichtiger erschien als bloßer materieller Erfolg. Gilberto Freyre hat eindrucksvoll dargestellt, in welcher Weise bereits in der Kolonialzeit ein soziales Vorurteil gegen vermeintlich unaristokratisches Geschäftsleben herrschte. Das hohe Maß an Unproduktivität läßt sich auch auf die staatliche und privatwirtschaftliche Mißwirtschaft in der Verwaltung zurückführen, die bewirkt, daß für die gleiche Arbeitseinheit in Lateinamerika wesentlich mehr Energie und Zeit aufgewandt werden muß als in Nordamerika oder Europa. Besonders die staatlichen Administrationen sind von einer hohen Unproduktivität gekennzeichnet. Durch ihr Konsumverhalten, die »conspicuous consumption«, quasi die Kehrseite der »conspicuous indolence«, demonstrieren die Eliten in verschwenderischer Weise nicht nur ihren Wohlstand, sondern vor allem ihre Freiheit, ein Verhalten, das von den unteren Schichten imitiert wird.

Der starke indianische Bevölkerungsanteil vor allem im andinischen Raum wirkte modernitätshemmend. Diese zunächst geschlossenen Kulturen hingen von einer Subsistenzagrarkultur ab und waren ökonomisch selbstgenügsam, vor allem aber nicht in die nationale Wirtschaft integriert; ein Problem, das die Andenstaaten bis heute nicht gelöst haben. Sie sind von der Arbeitsethik der dominierenden weißen Kultur ausgeschlossen, ihr geistig-religiöses und spirituelles Universum kreist um Sinngebungen, die der Modernität entgegengestellt sind. In den Andenpaktstaaten fehlt noch die Einsicht, daß erst in einem soziale und kulturelle Schichten überspannenden Zusammenhang Fortschrittsrückstände wettzumachen sind. Es herrscht ein Mangel an kooperativem Verstehen, der sich über alle sozialen Schichten erstreckt, gepaart mit jenem »individualismo«, der sich als ein kulturelles Merkmal der sozialen Kontrolle entzieht. Die Entwicklung eines Gemeinschaftssinns auf staatlicher und gesellschaftlicher Ebene ist eine Voraussetzung für wirtschaftliches Wachstum. Hierin liegt der große Unterschied zu der japanischen Kultur, die auch über einen hierarchisch gegliederten Staatsaufbau verfügt, aber gesellschaftlich auf ein Konsensusprinzip gegründet ist, auf eine Betonung der Gruppen und nicht des anarchischen Individualismus.

Neben das Problem der chronischen Ineffizienz von Wirtschaft und Verwaltung tritt in Lateinamerika eine Weltsicht, die das Leben als ungeordnet, vor allem aber unvorhersehbar, ungewiß und somit als drohende Gefahr erscheinen läßt, im Gegensatz zu der kalvinistisch-nordamerikanischen Kultur, die von einer Selbständigkeit des Menschen ausgeht. Menschen und Institutionen in der lateinamerikanischen Kultur wird wenig Vertrauen entgegengebracht, so daß es schwierig erscheint, aus einer »cultura de la dependencia« einen unabhängigen Staat entstehen zu lassen, der auf einer produktiven Ökonomie beruht. Zu stark besteht noch das Wechselverhältnis zwischen der Produktivität ausländischer Unternehmen und der eigenen wirtschaftlichen Trägheit.

Der Mangel an Vertrauen, den Lateinamerika in seine eigene produktive Potenz hat, kann sich leicht in eine negative nationale Identität steigern. Octavio Paz hat in seinen Schriften die Suche nach dem eigenen Selbstverständnis als nationale Krisen beschrieben, die sich von der Conquista über die Revolutionen bis in die Gegenwart erstreckten. Dieser Prozeß der Selbstfindung ist noch nicht abgeschlossen.

Die Frage bleibt offen, wie Lateinamerika eine positive nationale Wirklichkeit aufbauen kann, um jene negative Identität zu überwinden, die in den breitgefächerten Formen des nationalistischen Verhaltens zum Ausdruck kommt. Die negative Identität verdrängt den Tatbestand, daß es letztlich keine Identität gibt. Zudem war die zu starke Anlehnung an die europäische oder nordamerikanische Kultur bei dem Versuch der Erringung von Modernität eine Bedrohung, die als Entfremdung gedeutet wurde. Dieses apathische, passive Profil der Arbeitsethik muß als ein sehr kritischer Faktor gewertet werden, der eine langfristige dynamische wirtschaftliche Entwicklung verhindert. Die hemmende Statik der andinischen Kultur mit Blick auf die Werthaltungen breiter Bevölkerungskreise muß verändert werden.

Der lateinamerikanische Mensch des Andenraums begreift sich oft als solitär und wartet, »el hombre que esta solo y espera«. Der Kreole der traditionellen Kulturen Lateinamerikas lebt im Zustand der fortdauernden Hoffnung, denn das spanische Wort »esperar« meint Hoffen und Warten zugleich.

Ortega y Gasset erkannte zu seiner Zeit, daß der traditionelle lateinamerikanische Mensch im Zustand der Versprechungen lebt, er lebt von der Distanz und in der Distanz, er erlebt weniger eine konkrete individuelle Zukunft als die geteilte Zukunft eines gemeinsamen Ideals, eines kollektiven Utopias in Gestalt einer persönlichen Illusion in einem Maße, als wäre sie bereits wahr geworden. Entsprechend widmet er sich nicht der Wirklichkeit, sondern einem Bild, das er sich von dieser Wirklichkeit macht.

Im soziokulturellen Raum gilt es, jene Passivität, Desillusionierung und Melancholie der traditionellen Kulturen, die unter einer fehlgeschlagenen Akkulturation leiden, zu überwinden, um das Abgleiten in einen gefährlichen Fatalismus zu vermeiden, der wirtschaftspolitisch verhängnisvoll wäre. Es muß der Politik des Neuaufbaus auch gelingen, jenen Personalismus zu überwinden, der ein Charakteristikum der traditionellen lateinamerikanischen Kultur ist. In Lateinamerika herrscht das Prinzip, wonach das Individuum, nicht die Gemeinschaft für das menschliche Leben, aber auch die staatliche Integrität von Bedeutung ist. Entsprechend erscheinen die Kräfte, die sich hinter den faktischen Vorgängen verbergen, als nicht handhabbar oder operationabel. Das Fatum tritt in den Vordergrund, das Warten auf die glückliche Fügung, das Hoffen auf eine glückliche Wendung. Die Begünstigung der sakralen Instanzen tritt an die Stelle der eigenen ökonomischen Initiative und beeinträchtigt das unternehmerische Potential und die Fähigkeit des Individuums zur sozialen Organisation.

In einer Kultur, in der die Unausweichlichkeit künftiger Ereignisse vom Fatum im synkretistischen Sinne oder von der göttlichen Intervention im christlichen Sinne abhängt, läßt der aktive Unternehmerelan im Gemeinschaftsverband nach. Weder das Individuum noch die soziale und staatliche Gemeinschaft sind Architekten ihres eigenen Schicksals. *Die traditionelle lateinamerikanische Kultur war von einer Seinsorientierung, nicht einer Tatorientierung gekennzeichnet, vor allem aber von einer zeitlichen Rückwärtsgewandtheit, die ein Planen der Zukunft bei langfristigen ökonomischen, sozialen und politischen Projekten so schwierig machte.* Kommt eine weitreichende Zukunftsplanung zustande, hat sie einen von der empirischen Wirklichkeit entbundenen, zuweilen utopischen Charakter. Ein zeitliches Nachreifen im chronologischen Sinne von der Vergangenheit über die Gegenwart bis zur Zukunft ist oft nicht gegeben.

Das Empfinden der Flüchtigkeit des irdischen Lebens, die mangelnde Fähigkeit des Menschen, sein eigenes Schicksal zu bestimmen, seine Ohnmacht, paaren sich mit einer Arbeitsethik, die Arbeit keinen Selbstwert zuspricht, sondern in ihr eine notwendige Bürde und Last erkennt, die als einer unter vielen Bestandteilen des Lebens anerkannt werden muß. Das Stigma der manuellen Arbeit wird vermieden, es ist mit den niedrigen sozialen Schichten verbunden. Die Mißachtung manueller Arbeit in der traditionellen Kultur in Verbindung mit der Seinsemphase erscheint bei den hochrangigen Mitgliedern der landbesitzenden Familien den Nukleus des aristokratischen Habitus auszumachen. Die Seinsorientierung steht in unmittelbarer Verbindung zur wirtschaftlichen Entwicklung für breite Bevölkerungsteile verschiedener ethnischer Zugehörigkeit.

Die vorherige Darstellung der Arbeitsethik in der christlichen, islamischen und japanischen Tradition diente dem Zweck, durch Heraushebung gerade der Faktoren, die in Lateinamerika fehlen, verständlich zu machen, warum diese Traditionen grundlegend andere Voraussetzungen für die so wichtige Synthese von Kultur, Politik, Religion und Wirtschaft mitbringen als in der lateinamerikanischen Kultur. Hieraus wird auch verständlich, warum etwa die japanische Kultur eine wesentlich bessere Ausgangsposition für eine Industrialisierung in der modernen technischen Zivilisation bot als die lateinamerikanische Kultur, die bis in die Gegenwart ein gebrochenes Verhältnis zur Modernität hat und die Technologie nicht in einer staatstragenden Weise akkulturieren konnte. Die in Lateinamerika sich behauptenden kulturellen und religiösen Traditionen, die durch eine starke Metaphysik und Transzendenz seit der Scholastik des 16. Jahrhunderts bestachen, waren wesentlich weniger anpassungsfähig als die immanente und empirische Kultur Japans an die ebenfalls empirische und analytische Technologie moderner Prägung.

Das Verhältnis von Transzendenz und Empirie in Nord- und Lateinamerika

Gerade das kulturvergleichende Moment, die kontrastive Analyse Lateinamerikas im Vergleich mit der nordamerikanischen Kultur ist aufschlußreich. Die lateinamerikanische traditionelle Kultur geht von einer theozentrischen Prämisse aus, die überempirischen Charakter hat, sie kreist um den Gedanken des Übernatürlichen, aus dem der Mensch seine Rechtfertigung erfährt. Albert Hirschmann beobachtete, in welchem Maße im Vergleich hierzu die nordamerikanische Kultur empirisch, analytisch, rational, logisch und vor allem anthropozentrisch ausgerichtet ist, also den Menschen selbst als letzte Rechtfertigung seiner selbst heranzieht.

Theozentrische Werthaltungen sind auf ein transzendentales Ziel gerichtet, sie beachten die Verbindungen von Menschen untereinander als eine Frage des übergeordneten Prinzips und der ethischen Verpflichtung, indem etwa Werte der tiefen Loyalität betont werden. Anthropozentrische Werthaltungen betrachten das Verhältnis von Menschen zueinander als eine Frage der Angleichung an die Umwelt. Zwischen Nord- und Lateinamerika gibt es einen graduellen Unterschied von anthropozentrischen und theozentrischen Werten. Die theozentrischen Werte zielen auf die Akzeptanz eines

Absoluten hin, die anthropozentrischen hingegen auf das Erreichen instrumenteller Erfolge und einer funktionalen Weltsicht. Die theozentrische Weltsicht fragt weniger danach, was ein Mensch erreicht oder darstellt, sondern was er fühlt und was er »ist«. Diese Seinsorientierung resultiert aus dem Mangel an instrumenteller Sicht, der die lateinamerikanische Kultur kennzeichnet und der einen hemmenden Einfluß auf die Wirtschaft hat.

Die Vorstellungen menschlicher Würde sind unterschiedlich aufgefaßt, die Seinsbezogenheit macht ein Junktim mit materiellem Erfolg für die menschliche Würde nicht unbedingt notwendig, bereits in der freien Verfügung über das Sein stellt sich eine gleichsam stoische Würde ein und erinnert an Gemälde von Velázquez, in denen auch einem Menschen im Staub noch Größe zugesprochen wird. Die lateinamerikanische Kultur kennt in Ermangelung der instrumentellen Dimension das Opfer in seiner religiösen Bedeutung. Im Wirtschaftlichen ist ein hohes Maß an Selbstgenügsamkeit ohne rationales und systematisches Streben auf Gewinn vor allem bei den unteren Schichten feststellbar. Die nordamerikanische Kultur ist hingegen auf die Idee der Selbstmächtigkeit des Menschen gerichtet, die von John Locke über Jonathan Edwards bis hin zum Sozialdarwinismus eines Herbert Spencer oder den Pragmatikern Ch. S. Pierce, William James oder John Dewey reicht. Es wird von einer durch den Menschen beherrschten Welt ausgegangen, von der Dominanz des Menschen über die Natur, der Emphase des rationalen Gebrauchs der Zeit und dem instrumentellen Planen der Zukunft, auf die hin alles orientiert wird. Dazu kommt die Betonung der Aktion, eine Ausrichtung auf Aktivitäten, die aus dem Erreichten resultieren, das meßbar ist in Kategorien, die dem Verfügungsbereich des Individuums entzogen sind und durch die Großgruppe und die Gemeinschaft verantwortet werden.

In Lateinamerika war seit der Scholastik des 16. Jahrhunderts stets die Kirche für die Organisation und Verwirklichung der nicht empirischen Ziele verantwortlich. Diese Haltung verlagerte die Betonung vom instrumentellen Denken auf einen Traditionalismus, der auch für autoritäre Strukturen anfällig werden konnte. In jedem Fall aber lenkte dies ab von dem »achievement«, das die nordamerikanische Kultur auch in ihren religiösen Denominationen kennzeichnete. Der starke Einfluß der katholischen Kirche seit der Scholastik des 16. Jahrhunderts wird deutlich spürbar, die Emphase der Seele tritt zutage, wenngleich diese Werthaltung nicht nur religiös zu verstehen ist, sondern auch säkular. Die spanischen religiösen Werte und die indigen-mythischen Werte zeigen eine bestimmte Affinität. Arbeit bedeutet für die traditionelle indigene Kultur eine religiöse Haltung, die zelebriert wurde. Sie entbehrte jeder säkularen, pragmatischen und rational-instrumentellen Note, wie dies im westlichen Verständnis, vor allem während und nach der Industrialisierung, der Fall war. Bis in die Gegenwart hat die indianische Kultur diese westliche Vorstellung von Arbeit nicht völlig akkulturiert.

Das relative Ausbleiben einer Emphase des Erreichens verhinderte die Entwicklung instrumenteller Werthaltungen, die als Voraussetzung für das Entstehen einer modernen endogenen Technologie und Wirtschaft notwendig gewesen wären. Die Werthaltung der lateinamerikanischen Kultur betont eher das Ästhetische und Imaginativ-Intuitive, wie es im Individualismus zum Ausdruck kam, weniger die praktische Aktion mit funktionalem Ziel. Lateinamerika ist somit stärker geprägt von der expressiven Seinsebene mit nicht empirischen Zielen. Ein Fehlschlag wird nicht auf das eigene Versagen zurückgeführt, sondern auf eine Fügung Gottes, also eine transzendentale, überempirische Instanz. Nicht das Resultat einer Aktion wird bewertet, sondern bereits der Versuch geachtet, Versagen zieht entsprechend nicht zwingend Gefühle der Schuld nach sich.

Entscheidend für die lateinamerikanische Kultur ist das Streben nach Transzendenz, nach den letzten Werten, nach dem Jenseitigen, das nur schwer kompatibel ist mit dem Utilitarismus und Pragmatismus einer aufstrebenden Industrienation. Der Würdebegriff schließt sich dieser Sicht an. Die Essenz eines Menschen steht im Vordergrund, seine seelische Verfassung, losgelöst von einer wirtschaftlichen Kosten-Nutzung-Rechnung und sozialem Prestigedenken.

Im Umgang zwischen den Menschen ist die persönliche Note von ausschlaggebender Bedeutung, unpersönliches Vertrauen, etwa unter Geschäftsleuten, ist nicht so üblich wie in der nordamerikanischen Kultur. Die Vorstellung der Perfektionierung des Menschen ist in Lateinamerika in dieser Weise nicht gegeben, die kulturellen Werte weisen zurück auf Hingabe und Überantwortung an eine transzendentale Instanz, auf die Hoffnung auf Gnade. In der traditionellen lateinamerikanischen Kultur wird Erfolg nicht zuletzt durch diese Faktoren bestimmt sowie auch durch die Hoffnung auf Glück als einer transzendentalen Fügung. Die ausschließliche Konzentration auf die Arbeit als Unternehmensleistung im Sinne menschlicher Selbstmächtigkeit ist weniger wichtig. Es herrscht der Primat der Seinsbetonung vor der Aktion und der Wertschätzung des Erreichten.

Der anthropozentrische Weltzugang ermöglicht andererseits ein instrumentell funktionales Handeln im Wirtschaftsleben, Gefühle der Schuld bei Versagen können nicht einer transzendentalen

Instanz überantwortet werden, sondern müssen vom Menschen selbst empirisch verarbeitet werden. Selbstverständlich sind all diese Varianten des kulturell Möglichen in den nord- und lateinamerikanischen Kulturen vorhanden, freilich in verschiedenen Anteilen. Die Nichtüberantwortung der menschlichen Handlungen an eine übernatürliche Instanz können wir als anthropozentrisch bezeichnen. Die Konzentration der traditionellen lateinamerikanischen Kultur auf transzendentale und absolute Werte läßt sich mit einem englischen Terminus als »supersensory absolute values« bezeichnen, hiervon ist auch die Bestimmung der letzten Bedeutung des Lebens betroffen als ein existentielles Urteil. Der Mensch rechtfertigt sich entsprechend anders im eigenen Selbstverständnis.

Die anthropozentrische Lösung betont, daß der Mensch mit anderen Menschen in Verbindung stehen muß, um sicherzustellen, daß seine instrumentellen Interessen nicht Konflikte auslösen, sondern ihm im Gegenteil helfen, vortreffliche empirische Resultate zu erzielen. Die anthropozentrische Variante betont die Relativität der Gedanken, die von Veränderungen in der empirischen Welt abhängen und nur hierdurch praktisch und erschöpfend sein können.

Der vorindustrielle Typus der sozialen Organisation in der traditionellen lateinamerikanischen Kultur ging mit der theozentrischen Werthaltung und einem starken synkretistischen und katholischen Einfluß Hand in Hand, und im andinischen Raum auch mit dem Erbe der präkolumbianischen Hochkulturen. Zudem ist eine transzendentale Haltung bei sozial niedrigen Schichten stärker ausgeprägt, weil in ihrer Lage die Hoffnung auf empirische Lösungen schwindet. Die nordamerikanische Kultur hingegen ist durch die anthropozentrische Sicht als Ergebnis einer zunehmenden Säkularisierung als Folge des asketischen Protestantismus gekennzeichnet, entsprechend hat die soziale Organisation wesentlich industrielleren Charakter.

Auf höherer Ebene ist die Wechselwirkung zwischen Philosophie, Religion und Staats- sowie Wirtschaftsverfassung in Lateinamerika ausschlaggebend. Die Kernthese, daß ein hohes Maß an Metaphysik, Transzendenz und spirituellem Leben bei gleichzeitigem Ausbleiben von Empirie, Erfahrungs- und Logosbetonung zum Ausbleiben einer wirtschaftlichen und politischen Dynamik und einer endogenen Technologie führt, kann an der gesamten lateinamerikanischen Geschichte vom Ende des 15. Jahrhunderts bis in die Gegenwart bestätigt werden. Dies beginnt mit dem scholastischen Denken eines Molina und Suarez in Spanien (1548–1617).

Der Scholastizismus war in Lateinamerika mehr als nur eine Philosophie, er war ein System des Denkens innerhalb von Staat und

Gesellschaft, durch das jeder Aspekt des Lebens organisiert war. In Lateinamerika war stets von einer Identität von Glaube und Staatslenkung auszugehen, wie er dem katholischen Staatsverständnis entsprach. Als Anerkennung für den Kampf gegen die Mauren erhielt Spanien und seine Krone im 16. Jahrhundert das Recht auf Ernennung von Vizekönigen und weiteren hohen Ämtern. Durch das scholastische Denken als der offiziellen Philosophie des Kirchenstaates war eine Unterwerfung unter den König gegeben, die einer Unterwerfung unter Gott glich.

Es ist hier nicht der Raum, auf die Entwicklung der lateinamerikanischen Philosophie einzugehen, auf das kurze Zwischenspiel des Positivismus im 19. Jahrhundert oder die Entwicklung während der Zeit der Staatsgründungen: Entscheidend bleibt, daß die lateinamerikanische Philosophie über vier Jahrhunderte jenen metaphysisch-spirituell-transzendentalen Grundton hatte, der auch die Ästhetik betonte, zu keinem Zeitpunkt aber das Erfahrungsbedingte, logisch Empirische, Zweckrationale und Pragmatische wie die nordamerikanische Philosophie oder das japanische Denken. Es ist somit offensichtlich, daß auch Industrialisierung und Modernisierung in Lateinamerika niemals auf eine ideengeschichtliche Basis zählen konnte, wie dies in Nordamerika oder Japan der Fall war.

Alexander von Humboldt beschrieb bereits jenen Katholizismus der Scholastik, der den Bruch zwischen Mittelalter und Neuzeitdenken, Glaube und Ratio, theologischem und philosophischem Primat nicht so stark erlebt hat wie das Deutschland der Reformation, das England Cromwells oder das Frankreich Descartes' und der Revolutionen. Stets schwingt im spanisch-portugiesischen Kulturraum etwas vom mittelalterlichen Einheitsgedanken mit, eben jener Identität von Glaube und Staatslenkung in der jahrhundertelangen Kolonialzeit, von der sich Lateinamerika in seiner Sozialstruktur bis heute nicht ganz befreit hat.

Mariategui und Haye de la Torre haben dies bereits in den 30er Jahren erkannt. Die spanische Staatssidee war von Thomas von Aquin übernommen, sie ging von dem aristotelischen Gedanken der Unvollkommenheit des Menschen in der Vereinzelung der »societas perfecta« aus und forderte so eine Einordnung in Stände.

Dies trifft alle Staaten Lateinamerikas. Bereits die Lektüre, die in Lateinamerika großen Einfluß hatte, ist in der jüngeren Vergangenheit bezeichnend: Bergson und die Idee der Intuition, die Existentialphilosophie Martin Heideggers, die ästhetischen Schriften von Ortega y Gasset oder die Tragik des Lebens von Unamuno. Die Evolutionslehre, vor allen Dingen der Sozialdarwinismus, hatte vergleichsweise überhaupt keine Bedeutung in Lateinamerika, sehr im Gegensatz zu den USA, wo er die geistige Diskussion durch Spencer bestimmte.

Einige wenige Namen in Lateinamerika mögen genügen: der Brasilianer Raimondo de Furías Brito mit seinem metaphysisch-mystischen Denken, Carlos Faz Ferreira aus Uruguay, Alejandro Korn, Francisco Romero aus Argentinien im 20. Jahrhundert, die sich auf idealistisch-transzendentale Traditionen stützten, und natürlich die zwei Begründer der lateinamerikanischen Philosophie des 20. Jahrhunderts: Antonio Caso und José Vasconcelos aus Mexiko, die in dem »Ateneo de la Juventud« endgültig kleinere Restbestände des positivistischen Denkens hinter sich ließen und auf das Ästhetisch-Spirituelle abhoben. Alle diese Denker hatten hohe akademische Ämter inne, ja sie waren zuweilen Staatspräsidenten und Minister. Dies gibt dem philosophischen Denken jenen aktuellen politischen und wirtschaftlichen Bezug, der für den Vergleich zu Nordamerika und Japan notwendig ist. Natürlich sind auch die Agrarstruktur, die Monokulturen, das Fehlen jedes Loyalitätsempfindens, die chronische politische Instabilität, das Auseinanderklaffen von Verfassung und Verfassungswirklichkeit in Lateinamerika von zersetzender Kraft. Viele Staaten, etwa Bolivien und Venezuela, hatten dreißig und mehr Verfassungen in der Zeit ihrer Unabhängigkeit.

Das Fehlen einer »frontier« in Lateinamerika, die die nordamerikanische Entwicklung beflügelte, die überwiegende Punktbesiedlung an den Küsten und der Mangel an einer weitgreifenden Flächenbesiedlung, das Ausbleiben einer Mittelklasse als Stütze einer demokratischen Bewegung, das stetige Eingreifen des Militärs als vermeintlicher Retter einer Staatsautorität, die im Gegensatz zu Nordamerika und Japan nicht in der Societas verankert war, all das sind Merkmale des Niedergangs in Lateinamerika, die für die gegenwärtige Situation verantwortlich sind. Wesentlich für uns ist aber der philosophisch-religiöse und geistesgeschichtliche Vergleich zwischen Lateinamerika, Nordamerika und Japan.

Dieser macht deutlich, daß Lateinamerika mit seinem weltabgewandten, metaphysisch transzendentalen und spirituell ästhetischen Weltbild kaum über die empirisch-logischen, erfahrungsbetonten und rational-pragmatischen Traditionen verfügte, die Nordamerika und Japan auszeichneten.

Es liegt demnach auf der Hand, daß, jenseits aller sozial- und wirtschaftsgeschichtlichen Bedingungen, die lateinamerikanische Kultur niemals die kulturellen Voraussetzungen für eine ähnliche Dynamik und Stabilität hatte wie Nordamerika oder Japan.

Wenn es zutrifft, daß all diejenigen Kulturen, die einen pragmatisch-empirischen Zugang zum Menschen und zur Wirklichkeit haben, wirtschaftlich und politisch weit erfolgreicher sind als die metaphysisch spirituellen, droht den Industriekulturen, aber auch den Schwellenländern und den Staaten der dritten und vierten Welt ein logisch-rationaler Weltimperativ, der alle anderen kulturellen Traditionen über kurz oder lang einebnen wird. Dies ist zukunftsweisend von großer Bedeutung.

Weiterführende Literatur

Galvez, M, J. Ansion y C. I. Degregori: »Lo individual y lo colectivo en la comunidad andiana«, *Ideología no. 7,* Instituto de Estudios Regionales »José Maria Arguedas«, Ayacucho 1981

Gibb, H. A. R., and Harold Bowen: *Islamic society and the west: a study of the impact of Western civilization on Moslem culture in the Near East,* vol. 1 pt. 1; Oxford Univ. Press, London 1950

Jorrin, Miguel, and John D. Martz: *Latin American political thought and ideology;* Univ. of North Carolina Press; Chapel Hill (N. C.) 1970

Levi-Strauss, Claude: *Anthropologie structurale;* Plon, Paris 1958
– *La pensée sauvage;* Plon, Paris 1962
– *Mythologies. Le cru et le cuit;* Plon, Paris 1964

Lynch, Nicolás: *El pensiamento social sobre la comunidad indígenas a principios del siglo XX;* Centro de Estudios Rurales Andinos Bartolomé de Las Casas, Debates Rurales, Cuzco 1979

Northrop, F. S. C.: *The meeting of east and west;* MacMillan Co., New York, London and Toronto 1946

Ossio, Juan: »Apuntes para una comprensión del concepto de ›Historia‹ entre los Incas«, PUCP, pp. 170–177, 1969

Rostworowski de Diez Canesco, María: *Estructuras andinas del poder. Ideología religiosa y política;* Instituto de Estudios Peruanos, Lima 1983

Tawney, R. H.: *Religion and the rise of capitalism: a historical study;* New American Library, Mentor, New York 1954

Tillich, Paul: »Critique and justification of Utopia«. In Frank Manuel (ed.): *Utopias and utopian thought;* Beacon Press, Boston 1967

Todaro, M. P.: »A theoretical note on labour as an ›inferior‹ factor in less developed countries«, *Journal of Development Studies* 5, Juli 1969

Trimberger, Ellen Kay: *Revolution from above: military bureaucrats and development in Japan, Turkey, Egypt and Peru;* Transaction Books, New Brunswick (N. J.) 1978

Urbano, Henrique: »La representación andina del tiempo y del espacio en la fiesta«, *Allpanchis* 7, Instituto de Pastoral Andina, Cuzco 1974

Weber, Max: *The protestant ethic and the spirit of capïtalism;* Charles Scribner's Sons, New York 1958

DIE STRUKTURKRISE LATEINAMERIKAS

Wirklichkeit und kulturprägende Metaphern im historischen Verlauf Lateinamerikas

Diese Studie bemüht sich um eine synthetische Sicht, die dem Phänomen Lateinamerika historisch und aktuell gerecht wird und damit eine diachrone und synchrone Betrachtung verbindet. Dies soll vermeiden, daß Lateinamerika, wie Darcy Ribeiro formuliert, immer unter das Zeichen der Utopie gestellt bleibt; vielmehr soll eine Neuordnung der strategischen Prioritäten erfolgen, die wirtschaftliche mit politischen, sozialen, technologischen und vor allem kulturellen Faktoren in Verbindung setzt.

Lateinamerika verkörperte zunächst eine geistige Konstruktion, eine Schöpfung Europas, zusammengesetzt aus Imagination sowie geographischer und natürlicher Wirklichkeit. Aus europäischer Sicht war Lateinamerika zu Anfang unbekannt und später unerkannt. Bei der Conquista fanden sich die Europäer in einer Welt wieder, für deren Beurteilung ihnen Maßstäbe, Kriterien und Erfahrungen fehlten. Bei dem Versuch, Lateinamerika historisch und kulturell zu begreifen, überwog eindeutig eine europäische und nordamerikanische Sicht. Die lateinamerikanische Wirklichkeit wurde hierbei nicht phänomenologisch begriffen, vielmehr wurden poetische Metaphern auf die lateinamerikanische Politik, Gesellschaft und Kultur projiziert, die mit visionärer Kraft europäische Vorstellungen auf den neuen Kontinent ausdehnten.

Die Beschreibung Amerikas durch Amerigo Vespucci hatte wesentlichen Einfluß auf den utopischen Staatsentwurf bei Thomas Morus, da Vespucci in einem geistigen Umfeld lebte, dem auch der Humanismus eines Marsilio Ficino bekannt war. Es scheint eine Affinität vorzuliegen zwischen der Utopie bei Morus und der Beschreibung des Inkastaates durch den Inka Garcilaso. Eine Vielzahl an Stimmen wurde laut, von Bartolome de las Casas, Vasco de Quiroga, der Karl V. vorschlug, Amerika von der europäischen Zivilisation zu trennen, um dort Morus' »Utopia« zu verwirklichen, bis zu Denkern wie Simon Rodriguez oder Fray Servando Teresa de Mier. Die Vorschläge waren schillernd, es sollten noch andere utopische Gesellschaften entstehen wie etwa »El Rey Miguel«.

Miguel de Unamumo sprach rückblickend von einem verhüllten Wirklichkeitsverständnis, das spätere Auswirkungen auf die lateinamerikanische Politik und Kultur haben sollte. Die Konzeptionen der europäischen Denker führten ins Leere und verleiteten zu historisch irrigen Vorstellungen und Mutmaßungen. Die Geschichte der Neuen Welt lehrte, daß die soziale, politische und kulturelle Wirklichkeit mit einem durch Europa fehlgeleiteten Wirklichkeitsbegriff ausgestattet wurde, der mit der empirischen Realität nichts gemein hatte. In dieser Diskrepanz zwischen einer europäisch projizierten Überwirklichkeit und dem historischen Verlauf Lateinamerikas liegen frühe Wurzeln für das fortdauernd gebrochene Wirklichkeitsverständnis in Politik, Wirtschaft und Kultur, das über die Kolonialzeit hinaus prägend bleiben sollte. Europa konnte ein millenialistisches Geschichtsverständnis fortschreiben. Die Entwicklung Lateinamerikas setzt diesem Verständnis in dem neuen Kontinent hingegen eine Zäsur.

Die europäische Sicht Lateinamerikas und das lateinamerikanische historische Selbstverständnis klafften seit der Zeit der Conquista auseinander. Die Vision, ein neues Spanien in einer geographisch und kulturell völlig verschiedenen Umwelt zu schaffen, war langfristig zum Scheitern verurteilt, da sie den neuen Kontinent zu einer Erfindung der europäischen Renaissance stilisierte.

Alejo Carpentier konnte so später formulieren, daß Lateinamerika mit seinen archaischen Wurzeln und seiner modernen Enklave sowie seiner wirtschaftlich-industriellen Inkohärenz tief an der modernen Welt leide. Fernand Braudel erkannte, daß Lateinamerika gleichsam seinem materiellen Dasein hinterherläuft im Versuch, eine originäre Zivilisation zu begründen.

Die Frage nach der kulturellen Identität kann nur vor dem Hintergrund neuer Raum-Zeitvorstellungen gestellt werden, um hierdurch zu der Geschichtlichkeit kultureller Symbole vorzudringen. Im Zentrum der Überlegungen steht eine Anthropologie des gegenseitigen Verstehens und Mißverstehens, stehen Kulturbewegungen, also die seelisch-geistige Durchdringung der wirtschaftlichen und gesellschaftlichen Prozesse. Roger Bastide sprach von einer »interkulturellen Durchdringung«. Die mit der wissenschaftlich-technologischen Modernisierung auftretenden Spannungen zu den Bestrebungen der kulturellen Identitätsfindung müssen durch dialogische und nicht monologische Strukturen überbrückt werden. Dies ist nicht zuletzt deshalb so wichtig, weil Lateinamerika nicht ohne weiteres als Kontinent zur westlichen Kultur, zur westlichen wirtschaftlichen Verfassung und den politischen Strukturen aufrücken konnte. Kulturelle Äußerungen dürfen entsprechend nicht aus europäsicher oder nordamerikanischer Sicht fehlgedeutet werden.

Dies ist zum Teil schon ersichtlich geworden an den traditionellen lateinamerikanischen Zeitvorstellungen, die nicht linear nach vorne weisen, sondern oft zirkulär im Sinne eines wiederkehrenden Chaos sind. Lateinamerika, besonders die Andenregion, war kein einheitlich christlicher Kontinent. Neben den christlichen Elementen überlebten archaische, vorchristliche Religionen. Wir können von volksreligiösem Brauchtum im Range von alternativen Religonsformen sprechen, etwa bei der Inkarri-Bewegung im andinischen Raum oder den Maria-Leonza-Kulturen in Venezuela und sicher auch bei Macumba, Candomblé und Umbanda in Brasilien.

Eine Vielzahl von synkretistischen Religionsweisen verbieten es, bei der lateinamerikanischen Religiosität von einer durchgehenden Christlichkeit im europäischen Sinne zu sprechen. Einer der wesentlichsten Unterschiede zum europäischen Christentum ist etwa das zyklische Zeitkonzept. Dieser Tatbestand hat auch, wie schon erläutert, auf die Arbeitsethik eine fundamentale Auswirkung. Daneben sind die lateinamerikanischen Vorstellungen von Verfassung, von der Aufgabe und Rolle des Militärs wie auch von den politischen Strukturen andere. Die politische Kultur Lateinamerikas ist nicht lediglich eine Widerspiegelung der abendländischen Vorbilder. Zwar sind die verfassungsrechtlichen und politischen Institutionen nach europäischen Vorbildern ausgerichtet und auch nordamerikanisch beeinflußt, aber das kulturelle Bewußtsein Lateinamerikas, die geistesgeschichtlichen Voraussetzungen sind grundsätzlich verschieden.

Hieraus ergab sich ein fortdauernder Widerspruch, vor allem zwischen dem historisch verankerten Institutionsgefüge und der gesamtkulturellen Intentionalität. Parallel zum lateinamerikanischen Institutionsgefüge hat sich die Wirtschaft nach europäisch-nordamerikanischem Muster entwickelt, was sie aber nur konnte, weil sie über weite Strecken akulturell strukturiert war. Dies trifft vor allem für den andinischen Raum zu.

Lateinamerika ist durch eine semantische Distanz zwischen der institutionalisierten und der nichtinstitutionalisierten politischen Kultur gespalten. Die Distanz zwischen den Verfassungsnormen und der gesellschaftlichen, kulturellen und wirtschaftlichen Realität zeigt dies in aller Deutlichkeit.

Die technologische Rückständigkeit Lateinamerikas kennt weitere historische Gründe, vor allem das Ausbleiben einer genuinen naturwissenschaftlichen Tradition als Voraussetzung für endogene Technologie. Auch der historische Tatbestand, daß das Bildungswesen durch Europäer eingerichtet wurde, ändert nichts an der Tatsache, daß ein naturwissenschaftliches Denken im 19. und 20. Jahrhundert nicht genügend nachvollzogen wurde. Hierin liegen grundsätzlich Auswirkungen für Gesellschaft und Wirtschaft.

Die besondere lateinamerikanische kulturell-regionale Sonderlogik stand im Widerspruch zur Wirtschaftslogik und verursachte eine eigene ökonomische Kultur in Lateinamerika. Entsprechend unterscheidet sich das Sprachverhalten der Mittel- und Oberschichten. Selbst in den Bereichen, in denen die Arbeit durch die moderne Industriegesellschaft vollzogen wird, werden die Ergebnisse der Arbeit in einen anderen kulturellen Rahmen eingefügt, der meist nicht mit dem der westlichen Staaten übereinstimmt. Darcy Ribeiro, Octavio Paz, Alfonso Reyes, Jose Vasconcelos, Salazar Bondy oder Leopoldo Zea haben in ihren Werken eindringlich darauf verwiesen. Nur ein Verstehen der lateinamerikansichen Sachlogiken kann einen Dialog zwischen der Wirtschaft und der intellektuellen Verfassung des Kontinents eröffnen. Die lateinamerikanische Kultur muß als Gesamtheit der Bedeutungsträger verstanden werden, es gibt eine Sozietät der Symbole, die eine originäre Vorstellung der Lebenszusammenhänge vermitteln. Roger Bastide sprach beim Symbol vom »mémoire collective« einer Kultur und Gesellschaft. Lateinamerika und besonders der andinische Raum sind einem Symbolsystem zuzurechnen, das dem außereuropäischen Kulturraum entspricht, auch wenn Lateinamerika bei oberflächlicher Betrachtung als europäische Symbolwelt erscheint.

Die gesellschaftliche und kulturelle Ordnung der Geschichtsvorstellungen haben in Lateinamerika einen eigenständigen Charakter. Begriffe wie Fortschritt, Natur, Zukunft, Energie, Effizienz haben in Lateinamerika einen zunächst fremden Gehalt. Die Beschleunigung auf dem Weg in die Zukunft ist folglich kein positives, sondern negatives Element. Hieraus spricht, daß Entwicklungsprojekte, die auf zukünftigen Fortschritt ausgerichtet sind, unter Umständen nicht als Heilsbringer aufgefaßt werden, sondern den drohenden Zusammenbruch näher bringen, der besser noch einige Generationen aufgeschoben werden sollte. Es wird daraus ersichtlich, in welchem Maße die Kultur wieder auf die Wirtschaft Einfluß nimmt.

Die lateinamerikanische Zeitauffassung und damit verbunden der lateinamerikanische Wirtschaftsstil sind weniger auf Kapitalakkumulation angelegt und weniger auf die Zukunft ausgerichtet als auf Vergangenheit und Gegenwart. Die Form einer »innerweltlichen Askese«, wie sie die kalvinistische Kultur Nordamerikas seit dem 17. Jahrhundert kannte, war in Lateinamerika nicht vorstellbar; es kannte in seiner kulturellen Ausrichtung bei seinen indianischen Bevölkerungsteilen nicht das Ziel, sich der Zukunft zu bemächtigen. Zum Beispiel war die wirtschaftliche Form der Spargenossenschaften im Vergleich zu Nordamerika unbekannt. Bezeichnenderweise hatte auch die »Alliance for Progress« niemals den gleichen Erfolg wie der Marshallplan in Europa nach 1945. Eher waren die Synkretismen des andinischen Raums indentitätsstiftend. Sie stellen repräsentative Symbole der Legitimität wirtschaftlicher, kultureller und sozialer Ordnung dar.

Europäische geistesgeschichtliche Prägungen des historischen Selbstverständnisses von Lateinamerika

Es stellt sich vordringlich die Frage, ob die Entdeckung Amerikas als Schöpfungsakt der europäischen Kultur zu werten ist. In der Epoche der Entdeckungen Latein- und Nordamerikas, im 15., 16. und selbst im 17. Jahrhundert war das Selbstverständnis Europas in einer derartigen Weise ausgeprägt, daß nicht mit einer Überwindung der eurozentrischen Perspektive in Amerika gerechnet werden durfte. Am 12. Oktober 1992 jährt sich die »Indienfahrt« von Kolumbus zum 500. Mal. Dennoch steht der Einfluß, den Lateinamerika auf die europäischen Kulturen im Verlauf der Jahrhunderte hatte, in keinem Verhältnis zum europäischen Erbe für Lateinamerika. Das Verhältnis der »Neuen Welt« zur »Alten Welt« bedarf aber einer grundsätzlichen Neubewertung. *Die Entdeckung Amerikas eröffnete für die emporwachsenden europäischen Staaten bis zu diesem Zeitpunkt unbekannte Perspektiven der ökonomischen Nutzung und der geographischen, territorialen Expansion.*

Bei der Rückkehr des Kolumbus von seiner ersten Transatlantikreise im Frühjahr 1493 stellte sich für die Auftraggeber seiner Reise vor allem das Problem einer Absicherung der Oberhoheit über die fortschreitend neu hinzutretenden Territorien, die auch vom portugiesischen König beansprucht wurden. Durch den spanischen Papst Alexander VI. wurden alle Besitzrechte unmittelbar übertragen. Die bereits entdeckten und die noch zu entdeckenden Inseln sowie das Festland, das jenseits der 100 Meilen von den Kapverdischen Inseln und einer von Nord nach Süd verlaufenden Demarkationslinie lag, wurden dem Besitz der kastilischen Könige zugeschlagen. 1494 erhielt dieser Rechtstitel, der Spanien verliehen wurde, eine Bekräftigung durch die Einverständniserklärung der portugiesischen Krone.

Lateinamerika fand in Europa überwiegend als visionäre Quelle raschen wirtschaftlichen Reichtums Beachtung, der unter dem Schutzmantel einer imperialistischen Politik ersehnt wurde. 1503 wurde die Gründung der Casa de Contracion vollzogen, und ab 1524 trat der Consejo de Indias als entscheidende Institution zur Kontrolle des über Sevilla vollzogenen Amerikahandels in Kraft, bei dem Steuerabgaben auf einkommende Edelmetalle aus Lateinamerika erhoben wurden. Dennoch gerieten die spanischen Staatsfinanzen bald in chronisch schlechten Zustand. So mußte zwischen 1557 und der Mitte des 17. Jahrhunderts der König alle 20 Jahre den Konkurs des Staates anmelden. Später wurden nämlich die Geschäftsbeziehungen zwischen Spanien und Lateinamerika überwiegend von privaten Handelsgesellschaften ausgeführt, in erster Linie von ausländischen Kapitalgesellschaften, die durch das Diktat einer stärkeren Kontrolle Macht auszuüben versuchten. Die Erschließung Nordamerikas verlief dagegen unter ganz anderen Vorzeichen. Es wird deutlich, daß Spanien bereits in der Gründungsphase eine wirtschaftlich und staatspolitisch unglücklichere Hand bei der Erschließung seiner Kolonien hatte als England im Falle Nordamerikas.

Die naturwissenschaftliche Einsicht in die Kugelförmigkeit der Erde, die spätestens seit dem 13. Jahrhundert in Kreisen der Gelehrten anerkannt wurde, verlieh anderen, noch nicht erschlossenen Teilen der Welt weitere Bedeutung, woraus auch Lateinamerika Gewinn ziehen konnte. So erscheint es nicht verwunderlich, daß zur Zeit der ersten Hälfte des 16. Jahrhunderts Briefe und Schriftwechsel von Kolumbus, Vespucci, Cortez und Anghiera in mehreren Auflagen zirkulierten und auch eine breiter gestreute Leserschaft fanden. Freilich spricht aus diesen Schriften ein hohes Maß an Fehlverständnis für die autochthonen lateinamerikanischen Kulturen, die in einer naiv anmutenden, keinem humanwissenschaftlichen Ordnungsprinzip gehorchenden Sicht gedeutet wurden. So betont Kolumbus etwa die Nacktheit, die körperliche Schönheit, die Unkenntnis des Eisens, das Fehlen effektiver Waffen sowie das hohe Maß an Furchtsamkeit, gepaart mit Freigebigkeit. Es wird aus diesen Worten ersichtlich, in welchem Maß eine eurozentrische Weltsicht die ersten Auseinandersetzungen mit der indigenen und autochthonen Kultur der präkolumbianischen Epoche bestimmte.

Es gibt eine Vielzahl an historischen Beispielen dafür, das Lateinamerika wesentlich auf die Geistes- wie die realpolitische Geschichte von Europa einwirkte. Die geographische und damit auch die geistesgeschichtliche Erschließung des amerikanischen Kontinents eröffnete dem europäischen Denken eine Erweiterung des Horizonts, eine Universalisierung der Erfahrungen, so daß europäische staatsphilosophische Schriften im Zeitalter der Entdeckungen nur unter Einbeziehung des amerikanischen Doppelkontinents verstanden werden können.

German Arceniegas führt aus, daß nach dem Auftreten der christlichen Lehre kein anderes Ereignis die europäische Real- und Geistesgeschichte vergleichbar gewandelt hat wie die Eroberung des amerikanischen Doppelkontinents. Die Wahrnehmung der westlichen Grenzen vor der Entdeckung endete an den Säulen des Herkules. Das Zeitalter der Aufklärung hätte sich ohne die geographische und kulturell-geistige Überschreitung von Horizonten durch Kolumbus nicht in der gleichen Weise vollziehen können. Der Naturbetrachter des Altertums erlebte die engen Grenzen seiner Parameter, mit der Expedition von 1492 hingegen erschloß sich dem neuzeitlichen Naturphilosophen eine neue, im sprichwörtlichen Sinne abgerundete Perspektive der Welt. Mit anderen Worten: die *Entdeckung des amerikanischen Doppelkontinents machte das kopernikanische Denken erst möglich; Galilei und Descartes fanden zu ihren Naturbetrachtungen und philosophischen Grundsatzäußerungen, und die Imago Mundi gewann an Gestalt.*

Ohne den amerikanischen Doppelkontinent als Feld des politischen Experiments, als vermeintlich unschuldiges Territorium, hätte die Renaissance nicht diesen Glorienschein erringen können. Amerigo Vespucci erklärte gleichsam das platonische Weltbild als empirisch stimmig. Die überaus rasche Erkundung Lateinamerikas, die nur rund 50 Jahre betrug, übertraf in höchstem Maße die Erschließung Asiens, die sich eigentlich auf über fünf Jahrhunderte erstreckte.

Zwischen Latein- und Nordamerika entwickelte sich seit der Reformation in allen kulturellen, sozialen und politischen Bereichen ein diametraler Unterschied, der auch philosophie- und geistesgeschichtlich untermauert ist.

Vor allem seit dem 17. Jahrhundert verkörperte die lateinamerikanische Geschichte ein Fragment der spanischen Geschichte und war vor allem getragen durch eine Verneinung der Modernität. Der Tatbestand, daß die spansich-portugiesisch sprechenden Kulturen Erben der universalen katholischen Monarchien und der Auswirkungen der Gegenreformation waren, ist für die nachteilige Entwicklung einer endogenen Technologie in späteren Jahrhunderten maßgeblich. Reformation und Aufklärung fanden in der lateinamerikanischen Kulturgeschichte nicht in dem Ausmaß wie in Nordamerika statt.

Das Ringen um die kulturelle Selbstvergewisserung und Bestätigung begann mit der weißen Zivilisation im 16. Jahrhundert. Seit dieser Epoche ist Lateinamerika gekennzeichnet von einer fortdauernden Vermischung kultureller und ethnischer Traditionen. Iberische, amerikanische und afrikanische Elemente wuchsen in einer Periode von über 500 Jahren zusammen. Dieser Mischungsprozeß wurde nicht nur von den Spaniern und den Portugiesen bestimmt, sondern vor allem von den autochthonen Kulturen. Diese Gruppen bildeten nicht wie in den USA ethnische Minderheiten, sondern erstreckten sich über den gesamten Kontinent.

Bald nach Beginn der Conquista empfanden sich die Kreolen als verschieden von den Europäern und festigten im 17. und 18. Jahrhundert ihre eigene historische und kulturelle Besonderheit. Mit dem Aufstieg der Kreolen zur staatstragenden Schicht bis zum Ende des 17. Jahrhunderts läßt sich in Lateinamerika von einer originären kreolischen Kultur sprechen in der Beziehung der Geschlechter, der Einstellung zum Tod, der Arbeitsethik, der Einschätzung des Selbst und des Anderen, wobei das Selbst für die lateinamerikanische Tradition stand und das Andere für die europäischen Werte. Die Kreolenschicht Lateinamerikas vermochte aber auf lange Sicht nicht, aus eigener kultureller Kraft zu schöpfen; sie lebte aus zweiter Hand durch Übernahme fremden Gedankenguts, und doch verkörperte dieser Augenblick gleichsam eine zweite Geburt Lateinamerikas. Die Staatenbildungen des 19. Jahrhunderts versuchten eine Entwicklung nachreifen zu lassen, die Nordamerika längst hinter sich gebracht hatte: die Entstehung einer modernen Nation, deren Ordnungs- und Sozialvorstellungen aber aus Europa übernommen wurden. Der kulturelle Pluralismus sollte zu einem nationalen Projekt zusammengeschmiedet werden, zu einer Uniformierung, die in dieser Weise nie verwirklicht werden konnte trotz der laizistischen Vorsätze und dem formalen Bedürfnis nach Gleichheit wie einem liberalen Staat.

Aufgrund der kreolischen Vorherrschaft, die eine Kultur mit gespaltenem Bewußtsein schuf, entstand eine Verneinung der kulturgeschichtlichen Wurzeln in den einzelnen Staaten, jene Hinwendung zu Europa und Nordamerika nahm Gestalt an und löste eine Welle der Verwestlichung aus. Sie wurde ein Element des Bruches mit den Besonderheiten des kolonialen Erbes, vor allem mit dem spanisch-katholischen Dogmatismus. Die kulturelle Vielschichtigkeit wurde durch diese Bewegungen nicht gefördert. Jenes fremdbestimmte Bewußtsein schuf in bestimmten Staaten Lateinamerikas eine kulturelle und soziale Ambiguität, die das nationale Leben eher paralysierte. Es entstand der genuine Konflikt zwischen einer autochthonen Kultur, die aus indigenen, authentischen Traditionen gespeist wurde, und einer »höheren« Kultur, die den indigenen Kulturen fremd war und den Versuch einer Einverleibung in die rationalistische Kultur der Neuzeit unternahm.

Der wesentliche historische Unterschied zwischen Latein- und Nordamerika besteht darin, daß die nordamerikanische Kultur bei ihrer Unabhängigkeit nicht mit dem eigenen Erbe brach. Die lateinamerikanische Kultur hingegen verweigerte alle Traditionen, die sie seit dem 16. Jahrhundert bestimmt hatten, wobei weniger ein nationales Projekt abgelehnt wurde als ein universales Gedankengut, das der Vergangenheit insgesamt fremd gegenüberstand. Die Lebensbereiche der Kultur, Wirtschaft und Politik wirkten in der nordamerikanischen Kultur vergleichsweise harmonisch zusammen; zwischen demokratischer Ordnung, kapitalintensiver Marktwirtschaft und dem Kalvinismus gab es eine fruchtbare Wechselwirkung. Zwischen dem republikanischen Gedankengut und dem Katholizismus des Vizekönigtums als einem Mosaik aus vorkolumbianischen Traditionen und barocken spanischen Formen gab es hingegen eine tiefe Kluft. In gewissem Sinn mußte Lateinamerika seine Vergangenheit verleugnen. Der erborgte Charakter der zeitgenössischen lateinamerikanischen Kultur kam zum Vorschein; anstatt originäre Zukunftsvorstellungen aus eigenen Traditionen zu entwickeln, wurden Sichtweisen nach europäischem und nordamerikanischem Vorbild übernommen.

Bis in die Gegenwart ringt Lateinamerika mit dieser Modernität. Zwar errichteten die Spanier Institutionen wie das »ayuntamiento«, eine gewisse Form des städtischen Konzils, das auf einem vergleichbaren Prinzip der Selbstverwaltung beruhte wie das »local government« in Nordamerika.

Alexis de Tocqueville aber zeigte bereits die herausragende Bedeutung der »township«- und »county«-Verwaltungen für das Selbstbestimmungsrecht der Bevölkerung in Nordamerika im 19. Jahrhundert auf, die nicht vergleichbar war mit der lateinamerikansichen Selbstverwaltung. Diese war immer überstrahlt vom Zweigestirn aus Vizekönig und Erzbischof sowie der Wirtschaft mit ihren Privilegien. In den lateinamerikanischen Kolonien verkörperte die Kirche eine strenge Hierarchie und eine schwerfällige Verwaltung, die in gewissem Sinne an die Administration der Mandarine im altchinesischen Reich erinnerte. In der nordamerikanischen Kultur erklärten die religiösen Denominationen von Beginn der weißen Besiedlung im 17. Jahrhundert ihre Unabhängigkeit gegenüber dem Staat. Die Kirchengemeinden Nordamerikas inkarnierten eine freie Vereinigung von Gläubigen. Mit Beginn der weißen Besiedlung im 17. Jahrhundert herrschte eine Vielseitigkeit der religiösen Denominationen als Ausdruck einer demokratischen Grundhaltung in Staat und Gesellschaft.

Die lateinamerikanischen Kolonien blieben eine hierarchische Gesellschaft, die einer repräsentativen Regierung entbehrte. Ein entscheidender Gegensatz zu Lateinamerika besteht darin, daß die nordamerikanische Kultur nicht durch die Erklärung der Unabhängigkeit im 18. Jahrhundert mit der eigenen Vergangenheit brechen mußte. Denker wie William Penn im Entwurf seines »Frame of Government« hatten bereits in kolonialen Zeiten eine demokratische Staatsform vorweggenommen. Die Unabhängigkeit der lateinamerikanischen Staaten hingegen stellte die Verneinung all dessen dar, was sie vor dem 19. Jahrhundert gewesen waren. Die Vision der Zukunft, die für das zeitgenössische Lateinamerika verpflichtend sein sollte, setzte sich eben nicht aus Elementen der eigenen Kultur zusammen, sondern aus Versatzstücken der Zukunft, wie sie durch die europäische und nordamerikanische Kultur vorgegeben waren.

Die religiöse Grundlage der nordamerikanischen Kultur ist heute nicht in allen Lebensbereichen spürbar, dennoch beeinflußt sie staatstragend die Gesellschaft, denn in gewissem Sinn nahm die religiöse Revolution der Reformation die politische Revolution des 18. Jahrhunderts vorweg, die zur demokratischen Staatsform führen sollte. Diesen wechselseitigen und zukunftsweisenden Zusammenhang von Religion und Politik kennt die lateinamerikanische Kultur nicht. Der Klerus sollte die politische Macht ersetzen, um Wissen und geistige Entwicklung auf sich zu zentrieren. Die lateinamerikanische Geschichte kennt keine religiösen Revolutionen, die den Weg zu ebnen verstanden für nachstrebende politische Revolutionen; im Gegenteil, ein hohes Maß an gesellschaftlicher Statik durchherrschte den politischen Raum.

Die politischen Revolutionen Lateinamerikas im 19. Jahrhundert, etwa in Gestalt der Unabhängigkeitskriege, stellten eher eine Verkörperung des lateinamerikanischen Patrimonialismus dar, wobei der autoritäre Staat an Macht gewann, ebenso der Zentralismus unter dem Vorwand des Föderalismus und schließlich die politische Herrschaftsform des Caudillismo. Die politische Unabhängigkeit stellte in Lateinamerika weniger das Ergebnis eines Sieges liberalen Gedankenguts dar, da sie eher Ausdruck der politischen Desintegration des spanischen Reiches war. Im Unterschied zu Nordamerika wurde die Unabhängigkeit Lateinamerikas weniger durch den politischen Triumph der eigenen Aktionen erzielt als durch eine Paralyse des Mutterlandes. Das präkolumbianische Erbe verstärkte diese Note, nicht voranzukommen, sondern zu beharren, wobei die Gegenwart stets mit der Vergangenheit in Berührung gebracht wurde. Eine geistesgeschichtliche oder demokratische Revolution des Bürgertums konnte nicht vollzogen werden.

Die philosophische Grundlegung der absoluten katholischen Monarchie wurde etwa durch das Denken Francisco Suarez' und seiner Schüler in der Societas Jesu geleistet. Der traditionelle Thomismus glich in Lateinamerika einer philosophischen Bastion, die als orthodoxes Denken gegen lutheranische und kalvinistische Prinzipien als den Speerspitzen des Wandels errichtet wurde. Die Neoscholastik verteidigte die hierarchischen Prinzipien der lateinamerikanischen Politik und Gesellschaft bis in das 18. Jahrhundert und stellte sich in einer Weise gegen die Modernität, daß die Auswirkungen bis in die Gegenwart spürbar sind. Entsprechend wurde das Wort »Revolution« in Lateinamerika nicht synonym mit Neuordnung gebraucht, denn die Unabhängigkeitskriege brachten eher nur eine Umverteilung der Machtpositionen. Lateinamerika ist seit der Zeit seiner Entdeckung durch Kolumbus auch ein Kontinent der Mißverständnisse. Dies betrifft vor allem staatstragende Begriffe wie Demokratie, Verfassung, Militär, die einen besonderen, von der europäischen Geschichte losgelösten Inhalt hatten, der nicht ohne weiteres Vergleiche erlaubt. Die lateinamerikanischen Revolutionen des 19. Jahrhunderts verfehlten das wichtigste Ziel, eine politische, gesellschaftliche und wirtschaftliche Neuordnung für das 20. Jahrhundert zu veranlassen.

Die Staaten wurden zwar durch einen revolutionären Akt verfassungsrechtlich von Spanien getrennt, aber die soziale Ordnung der spanischen Kolonialherrschaft blieb überwiegend erhalten, die Transformation der Staaten in moderne Nationen wurde nicht geleistet, wie etwa in der Französischen Revolution, die eine umfassende gesellschaftliche Erneuerung mit sich brachte. Sowohl die Französische als auch die nordamerikanische Revolution waren Ausdruck und Folge der historischen Evolution. Die lateinamerikanischen Revolutionen waren wesentlich gekennzeichnet durch die Übernahme europäischen und nordamerikanischen Gedankengutes, die Federalist Papers, das Denken George Washingtons und Thomas Jeffersons wurden zur Kenntnis genommen, aber auch die Staatsphilosophie Montesquieus und die philosophische Grundlage der Französischen Revolution. Dies änderte freilich nichts daran, daß das Bürgertum in Lateinamerika in dieser Zeit nicht über ein merkantilistisches Stadium hinausreichte und die staatstragenden Schichten – im Gegensatz zu Nordamerika und Frankreich – nicht tief mit dem westlichen Gedankengut verbunden waren, weswegen die Ideen den Charakter von Masken hatten, gleichsam potemkinsche Fassaden ohne feste Verbindung zur historischen Wirklichkeit.

Mit dem Zusammenbruch des spanischen Kolonialreichs und seiner Adminstration fiel die Macht vor allem in die Hände von zwei Gruppierungen: die wirtschaftliche Macht in die Hände der lokalen Oligarchien und die politische Macht überwiegend in die Hände der militärischen Eliten. Es wurde offensichtlich, daß die Oligarchie nicht über genug Macht verfügte, um unter eigener Legitimierung regieren zu können. Entsprechend spielte der durch das Militär gestärkte Staat eine entscheidende Rolle bei der späteren Industrialisierung Lateinamerikas. Eine fortschrittshemmende Statik der Wirtschaft blieb bestehen. Der private Sektor gewann niemals eine vergleichbare Bedeutung wie in Nordamerika. Die Industrie, auch in ihren zaghaften Versuchen, hatte eine gesteigerte Erwartungshaltung gegenüber dem Staat, im Aufbau der Infrastrukturen, bei der Finanzierung sowie bei der Zollschutzgesetzgebung. Die Abwesenheit einer autonomen Dynamik, auch bei der öffentlichen Hand, war über weite Strecken des 19. und 20. Jahrhunderts ein wesentliches Strukturmerkmal Lateinamerikas. Die Marginalisierung der lokalen technologischen Investitionen, die mimetische Anpassung, die Verletzbarkeit und äußere Abhängigkeit, von der bereits Raul Prebisch sprach, die von außen eingeleiteten Versuche der zögernden Industrialisierung enthüllten die überwiegend nicht autonome wirtschaftliche und soziale Mutation, die Abhängigkeiten auf dem Gebiet der Produktion schuf.

Dem Zerfallsprozeß des spanischen Weltreichs als Vorstufe der politischen Unabhängigkeit kam besondere Bedeutung zu. Erst nach Beendigung des Kreuzzugs im eigenen Staat stieg Spanien zur Weltmacht auf. Der unvorhergesehene Regierungsantritt Karl V., dessen Interesse durch die Reichsidee auf Europa gelenkt wurde, paarte sich mit dem neuentdeckten Amerika, das als Entfaltungshintergrund für die politisch schöpferischen Energien Spaniens diente. Während für das Europa des 15. Jahrhunderts die Blüte des Handwerks, die Überwindung des Feudalismus, die Kolonisierung des Ostens, die Gründung von Universitäten und die geistige Blüte der Renaissance einen dramatischen Aufschwung von hoher Anziehungskraft darstellten, war Spanien noch mit dem Krieg gegen die Ungläubigen in Kreuzzugsgedanken beschäftigt und mit der Reconquista geographisch im Raum des Mittelmeers gefangen, bevor es zum überseeischen Abenteuer der Conquista aufbrach, die beide dem Ziel der Einigung und Festigung eines großen christlichen Weltreichs galten. Die im Spanien der katholischen Könige Karl V. und Phillip II. herrschenden Vorstellungen waren der Nährboden für die Entdeckungen, für die Eroberung und den Auftrag der Kolonisierung Amerikas. Nach Abschluß der Reconquista im eigenen Land und der Conquista in Übersee erlebte Spanien als letztes mächtiges Reich des christlichen Mittelalters die begeisterte Hinwendung auf weltumspannende Zielsetzungen.

Das Gedankengebäude des Mittelalters erfuhr in Spanien seine letzte, einheitliche Verwirklichung. *Noch in der Blütezeit der Renaissance kämpfte Spanien voll Eifer für den Fortbestand des Mittelalters, ein Vorgang, der für die Prägung Lateinamerikas von herausragender Bedeutung werden sollte.* Spaniens europäische Politik stand unter dem Zeichen der Wiederherstellung des heiligen Römischen Reiches und der Neubelebung des mittelalterlichen Renaissancedenkens. Auch die Eroberung der Neuen Welt stellte für Spanien zunächst den

Zugewinn weiterer geographischer Räume zur Ausbreitung des Christentums dar und stand letztlich für die Vergrößerung des mittelalterlichen Kaiserreichs.

Im Gegensatz zur Alten Welt stießen in der Neuen die spanischen Vorstöße auf geringen Widerstand; die Eingriffe auf die autochthonen Kulturen ihrerseits vollzogen sich vor dem historischen Hintergrund mangelhafter Einflußmöglichkeiten der anderen Kolonialmächte in Lateinamerika. Unter diesem Vorzeichen sollte die Entwicklung Lateinamerikas eine besondere Gestalt annehmen.

Im Wettbewerb der europäischen Mächte isolierte sich Spanien auf der Iberischen Halbinsel zunehmend, und in den folgenden Jahrhunderten erlitt es auch militärisch, politisch und wirtschaftlich eine Niederlage und büßte seine Weltmachtstellung immer mehr ein.

Vergegenwärtigen wir uns: Im restlichen Europa wurde die im 17. und 18. Jahrhundert weitergeführte Tradition der Renaissance ausschlaggebend, das Zeitalter der Aufklärung trug bereits die Keime für die späteren Umwälzungen in der Wissenschaft in sich, die industrielle Revolution kündigt sich an, die Nationalstaaten begannen sich ebenso abzuzeichnen wie das Aufkommen der kapitalintensiven Marktwirtschaften. Parallel zum Aufbau der Neuen Welt durchlebte das spanische Mutterland einen politischen Niedergang, das Weltmachtstreben wurde torpediert, die Vorstellungen der eigenen Größe brachen in sich zusammen. Die überholten Begriffe der Politik konnten dem historischen Wandel nicht mehr standhalten.

Noch überlagerte die christliche Ordnung in Lateinamerika die autochthonen Kulturen in ihren religiösen Glaubenshaltungen mit einer nicht immer eindeutigen Abgrenzung zwischen Gut und Böse, wie sie das Abendland seit der Zeit der Kämpfe gegen die arabische Welt und die Hunnen wie auch die Zeit der Schismen mit ihren Irrlehren kannte. Lateinamerika lernte das Christentum nicht so sehr als Lehre von der Menschwerdung Gottes kennen, sondern als eine machtbewußte Einführung eines politischen und gesellschaftlichen Systems mit einem festumrissenen Weltbild. Im spanischen Mutterland sah sich die katholische Kirche in ihrer mittelalterlichen Stärke ein letztes Mal bestätigt, wenngleich die spanische Weltmachtstellung gefährdet war. In Lateinamerika versuchte die spanische Herrschaft, ein Autoritätsprinzip (paternalismo) im politischen, gesellschaftlichen und religiösen Leben aufrechtzuerhalten.

Im Unterschied zu Nordamerika und Europa blieben die revolutionären Bewegungen des 19. Jahrhunderts ohne tief verwurzelte weltanschauliche Bindung für breite Bevölkerungskreise (reformismo); Relikte der vergangenen Ordnung und Hierarchie standen einer Liberalisierung im politischen Feld und einer wissenschaftlichen Fortschrittsgläubigkeit im Wege. Der Traditionalismus wurde der feudalistischen Abhängigkeit beschuldigt, während die gesellschaftlichen und politischen Erneuerungsbewegungen drohten, in politischen Chaos und religiöse Bindungslosigkeit abzugleiten. Im Gegensatz zu Nordamerika und Europa entwickelten sich während der Kolonialzeit, aber auch im 19. Jahrhundert, keine breiter gestaffelten Mittelschichten in Lateinamerika, die staatstragend und innovativ zugleich hätten sein können. Gründe hierfür lagen im Agrarcharakter der Gesellschaften verborgen, weiterhin in den Beziehungen der Feudalaristokratie zur katholischen Kirche, die in geistlicher und weltlicher Hinsicht eine Symbiose bildete. An die Stelle des Autoritätssystems trat zunehmend eine Herodianisierung, die herrschenden Schichten identifizierten sich mit dem urbanen Leben und vergaßen ihre kulturellen Wurzeln.

Der lateinamerikanische Mensch war mit dem Primat der wissenschaftlichen Objektivität und der technologischen Funktionsgebundenheit weniger vertraut als der Nordamerikaner. Die Anwendung rationalen Denkens war nicht ohne weiteres kompatibel mit der Kultur- und Religionsgeschichte Lateinamerikas, hierfür ist bereits eine Vielzahl von Beispielen genannt worden. Der Mensch gerann in der lateinamerikanischen Kultur nicht zur Sache, wurde nicht zum Ding, zum Objekt, sondern blieb Subjekt ohne Gefühl der Mitsprache bei den oligarchischen Machtinstitutionen. Rebellierte er gegen diese gesellschaftlichen Instanzen, gab er nicht die Überzeugung preis, daß es sich dabei dennoch um höhere Mächte handelte, denen Respekt zu zollen war. Hieraus resultierte nicht zuletzt der über Jahrhunderte anhaltende statische Charakter der lateinamerikanischen Gesellschaft, die kaum soziale Mobilität kannte.

Auch der Begriff des Individuums und des Individualismus unterscheidet sich von der europäischen und der nordamerikanischen Kultur. In Lateinamerika wurde ein Individuum mehr geachtet aufgrund dessen, was es war, weniger aufgrund dessen, was es zu vollbringen vermochte. Dieser Individualismus war sich zwar seiner selbst bewußt, blieb aber ohne genuine Initiative im wirtschaftlichen Sinn. Unmittelbare Effekte wurden höher bewertet als das Erzielen langfristiger Resultate. Die Person, nicht die Sache selbst, stand im Mittelpunkt, daneben trat die Kontemplation, nicht die Aktion. Vorstellungen von persönlicher Ehre rangierten hoch und mündeten in einen Personalismus, der sich selbst genügte. Die in der nordamerikanischen Kultur verankerte Tradition des Wettbewerbs zur Erreichung von breiter gestreutem Wohlstand war in dieser unmittelbaren Weise nicht in Lateinamerika gegeben. Das

Empfinden für soziale Solidarität, ja für »compassion« in einem christlichen Sinne war nicht in gleichem Maße gegeben wie in der nordamerikanischen Kultur.

Bis zum Ende des 19. Jahrhunderts waren das wirtschaftliche Leben sowie die Strukturen der gesellschaftlichen Hierarchie nur wenig verschieden vom Zustand früherer Jahrhunderte der Kolonialzeit. Bis zum Beginn des 20. Jahrhunderts importierten die Staaten Lateinamerikas überwiegend die Produkte, die sie konsumierten, und bezahlten in Rohstoffen. Eine erste Welle der Industrialisierung begann in der Zeit des Ersten Weltkriegs, als die traditionellen Lieferanten keine Güter mehr einführen konnten. Der zweite Impuls wurde durch den Zusammenbruch der Exportmärkte ausgelöst, der die lateinamerikanischen Staaten zwang, die Erzeugnisse selbst herzustellen, die sie auf dem Weltmarkt nicht mehr erwerben konnten. Erst in der Zeit des Zweiten Weltkriegs verdichtete sich die Industrialisierung in bestimmten Staaten Lateinamerikas, etwa in Brasilien, Mexiko, Argentinien und Chile, nicht aber in den Andenpaktstaaten. Die politischen Revolutionen Lateinamerikas im 19. Jahrhundert schufen nicht die Voraussetzungen für einen radikalen Strukturwandel.

Staats-, Nations- und Gesellschaftsbegriff in Lateinamerika

Der Staat hat in der lateinamerikanischen Geschichte ein Janusgesicht. Er ist sowohl Erzeugnis einer endogenen Wirklichkeit als auch Ausdruck eines Prozesses der Transkulturation. Historisch ist der Staatsbegriff in Lateinamerika verknüpft mit dem Konzept der Nation. Um seine integrativen Aufgaben unter Berufung auf seine interne Souveränität zu rechtfertigen, stellt sich der Staat als Wächter der historischen Werte dar und läßt am Horizont die Existenz einer Nation aufleuchten. Diese Identifikation von Staat und Nation war bei der Bildung einer politischen Kultur und ihrer Institutionen in Lateinamerika von großem Einfluß. Daneben entstand die fragile lateinamerikanische Demokratie auf der Grundlage einer hypothetischen Wirtschaft. Der »personalismo« hat zur Folge, daß der Staat nicht als soziale Gemeinschaft empfunden wird, sondern als Konglomerat; zudem hat er zur Konsequenz, daß die traditionelle Bevölkerung ein weitverbreitetes Mißtrauen beibehält gegen große, unpersönliche Industrieorganisationen, die ein hohes Maß an Anonymität voraussetzen. Diese hemmenden politischen Faktoren müssen zunächst erkannt werden.

Die lateinamerikanischen demokratischen Staatsformen stehen vor einer doppelten Aufgabe: zum einen muß das Funktionieren der traditionellen demokratischen Institutionen gesichert werden, zugleich muß aber an einer Umformung zu künftigen Strukturen gearbeitet werden, um dem neuen demokratischen Staat Dauerhaftigkeit zu verleihen und alle Sektoren des öffentlichen Lebens in der politischen Teilnahme zu integrieren.

Die wissenschaftlich-technologische Evolution in Lateinamerika ist mit den Anstieg der Industrialisierung entsprechend der importierten Produktionsweisen und Verbrauchergewohnheiten verknüpft, wie sie durch die multinationalen Gesellschaften diktiert werden. *Das Wirtschaftssystem muß notwendigerweise mit einer endogenen Technologie ausgestattet werden, die regionale Einheiten bei der Politik stimulieren könnte, vornehmlich bei der Arbeitsbeschaffung, der Reform der regionalen Ressourcen und der dynamischen Entfaltung innovativer Kräfte.*

Die tieferliegenden Glaubenshaltungen als Movens im Hintergrund, kognitive Stilelemente der Kultur, wie sie in Symbolen des Alltagslebens zum Ausdruck kommen, die Vielzahl an Sprachen des autochthonen und neuzeitlichen Lateinamerika, all diese Faktoren müssen in die Überlegungen mit einbezogen werden, um das Ausmaß der Differenziertheit der lateinamerikanischen Kultur zu berücksichtigen. Die Bevölkerung Lateinamerikas bildet die Wiege neuer Formen kulturellen Seins durch die verpflanzten europäischen und afrikanischen Volksgruppen und neuen Verbindungen der Ethnien.

Die verschiedenen Staaten und Räume Lateinamerikas erfuhren jeweils besondere kulturelle Ausdifferenzierungen. Nach der Unabhängigkeit gab die Kultur der Kreolen den Ausschlag. Diesem Tatbestand wurde auch in den Verfassungen Rechnung getragen, beispielsweise durch den Ausschluß der Indios vom Wahlrecht.

Octavio Paz erkannte weitsichtig, daß eine Schicht aus Zeit und Raum entstand, die den lateinamerikanischen Kulturen übergelagert war und in letzter Konsequenz nationalstaatliche Spannungen auslöste. In Lateinamerika gab es im europäischen Sinne keine religiösen Reformen, wie sie die Reformation Europas oder das »Great Awakening« der nordamerikanischen Kultur in den Jahrhunderten der Kolonialzeit darstellten. Neuzeitliche Kultur hat in Lateinamerika einen streckenweisen denaturierten Charakter, sie ist in ihrem innersten Wesen eine Imitation. In Lateinamerika entstand auch nicht jener Gemeinschaftssinn, der in verschiedener Ausprägung die japanische wie die nordamerikanische Kultur und Wirtschaft in starkem Maße geprägt hat, vielmehr gab es eine Fragmentalisierung, eine Partikularisierung, die beide einer Volkswirtschaft abträglich waren, da das kollektive Schicksal ins zweite Glied rückte.

Lateinamerika kannte eine lange Tradition der kirchlichen und staatlichen Autorität. Die daraus übersteigerte Form des lateinamerikanischen autozentrischen Individualismus, der »personalismo«, reicht bis an die Grenze der sozialen Anarchie. Während in der Arbeitsethik des traditionellen Kalvinismus Arbeit an sich bereits als Selbstwert anerkannt wurde und einen ungetrübt positiven Wert verkörperte, kannte die lateinamerikanische Kultur eine andere Wertigkeit der Arbeit, die keinen Selbstwert darstellte.

Das Verhältnis zwischen Gesellschaft und Staat war in der lateinamerikanischen Geschichte überwiegend gespannt. Hingegen wuchsen Wirtschaft und Staat nahezu symbiotisch. Hierin lag für die staatliche Stabilität ein grundlegendes Problem. Die staatlichen wirtschaftlichen Regularien machten zwar teilweise den Weg frei für eine beginnende Industrialisierung, es kam aber niemals zu einem wirklichen Austausch zwischen Gesellschaft und Staat, so daß eine »civil society« im angelsächsischen Sinn mit einer verankerten Beteiligung des Bürgers am politischen Prozeß niemals entstehen konnte. Diese »civil society«,die auf die angelsächsisch-nordamerikanische politische Philosophie, Thomas Jefferson und die staatsgründenden Federalist Papers zurückgeht und deren frühe Wurzeln bis zum »Frame of Government« bei William Penn reichen, hatte zur Maßgabe, sich auf eine nationale Gemeinschaft hin zu formen und strebte nach einer kollektiven Identität in Abstimmung mit den kulturellen Traditionen. Dieser Vorgang war in Lateinamerika nur sporadisch und in Einzelfällen zu beobachten. Zumeist entstand eine künstliche staatlich-gesellschaftliche Wirklichkeit, wobei beide Ebenen nur sehr schwach miteinander verwoben waren und bis heute durch Widersprüche gekennzeichnet sind. Der oligarchische Staat verkörperte die Konsolidierung einer bestimmten Machtschicht, das nationale Projekt des Staates war dadurch freilich nur in Teilbereichen gesichert.

Die zentralen Regierungen hatten zwar den internen wirtschaftlichen Raum im Ansatz vereint, konnten ihn aber nicht in die internationale Wirtschaft integrieren. Die politische Macht mit der Kontrolle der Ressourcen gründete sich auf die Verbindung von gewachsenem Landbesitz und dem Exportwesen. Das ausländische Kapital konzentrierte sich auf den Handel, den Transport und das Finanzwesen. Der Staat wurde zu einem Brennpunkt dieser Entwicklung, verantwortete die Allianz mit dem ausländischen Kapital und behauptete zugleich die zentrale Macht in einer kaum integrierten Gesellschaft. Hier liegt eine frühe Wurzel für die vorherrschende Rolle des Staates und die mangelhafte Ausbildung des privatwirtschaftlichen Sektors bei der späteren Finanzierung der Industrie.

Die Schaffung von liberalen Verfassungen nach nordamerikanischem Vorbild (George Washington, Hamilton sowie Thomas Jefferson) und nach französischem Muster (Montesquieu, Rousseau und die Enzyklopädisten) hatte kaum Einflüsse auf die tatsächliche staatliche Verfassung in Lateinamerika zur Zeit der jungen Republiken; es herrschte und herrscht bis in die Gegenwart keine Identität zwischen Verfassungstheorie und Verfassungswirklichkeit. Es wird offensichtlich, warum bis in die Gegenwart die wirtschaftliche Krise in Lateinamerika zugleich auch eine tiefgreifende Krise der hegemonialen Machtstrukturen und der Gesellschaft ist und somit der nationalen Integrität.

Die Krise der Gesellschaft offenbart sich in dem hohen Maß an sozialer Ungleichheit und Immobilität, der Ausbreitung des Elends und der gesellschaftlichen Desintegration sowie der voranschreitenden Urbanisierung. Dies gibt aller Modernität ein äußerst zweischneidiges Antlitz angesichts der strukturellen Ungleichheiten. Dies betrifft besonders Staaten mit einer größeren indigenen Bevölkerungsschicht, bei der innere und äußere Armut zusammenfallen und als Hinderungsgrund für eine staatliche Stabilität wirken. Die soziale Herrschaft insgesamt ist in Frage gestellt.

Aus diesem Grund bedroht das Projekt einer europäischen Modernisierung die kulturelle Identität der einzelnen Staaten, denn die unterschiedlichen Ethnien und Kulturstufen werden über einen Leisten geschlagen, der technologisch-wirtschaftlichen Modernität untergeordnet. Die in der Kultur verankerten Glaubenshaltungen, traditionellen politischen Strömungen und Ideenwelten befinden sich oft – durch die kulturelle Heterogenität – im Widerspruch zu den Zielsetzungen einer Produktionsoptimierung, folglich entfernten sich die bisherigen Strukturmaßnahmen vom Kern der lateinamerikanischen Kultur. Um der kulturellen Autonomie der lateinamerikanischen Region ein Stück näher zu kommen, muß diese Tendenz zu einer peripheren Ökonomie umgekehrt werden. Jede Vision der Zukunft muß die Dimension des Kulturellen in sich bergen, ohne die der Aufbau des Staates und die Demokratisierung der Gesellschaft nicht geleistet werden können.

Die unmittelbare Aufgabe der Wirtschaft ist es, neue Märkte zu eröffnen, die Exporte zu diversifizieren und die regionale sowie subregionale Integration Lateinamerikas voranzutreiben, um eine Teilnahme aller an Wirtschaft und Gesellschaft zu gewährleisten. Dies wird die internationale Wettbewerbsfähigkeit ebenso wie den Gebrauch der natürlichen Ressourcen und der menschlichen Leistungskapazitäten berühren. Die lateinamerikanischen Wirtschaftsreformen müssen eine in sich ausgeglichenere Struktur der Gesellschaft ermöglichen.

Privatwirtschaftliche Investitionen werden nicht mehr autozentriert sein, sondern Auflagen entsprechen, die eine weitere Industrialisierung nur über Ausgaben zuläßt, die unter Berücksichtigung des Verhältnisses nach außen wie nach innen weite Bevölkerungskreise in sinnvolle Beschäftigungsverhältnisse bringt. Die Aufgabe des Staates in der Wirtschaft wird darin bestehen, die sozialen Dienstleistungen zu verbessern, eine tragfähige Infrastruktur zu entwickeln und die freien Arbeitskräfte zu absorbieren, die keine privatwirtschaftliche Anstellung finden.

Auch die Traditionen der indigenen Arbeitsgestaltung dürfen in multiethnischen Kulturen nicht mehr unterschlagen werden und müssen verstärkt in den Blickwinkel von Wissenschaft und Technologie gerückt werden.

Es bleibt die Frage zu klären, wie ein neues Modell der sozialen Organisation die kulturelle Identität integrieren kann. Diese Organisation muß den Maßgaben der Gleichheit, der Selbstbestimmung, der Souveränität, der territorialen Integrität, der Teilnahme aller an den politischen Entscheidungsprozessen trotz und gerade wegen der ethnischen Pluralität gehorchen. Die wissenschaftlich-technologische Entwicklung läßt streckenweise vergessen, daß es in letzter Konsequenz nur ein Ziel geben kann: den Menschen an sich im tiefen Verständnis seiner Kulturalität. Es ist das erklärte Ziel dieser Studie, auf diesen ursprünglichen Zusammenhang hinzuweisen.

Kultureller Pluralismus und Agrarstruktur im andinischen Raum

Die Andenpaktstaaten durchlebten immer wieder Agrarreformen. Peru darf hierbei als führendes Beispiel herangezogen werden. Bereits vor 1969 kann man von reformistischen Absichten sprechen, doch erst die Agrarreform, die durch die Militärregierung der Jahre 1968 bis 1980 ausgelöst wurde, brachte tiefere Einschnitte. Die peruanische Agrarreform stellt eine der radikalsten in Lateinamerika dar. Während zehn Jahren wurden fast 9 Millionen Hektar zwischen etwa 370000 Familien aufgeteilt. Weitere 330000 Familien wurden verstreut auf 1894 kooperativ geführte Bauernhöfe, und 40000 Familien erhielten individuelle Parzellen. Zur Zeit der Agrarreform wurden neue Bewässerungsgesetze erlassen, wobei freilich die Wiederverteilung von Ressourcen nur begrenzte Auswirkungen hatte angesichts der niedrigen Produktivität auf dem Agrarsektor. Die auf statische Machtausübung beharrende Oligarchie wurde dadurch nicht ihrer Macht enthoben. Bei der breiten Landbevölkerung wurde nur ein geringer Anteil mit neuem Land versehen, der Wechsel zwischen traditioneller Struktur und

Modernität wurde auch auf dem Agrarsektor im andinischen Raum nicht vollzogen.

Der Andenpakt von 1969, der die sechs Staaten Bolivien, Kolumbien, Chile, Ecuador, Peru und Venezuela verband, resultierte aus einer regionalen Abmachung mit dem Ziel der wirtschaftlichen Integration. Dies erschien angesichts der Heterogenität der wirtschaftlichen und sozialen Struktur Lateinamerikas notwendig, vor allem aber durch die Widersprüche zwischen Tradition und Modernität.

Die Formen der Industrialisierung Lateinamerikas stellen eine fragile Verbindung zum Agrarsektor dar, der nur bedingt zur technologischen Innovation ermutigt. Das Verschwinden herkömmlicher Formen des Ackerbaus hat einen Aufschwung der monetären Wirtschaft vor allem in den ländlichen Gebieten mit sich gebracht, so daß die Bauern einen neuen Bezug zur Landwirtschaft gewinnen müssen. Dieses Phänomen hat seinerseits die Veränderung der traditionellen Weisen des Ackerbaus ausgelöst und auch zum Auseinanderbrechen ganzer ländlicher Gemeinschaften beigetragen. Die Industrialisierung in urbanen Gebieten brachte neuartige soziale Modelle hervor, die sich von den ländlichen Pendants deutlich unterschieden. Die Einführung neuer Produkte hat die Formen des Verbrauchs, des Verhaltens, der Glaubenshaltungen und der Hoffnungen radikal verändert. Bei einer globalen Betrachtung wird deutlich, daß der Transfer der Technologie sich vom Zentrum hin bis zu den Staaten der wirtschaftlichen Peripherie ausdehnte. In den noch unterentwickelten Staaten hat eine Minderheit der Bevölkerung ein Lebensmodell übernommen, das die wirtschaftliche Gesamtentwicklung des Staates ebenso in Frage stellte wie die kulturelle Identität. In den noch autochthonen Kulturen Lateinamerikas hatte dies in Einzelfällen die gegenläufige Tendenz einer Zurückweisung der gesamten westlichen Kultur mit sich gebracht.

Erst die sinnerfüllte Koexistenz der verschiedenen kulturellen Systeme im andinischen Raum erlaubt eine realistische Politik in allen Bereichen des Aufnehmens, Begreifens, Erklärens und Organisierens sowie in der Neugestaltung der territorialen Ordnung. Es ist folglich notwendig, die Mechanismen des Transfers von Wissenschaft und Technologie zu analysieren, um die kulturellen Auswirkungen abzuschätzen.

Die Einordnung der Indios innerhalb der nationalen Kulturen ist ungewiß, wobei das Kernproblem darin besteht, was unter nationalen Kulturen zu verstehen ist und ob die Indios darunter einzuschließen sind. Die Unterscheidung zwischen offizieller und nichtoffizieller Kultur ist zu erörtern. Hierbei geht es um die kulturellen Verbindungen innerhalb der Gruppierunngen einer Gesellschaft, da von einer Nicht-Homogenität in der kulturellen Dimension auszugehen ist. Die kulturelle Ordnung erscheint als eine der Vorherrschaft, die in alle Bereiche der sozialen Existenz vordringt. Die Kultur der dominanten Gruppierungen ist auch die dominante Kultur in der Gesellschaft, wobei in unserem Fall die kreolische Kultur die Indiokultur dominiert.

Bislang ist in der Gegenwart die kulturelle Ordnung der Andenpaktstaaten nicht gewährleistet und somit auch nicht die grundlegende soziale Ordnung. Es bedarf bei der Einrichtung einer endogenen Technologie einer geglückten Demokratisierung der Kultur und eines Wandlungsprozesses in der kulturellen Ordnung sowie der Auflösung der Widersprüche in den kognitiven Orientierungen zwischen der dominanten Kultur und den größtenteils präkolumbianisch geprägten Subkulturen als Voraussetzung eines gefestigten wirtschaftlichen Ablaufs. Es gilt, den Widerspruch zwischen offizieller und nicht offizieller Kultur als einen wesentlichen Hinderungsgrund für die technologische Entwicklung und die staatliche Stabilität auszugleichen.

Die Zerrüttung des präkolumbianischen, indianischen kulturellen Universums paarte sich mit dem Unvermögen, eine geistige Elite weiter fortzubilden. Es bedürfte heute nach Ablauf der Entkolonialisierung einer kulturellen Revitalisierung. Die Quechua sprechenden Indianer als ländliche Subkultur fordern einen kulturellen Synkretismus. Dies bedeutet die Verknüpfung einer kreolischen Version der europäisch-nordamerikanischen Kultur mit der indianischen Kultur, so daß eine urbane Volkskultur entstehen könnte, die trotz ihrer Widersprüche Möglichkeiten zu einer Amalgamierung aufzeigen würde.

Ein hoher Bevölkerungsanteil lebt in einem staatspolitischen Vakuum. Die Teilnahme an der dominanten kreolischen Kultur muß demokratisiert werden vor dem Hintergrund einer wechselseitigen Integration der Kulturen und einer verstärkten Partizipation. Die Gesellschaft der Andenpaktstaaten ist im Begriff, sich aktiv zu wandeln. Sie ist vorläufig eine Gesellschaft des Übergangs von einer vorindustriellen zu einer industriellen Gesellschaft. Dennoch fehlt das analytische Instrumentarium, um diesen sozialen Wandel voll zu erfassen.

Es gibt etwa in der peruanischen Gesellschaft das Phänomen des Cholo. In der kolonialen Geschichte beschrieb der Begriff des Cholo ein Halbblut, dessen physisches Erscheinungsbild indianisch war, der aber in den Städten unter dem Einfluß der abendländischen Kultur lebte. Im Zuge der Industrialisierung läßt sich von einer »Cholofizierung« der indianischen Bevölkerung sprechen. Der traditionelle Cholo wuchs zweisprachig auf mit einer indianischen Muttersprache, die Beherrschung des Spanischen war eher rudimentär. Der Cholo verkörperte eine kulturelle und soziale Gruppierung, die sich aus der servilen indianischen Masse der großen Landbesitze auf eine Urbanisierung hin entwickelte. Im Konflikt zwischen den antagonistisch sich gegenüberstehenden Kulturen in den Andenpaktstaaten spielt die Chologruppierung eine Schlüsselrolle, denn sie könnte durch Entwicklung in Richtung auf eine Kreolenkultur die Tendenz einer Integration beider Kulturen in eine gemeinsame, staatstragende Kultur verstärken. Der Cholo wird zum Hoffnungsträger einer Innovation der gesamten andinischen Welt und trägt dafür Sorge, daß die indianische Kultur nicht völlig zersetzt wird, sondern eine soziale Mobilität erhält. Die Indianer, die sich in einer Akkulturation zu Cholos wandeln, können ihre traditionell dienende Rolle aufgeben und ihre soziale Rolle in einer sich wandelnden Gesellschaft mit neuen wirtschaftlichen Strukturen bestimmen. Sie könnten die Hemmnisse ihres ethnischen Status überwinden und in die neuen Aufgaben hineinwachsen, die sie anstreben.

Während die Situation des Indios hermetisch umrissen ist, sind die Aufgaben des Cholos im sozialen und wirtschaftlichen Bereich hoffnungsvoller, vielversprechender und eröffnen eine gewisse soziale Mobilität und Möglichkeiten auf eine wirtschaftliche Dynamik.

Allein in der Alltagskultur Perus ist es immer noch üblich, daß bei aktuellen Fragen die traditionelle Technologie der Inkas als Problemlösung ins Gespräch gebracht wird, wobei wieder zum Ausdruck kommt, daß die Vergangenheit mehr zählt als Gegenwart und Zukunft. Für die kulturelle Identität der Andenpaktstaaten ist wichtig, daß bei breiten Bevölkerungskreisen anerkannt wird, daß das Inkareich zwar politisch unterging, nicht aber in seiner Kultur, wobei gerade der Ackerbau gerne als vorbildlich für das heutige Peru dargestellt wird. Kein Europäer würde in der gleichen aktualisierten Weise über das antike Rom oder Griechenland sprechen. Die Erinnerung an die präkolumbianische Zeit dient in den Andenstaaten zur Herausbildung einer kulturellen, politischen und selbst wirtschaftlichen Identität, wesentlich stärker als im Fall der Azteken in Mexiko. Es läßt sich nicht in gleichem Maße von einem Utopia der Azteken sprechen wie von einem Utopia der Inkas.

Im mexikanischen Fall wird die Vergangenheit von der Jungfrau von Guadalupe besetzt gehalten. In diesem Sinne ist die mexikanische Gesellschaft stärker integriert als die andinische, die Bauern haben einen aktiveren Anteil am offiziellen Leben, zunächst durch die mexikanische Unabhängigkeitsbewegung und durch die Revolution von 1910.

In den peruanischen Anden waren begrenzte Rebellionen zwar

häufig, freilich stürmten die Bauern niemals die Hauptstadt und nahmen den Regierungspalast in Besitz. Entscheidend ist, daß im andinischen Raum das Inkareich geistig fortlebt und nicht nur die Folklore, sondern auch die gegenwärtige politische Auseinandersetzung prägt. Es wird in weiten Bevölkerungskreisen die historisch nicht immer zutreffende Meinung vertreten, das Inkareich wäre eine Gesellschaft gewesen, in der Gerechtigkeit und Wohlstand geherrscht hätten und die als Paradigma für die heutige Welt heranzuziehen wäre. Jose Maria Arguedas etwa führt aus, daß Kampf für die Peruaner nicht nur wirtschaftlich begründet ist, sondern immer auch tief verankert kulturelle und spirituelle Motive aufzeigt. In seinen Schriften zur Moderne, zum graduellen Wandel und zum Begriff des Fortschritts geht er auf diesen Zusammenhang ein.

Die Geschichte der andinischen Utopie ist eine Geschichte des sozialen, politischen und kulturellen Konflikts, der sich zwischen der Volkskultur und ihren oralen Erzähltraditionen und der Kultur der Eliten entspinnt. Hierbei handelt es sich nicht um eine lineare Geschichtsschreibung im westlichen Sinn, sondern um die Entfaltung verschiedener »Geschichten«, also Geschichtsabläufe entsprechend der ethnischen und sozialen Schichtungen.

Im Sinne von Arguedas läßt sich von einer andinischen Utopie sprechen, die dem historischen Verlauf imaginäre Vernunft beimißt. Auch die Schriften und das politische Wirken Mariateguis und Haye de la Torres zielen in die gleiche Richtung. Es handelt sich im staatsphilosophischen Sinne um messianische Bewegungen mit eschatologischem Charakter, die für den andinischen Raum von großer Bedeutung sein sollten. In den Andenpaktstaaten geht es, wie Anibal Quijano zu Recht formulierte, um die Notwendigkeit eines Zurechtrückens dieser utopischen Vorstellungen sowohl kulturell wie politisch.

Die Staaten des Andenpakts sind noch heute stark in ihrer eigenen Geschichte gefangen, in den historischen Maßgaben, die sie nicht einlösen konnten. Sie sind Opfer ihrer eigenen Gedankenwelt, der kollektiven Imagination. Unter diesen Voraussetzungen ist es nicht möglich, den Aufbau der politischen und wirtschaftlichen Strukturen der Zukunft zu bewältigen. Die Konfrontation zwischen der politischen Wirklichkeit und andinischen Utopie wiederholte sich im Verlauf der Geschichte der Andenregion immer wieder. Sie muß uns stets bewußt bleiben.

Eine entsprechende Konfrontation entstand noch in den 20er Jahren dieses Jahrhunderts, doch schon im 16. Jahrhundert und dann wieder im 18. Jahrhundert, das wie das 20. Jahrhundert archetypischen Charakter in der Schaffung von Utopien im andinischen Raum hatte. Diese treten stets auf, wenn sich die andinische Kultur in der Defensive zu befinden glaubt, so heute durch die Bedrohung der wirtschaftlichen Übermacht der führenden Industriestaaten, durch die Normierung und Standardisierung der traditionellen kulturellen Werte. Der Begriff andinische Kultur ist längst nicht mehr synonym mit rein Indigenem, Eingeborenem, mit Hochland und ländlichem Gebiet. Die Zuwanderungen vom Hochland in die Küstenregionen sind in dem Begriff aufgenommen.

Wie bei vielen anderen Strukturmerkmalen der andinischen Wirklichkeit sind religiöse Dimensionen bindend. Hieraus leitet sich auch die Bedeutung des Irrationalen in der Politik und im gesamten Staatsverband ab, die für europäische und nordamerikanische Betrachter so schwer verständlich ist. Diese politische Mystik kann auch in Fanatismus umschlagen und die dogmatische Zurückweisung derer nach sich ziehen, die ihn nicht teilen.

Geistesgeschichtliche Auswirkungen des europäischen Erbes auf die Produktivität Lateinamerikas

Die Eroberung Lateinamerikas fand zu einer Zeit statt, als die wissenschaftlichen Revolutionen Europas im Anfangsstadium waren. Nachweislich hatte die Eroberung Lateinamerikas auf wissenschaftlichem, vor allem auch naturwissenschaftlichem Gebiet mittelbar größere Auswirkungen in Europa als unmittelbar in der wissenschaftlich-technologischen Entwicklung in Lateinamerika selbst. Spanien wurde in diesem Ablauf eine Schlüsselrolle zugewiesen, da es bei der Übermittlung des Wissens im abendländischen Kulturkreis von Bedeutung war, nicht zuletzt wegen des dichten Austausches mit großen Zentren des italienischen Humanismus.

Im letzten Drittel des 16. Jahrhunderts erfolgte ein tiefer Einschnitt: Der Triumph der Gegenreformation in Spanien mit der Konsequenz der Vorherrschaft der Scholastik und der fortschreitenden Isolation hatten starke Auswirkungen, die etwa in dem Dekret Philip II. zum Ausdruck kamen, das ein Studium im Ausland regulierte. Abstraktere Erkenntnisformen wurden zurückgedrängt, ebenso technologische Handlungsabfolgen, die vor dem Hintergrund abstrakter Denkvorgänge ihre Begründung fanden. Die Auslöschung der jüdisch-spanischen Gemeinde, die während des Mittelalters die wichtigste soziale Gruppierung war und als Trägerin der wissenschaftlichen Aktivität fungierte, war folgenschwer. In Spanien vollzog sich ein Bruch zwischen den Traditionen des Mittelalters und dem fortschrittlichen, zur modernen Wissenschaft neigenden Denken der Renaissance. Dies sollte auch hemmende Folgen auf Lateinamerika in seiner wissenschaftlich-technologischen Entwicklung haben.

In den übrigen westlichen Staaten kannten das Mittelalter und die Renaissance bei der produktiven Aktivität eine kumulative Evolution des Handwerks, das sich graduell zur industriellen Arbeit des 17. Jahrhunderts weiterentwickelte. Die Evolution des Denkens und der Technologie führten zu einer wissenschaftlich-technologischen Revolution vor allem in Westeuropa und Nordamerika. Dieser Ablauf begann verstärkt zur Mitte des 17. Jahrhunderts und betrifft die Mechanik, Chemie, Optik, Thermodynamik und andere Sektoren der Naturwissenschaften. Der Beginn der Vorherrschaft der wissenschaftsbezogenen Technologie wurde ersichtlich in der elektrischen und den chemischen Industrien. Seit diesem Zeitpunkt trat die Wissenschaft bei der Produktion in eine beschleunigende Phase ein. Technologien, die sich nicht auf die Verbindung von Wissenschaft und Produktion begründeten und eine geringere Effizienz hatten, wurden immer stärker außer acht gelassen.

Im Gegensatz zu den USA, Japan und Westeuropa entwickelten die Andenpaktstaaten keine Grundlage für die produktiven Technologien auf der Basis eigener wissenschaftlicher Erkenntnisse. In diesen Staaten mit exogener Technologie blieb die wissenschaftliche Aktivität auf Eliten ohne Verbindung zur sozialen Umwelt beschränkt. Die Kolonialmacht bestimmte die Art der produktiven Aktivitäten, und als die Staaten im 19. Jahrhundert unabhängig wurden, waren die Volkswirtschaften in die internationale Teilung der Arbeit eingebunden, das heißt sie dienten vornehmlich als Rohstofflieferanten.

Im ersten Drittel des 17. bis hin zum Ende des 17. Jahrhunderts zeigte die spanische Wissenschaft gegenüber neuen Denkfiguren kaum Aufmerksamkeit, bis auf wenige Assimilationsversuche des neuen Denkens; Spanien blieb überwiegend isoliert von den bedeutenden wissenschaftlichen Neuentwicklungen. Als Resultat hiervon blieb Spanien weit entfernt von der europäischen Entwicklung des 17. Jahrhunderts, die formgebend für die Dimension der modernen Wissenschaft war. Die gebrochene Tradition des Mittelalters und der Renaissance verhinderte den explorativen Charakter der späteren spanischen Wissenschaft und Technologie, erst nach 1682 wurde das Handwerk an frühe industrielle Entwicklungen herangeführt.

Diese grundsätzliche Ausgangslage beeinflußte auch die Freilegung des Entwicklungspotentials in Lateinamerika. Die rigide zentralistische Kontrolle, die während der Kolonialzeit andauerte, und der bedeutende Einfluß der katholischen Institutionen begrenzten den Radius der wissenschaftlichen Aktivitäten.

Trotz der historischen Evidenz, daß viele europäische Wissenschaftler Lateinamerika in dieser Epoche besuchten, gelang es nicht, die Früchte ihrer Arbeit in der Kolonialzeit in die indigene, lateinamerikanische intellektuell-akademische Gemeinschaft zu integrieren. Ende des 17. Jahrhunderts und nach den Entwicklungen der Wissenschaft unter der Herrschaft Karls III. wurde zudem in Spanien Zeit damit vergeudet, den Wissenschaftsaufschwung im übrigen Europa ohne vertiefte Anteilnahme lediglich zu beobachten. In diesen Konstellationen lassen sich Paradigmen erkennen, vor deren Hintergrund es verständlich wird, welche Defizite die lateinamerikanische Wissenschaft und Technologie seit der frühen Zeit der Besiedlung durch die Kreolen aufbauen sollte.

Ein wesentlicher Unterschied zu Nordamerika besteht darin, daß dort Forschungsergebnisse in die neu entstandenen wirtschaftlichen Institutionen zum volkswirtschaftlichen Vorteil eingebracht wurden, während die europäischen Wissenschaftler den Aufenthalt in Lateinamerika überwiegend als Zeit der Feldforschung betrachteten, von der aus sie ohne weitere Bindung an Lateinamerika zu ihren Heimatgemeinden in Europa zurückkehrten.

Für das Ausbleiben einer staatstragenden wissenschaftlichen Tradition in Lateinamerika ist der Tatbestand zu beachten, daß die wissenschaftlichen Aktivitäten der Europäer in Lateinamerika als Verlängerung ihres europäischen Erbes betrachtet wurden, wodurch in Lateinamerika während der Kolonialzeit sehr im Gegensatz zu Nordamerika keine Integration von indigener und europäischer Wissenschaft stattfand. Die aus Europa übernommenen neuen wissenschaftlichen Gedanken wurden nicht dynamisch weiterentwickelt. Die entscheidenden wissenschaftlichen Impulse kamen in Lateinamerika seit der Gründungsepoche von außerhalb; diese Tradition sollte fatale Auswirkungen haben.

Während der Zeit der Unabhängigkeit bestand das Trauma der politischen und verfassungsrechtlichen Unsicherheit, das der Herausbildung einer wissenschaftlichen und technologischen Elite immer wieder im Wege stand. Während des 19. Jahrhunderts erhielt die Wissenschaft lediglich formale Zustimmung ohne flankierende institutionelle Unterstützung und Absicherung, die eigenständige wissenschaftliche Bemühungen gefördert hätten. Die Andenstaaten befanden sich immer in einem kolonialen Verhältnis zu den wissenschaftlichen Zentren des Abendlandes, auch mit Beginn des 20. Jahrhunderts. Die Mehrzahl der wissenschaftlichen Lehrer wie der Ingenieure waren entweder Ausländer oder zumindest in Nordamerika oder Europa erzogen. Die wenigen Forscher arbeiteten in großer Isolation, obgleich einige Ingenieurschulen gegründet wurden. Die wissenschaftlichen Arbeiten in den Andenstaaten hatten lediglich kompilatorischen Charakter, es wurde gelehrt, gelernt und wiederholt, was andere gedacht hatten, so daß durchaus von einem Mangel an Qualität und vor allem an Originalität gesprochen werden konnte, der trotz rhetorischer Bekenntnisse, die später noch hemmende Auswirkungen haben sollten, in wissenschaftliche Inaktivität mündete.

Zu Beginn des 20. Jahrhunderts wurde deutlich, daß keiner der entscheidenden Impulse der Industrialisierung originären Charakter hatte, sondern vielmehr imitativen Gesetzen gehorchte. Zu keinem Zeitpunkt wurde neue wissenschaftliche Erkenntis geschaffen, die in eine kumulative Entwicklung hätte münden können. Dies betrifft besonders die Naturwissenschaften. Es herrschte im Gegensatz zu Europa und Nordamerika auch keine soziale Nachfrage nach Naturwissenschaft. Engagierte Initiativen in wissenschaftlichen und technologischen Unternehmungen waren äußerst selten. Entsprechend gebrochen war die Dynamik und die Nachfrage nach wissenschaftlichen und technologischen Ressourcen, was zu einem verstärkten Import von Technologie und Wissenschaft führte.

Die indigene Sicht der Flüchtigkeit alles Weltlichen paarte sich mit dem verinnerlichten Katholizismus und den wirtschaftlich-sozialen und kulturellen Faktoren zu effektiven Hindernissen für die Entstehung einer eigenständigen, endogenen wissenschaftlich-technologischen Tradition. Politische und wirtschaftliche Instabilität traten hinzu, das Unvermögen, soziale Mittelschichten aufkommen zu lassen, die gravierende Kapitalflucht, das Ausbleiben einer klar definierten kulturellen Identität bei der Legitimierung des eigenen Staates. Die wissenschaftliche Aktivität war nicht tief verwurzelt in den kulturellen und sozialen Werten, so daß keine dauerhafte Akkumulationsgrundlage gegeben war. Das Handwerk vermochte sich im Vergleich zu Europa oder Nordamerika nicht zu einem modernen industriellen Sektor zu erweitern, um eine ausreichende Nachfrage nach wissenschaftlicher und technologischer Aktivität zu wecken.

Das Wachstum einer endogenen wissenschaftlichen und technologischen Kapazität bleibt Voraussetzung für eine alternative Entwicklung in der Zukunft der Andenpaktstaaten, ihrer Wirtschaft und des gesamten gesellschaftlichen Lebens als den staatstragenden Elementen der Zukunft.

Der Bruch mit der indigenen Agrikultur nach der Conquista resultierte nicht nur aus der Preisgabe gewisser Technologien, sondern vor allem aus der Geschwindigkeit, mit der eine Reihe von sozioökonomischen Modifikationen durchgeführt wurde. Dies schloß ein: die spanische Aneignung des fruchtbarsten Bodens sowie die Einführung der monetären Ökonomie, was zu einer Zerrüttung der traditionellen Arbeitsauslastung führte und die Indianer zur Arbeit in die Minen aburteilte; die Bebauung ihrer Felder lag brach, und sie konnten nicht mehr zurückkehren. So ergab sich, daß die Produktions-Verbrauchsspirale gebrochen war, weil sie ehemals auf dem Ackerbau und der Viehzucht beruhte, während sich die neuen Nachfragen auf die Konzentration in den Städten richtete. Der Tribut dafür war, daß Technologien gegen die Erosion des Bodens preisgegeben wurden, nicht zuletzt durch den drastischen Bevölkerungsschwund, was eine Aufrechterhaltung der Terrassen im Bergland unmöglich machte. Anstatt existierende Systeme zu ignorieren und zu zerstören, sollten die neuen exogenen Technologien in den traditionellen Rahmen integriert werden.

Dies betrifft die Einführung einer merkantilen Produktion und ihre Einflüsse auf die Wahl des Korns, die Gestaltung der Arbeitszeit sowie die Handhabung des Bodens. Die merkantile Produktion schafft eine neue Logik für die Organisation der ländlichen Arbeit und ihrer Anwendung in Raum und Zeit. Die traditionelle Logik der ländlichen Ökonomie wird durch die Technologie grundsätzlich verändert, denn sie trifft in den ländlichen Gemeinden und Familien auf andere Strukturmerkmale.

Die Entwicklung der produktiven Kräfte in der Technologie, gepaart mit dem Anwachsen der Spezialisierung, verändern die Bedeutung des kommunalen Faktors nicht nur in kultureller Hinsicht, sondern auch mit Blick auf die ökonomische Organisation, auch in der Art, in der die Arbeitskraft angeworben und angestellt wird. Dies betrifft die technologischen Regulierungen der Produktion, die agrikulturellen Praktiken, den Gebrauch kommunaler Ressourcen wie Land, Wasser und Weidefläche.

Es wird deutlich, in welchem Maße Latein- und Nordamerika sich in allen Bereichen des menschlichen Lebens unterschiedlich entwickelt haben. Nord- und Lateinamerika haben verschiedene Vorstellungen des Individuums, seiner Arbeitsethik, der individuellen Beziehungen der Gesellschaft, der Rechtsprechung und der Gesetzgebung, gegenüber dem Leben und dem Tod, gegenüber der Regierung und dem Regieren, gegenüber der Familie und der Beziehung der Geschlechter, gegenüber der Organisation, der Zeit, der Religion und den ethischen Werten. Grundsätzlich unterschiedliche Wirtschaftsformen und politische Systeme haben sich historisch konstituiert.

Es ist offensichtlich, daß die Kultur, verstanden als anthropologische Einheit, dafür verantwortlich ist, ob in einem Staat der »Fortschritt« rascher und tiefgreifender als in einem anderen vollzogen wird. Es gibt somit kulturell-religiöse Traditionen, die einer ökonomischen Entwicklung hinderlich beziehungsweise förderlich sind, wobei Kultur immer sozial übertragen wird. Im Andenraum muß die Förderung der kreativen Kapazität auf wirtschaftlichem und technologischem Sektor im Vordergrund stehen, das Vermögen zur Imagination, wobei die abstrakte Vorstellungskraft ebenso gemeint ist wie die konkrete, dazu auch die Fähigkeit zur Theorienbildung, zum Entwurf von Konzepten, zum Experimentieren, zur Erfindung, zur Artikulation, Organisation, Administration und Problemlösung. Flankierend sind zu verbessern die Regierungspolitik, die Erschließung der nationalen Geographien, die Kontrolle der Marktmechanismen, um Rhythmus wie auch Richtung des Fortschritts zu bestimmen. Der entscheidende Punkt bleibt freilich die innere Dynamik, die in der Fähigkeit zur menschlichen Kreativität verborgen liegt und damit in der Kultur verankert ist.

Wirtschaftlicher Fortschritt kann auch in den Andenpaktstaaten nur in dem Maß zustande kommen, in dem das kreative Potential eines Staates zum Ausdruck gebracht wird und sich volkswirtschaftlich und betriebswirtschaftlich umsetzt.

Die Definition der Entwicklung muß hierbei weiter reichen als bis zu den rein quantitativen Dimensionen der menschlichen Existenz. Auch das spirituelle und metaphysische Potential einer Kultur und eines Staates als Voraussetzung für die wirtschaftliche Verfassung und Dynamik sind von Wichtigkeit, vor allem für das Vermögen zur Innovation. Dies betrifft die Planungen der öffentlichen Hand, den gesamten evolutiven Prozeß der Gesellschaft und die verschiedenen Bausteine der Industrie und Volkswirtschaft.

Die Betonung der vergangenen Ruhmestaten und die Referenz auf die Ahnen lenken in Lateinamerika stark von den aktuellen Problemen der Planung und Organisation ab. Erst die Orientierung auf die Zukunft ermöglicht den Wandel und den Fortschritt. In Lateinamerika hat sich das kalvinistische Konzept der Erwähltheit, das stark auf die Zukunft ausgerichtet ist, nicht ausprägen können. Die gesamte nordamerikanische Geistes- und Philosophiegeschichte, die neben ihrem Empirismus – der immer besser mit der analytischen modernen Technologie kompatibel war – der Logik und dem Pragmatismus eine entscheidende Zukunftsausgerichtetheit aufwies, hat sich Vorteile verschafft durch die Vorstellung, daß der Mensch durch eine Selbstmächtigkeit geprägt ist. Dies meint die Fähigkeit, die Welt zu verstehen und sie sogar verändern zu können, weil das Universum nach nachvollziehbaren Gesetzen abläuft und entsprechend die wissenschaftliche Methodologie wesentliche Geheimnisse der menschlichen Seinsverfassung einer Klärung näher bringen kann. In diesem Gedankengut liegt eine Affinität und eine Voraussetzung zugleich für wirtschaftlichen Fortschritt und Wandel. Wenn hingegen die Vision der Existenz die weltlichen

Phänomene durch übernatürliche Ereignisse und beherrschende Göttermächte erklärt, wie dies in Lateinamerika der Fall ist, ergibt sich weniger Spielraum für die Entfaltung der westlichen Rationalität. Die kalvinistische Arbeitsethik Nordamerikas in ihrer Entwicklung seit dem 17. Jahrhundert ist auch wesentlich stärker auf die Gemeinschaft und eine Gemeinschaftsethik im politischen und wirtschaftlichen Raum ausgerichtet als der Katholizismus seit der Scholastik des 16. Jahrhunderts in Lateinamerika, der durch eine verstärkte Ausrichtung auf das Individuum geprägt war.

So hat eine theologisch-philosophische Tradition der Geistesgeschichte eines Staates unmittelbare Auswirkungen auf die politische und wirtschaftliche Empirie und Verfassung. Der traditionelle Katholizismus, wie er Lateinamerika in den staatstragenden Schichten seit der Conquista durchherrschte, war durch eine Betonung der Transzendenz gekennzeichnet, von der Vision eines anderen Lebens nach dem Tod, und schuf auf staatstragender Ebene eine Lähmung der innovativen unternehmerischen Aktivität.

Aus der Sicht der politischen Wissenschaft hat Samuel Huntington dargestellt, von welch herausragender Bedeutung für die politische Stabilität und die Festigung der öffentlichen Organisationen das Vertrauen in die Kultur ist. Die politische Kultur steht zur organisatorischen Kapazität in unmittelbarem Bezug. Lateinamerika ist gekennzeichnet durch einen autozentrischen Individualismus, der sich zudem auf Mißtrauen zwischen den verschiedenen Gruppierungen der Gesellschaft gründet. Es herrscht keine ausreichende Identifikation der Mitglieder einer Gesellschaft mit den Richtlinien des staatstragenden ethischen Wertesystems, das beim Bemühen um einen integrierten Nationalstaat Auswirkungen hat auf den Ablauf der Rechtsprechung sowie der Justiz insgesamt. Die kreative Kapazität des Menschen schließt Faktoren ein, die bislang in der lateinamerikanischen Kultur unterbewertet waren: etwa das Vertrauen auf eine gerechte Behandlung, die Verfügbarkeit der erzieherischen Möglichkeiten, die Fähigkeit zum Experiment, die Vergütung für Verdienste und Erfolg, das Vermögen zur Stabilität und Kontinuität.

In all diesen Fällen wird die Wechselwirkung zwischen Kultur und der wirtschaftlichen Entwicklung offensichtlich. *Die Kultur ist das Grundsatzkriterion, und nur wenn die inhärenten kulturellen Wurzeln im Funktionsablauf von Staat und Gesellschaft stärker berücksichtigt werden, lassen sich die Faktoren aussondern, die eine Beteiligung Lateinamerikas an der multinationalen technologischen Verknüpfung verhindern.*

Der Mangel an Wissenschaft und Technologie im statistischen Spektrum

Die Statistiken sprechen eine eindringliche Sprache. Nach 1981 steigerte sich das Bruttosozialprodukt in Lateinamerika um nicht mehr als 5,9%, während die Bevölkerung um 51 Millionen zunahm. Das durchschnittliche Einkommen sank in der gleichen Zeit um 7,6%. Die Ziffern für die Andenpaktstaaten fallen noch drastischer aus. Lateinamerika befindet sich in einer tiefen Strukturkrise.

Den Daten der UNESCO entsprechend verfügte Lateinamerika 1980 über 91 000 Wissenschaftler und Ingenieure, die sich der Forschung und experimentellen Weiterentwicklung widmeten; dies bedeutet 2,4% des Gesamtvolumens der Welt. Sie gaben 2,8 Milliarden Dollar für ihre Aktivitäten aus, somit 1,8% der Weltausgaben. Die 5 800 wissenschaftlichen Autoren Lateinamerikas verkörperten 1,27% der gesamten wissenschaftlichen Autoren der Welt. Jedoch vereinte die Region 8% der Weltbevölkerung und 5% des globalen Bruttosozialprodukts auf sich. Diese Zahlen belegen den sehr schwachen Anteil, den Lateinamerika in Wissenschaft und Technologie im Weltmaßstab hat. Die Zahl der beschäftigten Personen und der Ausgaben für Wissenschaft und Entwicklung sind in Lateinamerika wesentlich geringer als im Weltstandard, ebenso der Prozentsatz des Bruttosozialprodukts, der für Ausgaben von Wissenschaft und Entwicklung verwendet wird. Zu Beginn der 80er Jahre bis in das Jahr 1990 stiegen die Zahlen zwar an, blieben aber immer noch marginal, bezogen auf den Weltstandard. Keiner der Staaten bewegte sich nahe von 1% des Bruttosozialprodukts für die Ausgaben in Forschung und Entwicklung, was 1970 von der United Nations Science and Technological Assessing Committee als Eckpfeiler genannt wurde. Die Zahlen für Lateinamerika schwanken zwischen 0,1% und 0,5%.

Entsprechend niedrig ist die wissenschaftlich-technologische Aktivität und Produktivität in Lateinamerika und besonders in den Andenpaktstaaten. Zudem entfallen auf die Staaten Brasilien, Argentinien und Mexiko 76% der Ausgaben für Forschung und Entwicklung, 66% der Forscher, 72% der graduierten Studenten, 67% der wissenschaftlichen Autoren und 92% der technologischen Exporte. Die Gruppe der Andenpaktstaaten Bolivien, Kolumbien, Chile, Ecuador, Peru und Venezuela zeichnete verantwortlich etwa für 15% der Ausgaben für Forschung und Entwicklung, 19% der Forscher, 18% der graduierten Studenten und 24% der wissenschaftlichen Autoren. 7,1% der registrierten Patente stehen hier 90% in den zuvor genannten Staaten gegenüber. Der Export von Technologie belief sich in den Andenstaaten auf 8% von Gesamtlateinamerika, wobei der Hauptanteil auf Venezuela und Kolumbien entfiel. Das mangelhafte Abschneiden der Andenpaktstaaten tritt wieder deutlich zutage.

Bis zu welchem Punkt ist die Naturwissenschaft überhaupt Bestandteil des kulturellen Übergangs in Lateinamerika? In welcher Weise gibt es eine spezifisch lateinamerikanische wissenschaftliche Tradition? Wo liegen Diskontinuitäten, Bruchstellen in dieser Tradition?

Die Defizite werden durch unmißverständliche statistische Daten belegt. Die gesamte Zahl der wissenschaftlichen Publikationen, die zwischen 1973 und 1984 von in Lateinamerika lebenden Autoren veröffentlicht wurden, wurde der Leistung von Autoren gegenübergestellt, die sich auf den Rest der Welt verteilen (s. Tab. 1).

1973 kamen in Publikationsorganen mit internationaler Verbreitung 2700 Artikel aus Lateinamerika und 279 570 aus anderen Staaten der Welt. Dies ergibt für Lateinamerika lediglich einen Satz von 0,97%. 1984 standen 3001 Artikeln aus Lateinamerika 263 072 aus dem Rest der Welt gegenüber. Dies ergibt einen Satz von 1,14%. Während etwa 1982 Lateinamerika 3412 wissenschaftliche Artikel veröffentlichte, produzierten alleine die USA 135953.

Für die Andenpaktstaaten sind freilich folgende Ziffern von noch größerer Bedeutung. Analysiert man die Verteilung der wissenschaftlichen Publikationen in Organen mit internationaler Verbreitung von 1973 bis 1984, so ergibt sich, daß Brasilien 30,1 % auf sich vereinte, Mexiko 14,6%, Argentinien 24,3 %, Chile 12,7%, Venezuela 7,3 % und alle anderen Staaten zusammen lediglich 11%. Die

Tab. 1: Relation der zwischen 1973 und 1984 veröffentlichten wissenschaftlichen Artikel aus Lateinamerika zu den weltweit erschienenen

Jahr	Lateinamerika	Welt	Prozentsatz Lateinamerikas
1973	2700	279 570	0,97
1974	2532	272 807	0,93
1975	2521	274 707	0,92
1976	2698	276 738	0,98
1977	2684	282 720	0,95
1978	2754	276 244	1,00
1979	2919	277 106	1,05
1980	3314	280 035	1,12
1981	3307	287 761	1,15
1982	3412	288 128	1,18
1983	3369	291 262	1,16
1984	3001	263 072	1,14

Quelle: Economic and Social Progress in Latin America, 1988 Report, GRADE, Lima fünf Staaten Argentinien, Brasilien, Mexiko, Chile und Venezuela vereinigten 89% auf sich, die sich über die Zeit relativ konstant hielten. Hieraus spricht die äußerst schwache Stellung der Andenpaktstaaten.

Die abnehmenden Ziffern für Peru sind ebenso drastisch wie die Stagnation in Ecuador und das Anwachsen der Zahlen in Venezuela während der 70er Jahre zur Zeit des Ölbooms, der zu Beginn der 80er Jahre abfällt (s. Tab. 2).

Tab. 2: Lateinamerikanische wissenschaftliche Artikel von 1973–1984, die in international verbreiteten Organen publiziert wurden, nach Ländern getrennt (Quelle: s. Tab. 1)

Land	1973	1974	1975	1976	1977	1978	1979	1980	1981	1982	1983	1984	Gesamt
Argentinien	832	709	611	612	614	590	597	706	747	870	855	770	8511
Barbados	3	3	6	5	7	3	4	3	4	2	6	4	51
Bolivien	6	7	7	2	6	7	5	4	4	2	6	5	62
Brasilien	619	645	739	835	844	869	975	1004	1088	981	994	953	10545
Chile	355	313	316	332	296	326	378	374	418	476	478	386	4448
Costa Rica	38	24	39	40	33	31	19	41	29	33	28	22	378
Dominik. Republik	2	1	1	2	3	2	4	2	5	5	1	2	30
Ecuador	6	5	6	10	3	8	4	4	6	8	13	7	81
El Salvador	3	7	12	7	9	6	2	6	5	0	2	0	59
Guatemala	18	29	38	19	21	10	20	19	24	17	9	8	232
Guyana	8	3	2	2	6	1	2	4	9	5	10	6	59
Haiti	0	1	4	1	1	1	0	1	2	1	4	2	19
Honduras	5	9	3	5	8	6	3	5	2	2	2	2	53
Jamaika	79	68	44	56	56	66	56	47	56	45	34	30	627
Kolumbien	46	47	51	50	65	65	51	56	53	56	46	38	625
Kuba	19	14	17	30	23	18	27	28	39	51	50	33	351
Mexiko	381	370	374	362	370	392	413	476	489	541	527	435	5131
Nicaragua	4	1	1	2	3	1	0	0	1	0	0	0	15
Panama	13	9	10	7	4	3	7	8	15	9	13	14	114
Paraguay	3	2	2	2	6	0	5	2	1	1	1	2	29
Peru	38	34	37	41	28	30	26	33	27	29	23	21	366
Surinam	0	0	1	3	4	3	4	1	2	1	2	2	24
Trinidad/ Tobago	39	43	25	37	17	37	24	22	27	29	33	34	367
Uruguay	29	27	29	19	27	16	26	14	20	26	28	26	286
Venezuela	161	159	144	214	229	263	265	268	229	220	202	197	2549

Die Zukunft von Wissenschaft und Technologie wird stark von der sozialen und wirtschaftlichen Entwicklung der ersten Hälfte des 21. Jahrhunderts abhängen. Beispielsweise haben die Investitionen in Wissenschaft und Technologie in Lateinamerika zwischen der Mitte der 70er Jahre und den frühen 80er Jahren zweieinhalb bis dreimal zugenommen. Tatsächlich aber stellen diese Zahlen nur 1 % der in diesem Zusammenhang wesentlichen Investitionen weltweit dar. Die Zahl der Wissenschaftler und Techniker, die sich der Forschung widmeten, stagnierte im gleichen Zeitraum mit etwa 2 %. Im Kontrast hierzu stellt Lateinamerika aber 8 % der Weltbevölkerung und 6 % des Weltbruttosozialprodukts.

Vor dem Hintergrund dieser Ziffern verdeutlicht sich die Wichtigkeit der Förderung von Wissenschaft und Technologie als unabdingbare Voraussetzung Lateinamerikas, vor allem der Andenpaktstaaten, die sonst nicht aus ihrer wirtschaftlich untergeordneten Stellung heraustreten können. *In steigendem Maße wird die Formulierung einer wissenschaftlich-technologischen Strategie in einer unabhängigen Form eine zwingende Notwendigkeit.*

In den 80er Jahren des 20. Jahrhunderts war bei den Andenpaktstaaten deutlich zu erkennen, daß beim Verlassen der Universitäten die Graduierten in den Sozial- und Kulturwissenschaften den Naturwissenschaftlern, Ingenieuren und Landwirtschaftsspezialisten eindeutig zahlenmäßig überlegen waren; es stehen etwa 1982 62,5 % der Kultur- und Sozialwissenschaftler der anderen Gruppierung gegenüber, die insgesamt nur 25 % ausmachen, die Mediziner folgen mit lediglich 13 %. Diese Zahlen reduzieren sich weiter, wenn man bedenkt, wer wirklich aktiv in der Forschung und der Produktion von wissenschaftlich-technologischer Erkenntnis tätig ist. Das starke Anschnellen der Zahl der Universitätsstudenten darf nicht vorschnell als positiv gedeutet werden.

Tatsächlich gibt es in den Andenpaktstaaten bis heute keine Gemeinschaft, die den angelsächsischen Begriff der »scientific community« in den Naturwissenschaften und der Technologie verdienen würde. Einzig Venezuela verzeichnet nennenswerte Ausgaben für Forschung und Entwicklung, vor allem wegen der Ölfunde seit Beginn der 80er Jahre. Betrachtet man die 70er und 80er Jahre in der Ausgangspolitik der einzelnen Staaten, wird diese Diskrepanz ein Stück deutlicher. Bolivien gab etwa 1978 6 Millionen Dollar aus, Ecuador hingegen bereits 1974 12 Millionen gegenüber Venezuela 1984 317 Millionen Dollar. Kolumbien und Peru gaben etwa 1982 43 Millionen aus. Die Differenz der Ausgaben pro Kopf ist aufschlußreich. Venezuela gab 16mal mehr pro Kopf aus als Bolivien, 13mal mehr als Ecuador, 12mal mehr als Kolumbien und fünfmal mehr als Peru (s. Tab. 3). Die Zahlen für Peru haben sich im Vergleich zum Beginn der 80er Jahre bis heute dramatisch verschlechtert.

Vergleicht man die Ausgaben im öffentlichen und privaten Sektor, so wird eine neue, aufschlußreiche Diskrepanz deutlich. Die Ausgaben für Forschung und Entwicklung offenbaren klar die Dominanz des öffentlichen Sektors. Die Prozentzahlen bewegen sich zwischen 51,7 % für Kolumbien bis zu 81 % für Peru zu Beginn der 80er Jahre, wobei sich die Ziffer für Peru seitdem noch erhöht hat. Der private Sektor versinkt hierbei in Kolumbien, Ecuador und Peru in der Bedeutungslosigkeit. Hier muß künftig die Politik einsetzen, um der privaten Wirtschaft mehr Mitspracherecht und Dynamik einzuräumen. Es darf nicht mehr ohne weiteres hingenommen werden, daß die Mehrzahl der finanziellen Ressourcen für Forschung und Entwicklung unbefragt aus den überwiegend ineffizient arbeitenden Regierungsstellen und öffentlichen Institutionen kommt. Künftig muß auch in den Andenpaktstaaten der privatwirtschaftliche Sektor wesentlich stärker eingebunden und gefördert werden.

Für die Produktivität ist eine weitere Sicht aufschlußreich. Die Anzahl der Projekte, die nötig sind, um ein Patent zu erwirken, spricht für sich. Während in Venezuela und Kolumbien 30 respektive 49 Projekte pro Patent notwendig sind, steigt die Zahl in Peru auf 118 und in Ecuador auf 139. Ein Seitenblick auf die Zahl der Forscher flankiert diese Ziffern. In Venezuela erlangt einer von 32 Forschern durch Registratur ein Patent, während in Peru und Kolumbien etwa 130 Forscher pro Patent benötigt werden. In Ecuador werden sogar pro Patent 192 Forscher benötigt, um es schließlich registrieren zu lassen (s. Tab. 4).

Tab. 3: Gesamtkosten für Forschung und Entwicklung und Prozentsatz des Bruttosozialprodukts (BSP) in den Andenländern

Land	Jahr	Ausgaben in Dollar	% BSP	pro Kopf
Bolivien	1978	6,00 Mio.	0,07	1,14 $
Ecuador	1979	11,63 Mio.	0,13	1,47 $
Kolumbien	1982	42,97 Mio.	0,15	1,60 $
Peru*	1980	64,23 Mio.	0,30	3,71 $
Venezuela	1984	316,84 Mio.	0,39*	18,80 $

* geschätzte Kosten

Quelle: Francisco R. Sagasti u. Cecilia Cook: Tiempos Dificiles; Cicia y Tecnología en América Latina Durante el Decenio de 1980; Lima 1985, GRADE

Tab. 4: Indikatoren für wissenschaftlich-technologische Produktivität in den Andenpaktstaaten
(Die Kosten sind in Millionen US-Dollar ausgedrückt, es sind nur für Einheimische registrierte Patente gezählt)

Land	Jahr	Projekte/Forscher/Entwicklungskosten pro Verfasser			Projekte/Forscher/Entwicklungskosten pro Patent		
Ecuador	1979	39,71	54,71	0,83	139,00	191,50	2,91 (1979)
Kolumbien	1982	15,81	42,58	0,38	49,19	132,47	1,19 (1978)
Peru	1980	48,52	53,98	0,71	118,03	131,30	1,74 (1979)
Venezuela	1980	7,94	8,58	0,59	29,82	32,22	2,22 (1978)

Quelle: s. Tab. 3.

Die Ineffizienz dieser Staaten liegt deutlich auf der Hand. Auch hier ist ein Ansatzpunkt für die künftige Politik, um ein effektiveres Leistungsverhältnis zu erzielen. Die Ziffern legen dar, daß die Ebene der Produktivität in den Andenpaktstaaten bei weitem zu niedrig ist, wobei Venezuela eine gewisse Ausnahme bildet.

Woran liegt es, daß diese defizitäre Entwicklung in Lateinamerika, vor allem in den Andenpaktstaaten zustande kam? Zunächst an einem Mangel an kritischen Forschern, der die Bildung einer institutionalisierten wissenschaftlichen Gemeinschaft mit ihren formalen Kanälen der Informationstransmission, wie sie in wissenschaftlichen Publikationen zum Ausdruck kommt, unmöglich macht; weiterhin an der Vorherrschaft einer oralen Kultur, in der persönliche Kommunikation oder das Abhalten von Seminaren und Kongressen die bevorzugte Form der Verbreitung des Wissens sind; ebenso am Mangel an englischen Sprachkenntnissen, welche die naturwissenschaftliche Welt beherrscht. Publikationen in spanischer Sprache erreichen nur eine kleine Anzahl von Forschern und verleiten zur Annahme, daß lokal ausgerichtete Forschungsgegenstände die internationale wissenschaftliche Gemeinschaft kaum interessieren. Ein folgenschwerer Punkt ist, daß weder soziales Prestige noch akademischer Aufstieg wie in der nordamerikanischen Kultur in vergleichbarem Maße von der wissenschaftlichen Produktivität der einzelnen abhängen. Die Forscher werden in den Universitäten Lateinamerikas in der Regel entsprechend der Dienstjahre in den Instituten befördert, nicht entsprechend ihrer Forschungsleistung. Hinderlich ist auch, daß in Lateinamerika die Forscher überwiegend nicht von ihrem Verdienst in den Universitäten leben, sondern Hilfstätigkeiten außeruniversitärer Natur nachgehen müssen, was die Forschertätigkeit unterminiert und einschränkt.

Tab. 5: Projekte und Technologieprogramme in den Andenpaktstaaten (erhaltene Finanzmittel im Zeitraum 1975–1983)

	Quelle der veranschlagten Finanzmittel (alles in US $)				
	Anden-pakt	JUNAC	Fremd-mittel	Gesamt-summe	
PADT-Kupfer	1691000	220000	1100000	3011000	1982 abgeschlossen
»PADT-Refort«	3310000	421000	4473200	8204200	1. und 2. Stufe 1983 abgeschlossen
PADT-Ernährung	2840724	132000	4029815	7002539	1983 abgeschlossen
Bestandsaufnahme und Inventar an technischen Kapazitäten	100000	84000	158.782	342782	1. Stufe 1984 abgeschlossen
Technologie-Informations-system	3126750	396980	1452410	4976140	wird seit 1982 durchgeführt
Förderprojekt für Industrieanlagen	—	30000	100000	130000	wird seit 1982 durchgeführt
PADT-Land	3896650	381400	4090200	8368250	wird seit März 1983 durchgeführt
Projektplanung	—	150000	467900	617900	wird seit Januar 1984 durchgeführt
Förderprojekt für die Holzindustrie	2000000	150000	5000000	7150000	wird seit Januar 1984 durchgeführt
Verbreitung der Ergebnisse des Ernährungsprojekts	10000	10000	50000	70000	wird seit Juli 1984 durchgeführt
Planungs- und Durchführungs-projekt	50000	150000	700000	900000	wird seit Oktober 1984 durchgeführt
Kohlenprojekt	—	50000	700000	750000	wird seit Januar 1985 durchgeführt
Minen-Metallurgie-projekt	400000	150000	1450000	2000000	wird seit 1985 durchgeführt
Gesamtsumme US $	17425120	2325380	23772307	43522811	

PADT = Programas Andinos de Desarrollo Tecnológico

Tab. 6: Relationen des wissenschaftlich-technologischen Aufwands mit der Bevölkerung und dem Bruttosozialprodukt

Land		Forscher und Ingenieure		Gesamtkosten in US $			Projekte	Autoren
	Jahr	Gesamtzahl	pro 10000 Einw.	Summe (Mio US $)	pro Kopf	% BSP		
Chile	1982	4530	39,46	98,45	8,57	0,41*	3111	1083
Ecuador	1979	766	9,70	11,63	1,47	0,13	556	14
Kolumbien	1982	4769	17,71	42,97	1,60	0,15	1771	112
Peru	1980	4858	28,09	64,23*	3,71	0,30*	4367	90
Venezuela	1984	4568 (1983)	27,86	316,84	18,80	0,39*	6197	464 (1983)

* in Relation zu *Produtto Brutto Interno*

Tab. 7: Zahlung 1982, aufgerechnet nach verschiedenen Kanälen für Technologieimporte in einzelnen Ländern Lateinamerikas (in Millionen US $)

Land	Direktinvestitionen aus dem Ausland		Import von Kapitalgütern		Zahlungen für Lizenzen		Gesamtbilanz	
	Summe	%	Summe	%	Summe	%	Summe	%
Brasilien	2634,80	42,79	3304,00	53,66	218,00	3,54	6156,80	100
Bolivien	34,70	18,49	150,00	79,91	3,00	1,60	187,70	100
Ecuador	60,00	8,62 (1981)	624,00	89,68	11,80	1,70 (1977)	695,80	100
Kolumbien	336,80*	19,57	1377,00	80,00	7,40	0,43	1721,20	100
Peru	55,10	4,96	1049,00	94,34	7,86	0,71	1111,96	100
Venezuela	253,00	6,49	3487,00	89,48	157,02	4,03	3897,02	100

* voraussichtliche Daten

Quelle für Tab. 5, 6 und 7: s. Tab. 3

Tab. 8: Aufteilung der lateinamerikanischen wissenschaftlichen Publikationen zwischen 1973 und 1984 nach Sachgebieten (Prozentsätzen)

Jahr	Klinische Medizin	Biomedizinische Forschung	Biologie	Chemie	Physik	Weltraumtechnologie	Ingenieurwissenschaft	Psychologie	Mathematik
1973	37,47	22,07	10,23	11,03	9,26	5,00	2,72	0,68	1,53
1974	36,27	19,84	12,37	9,69	10,21	5,07	3,14	0,89	2,25
1975	34,25	20,24	11,94	10,80	12,11	4,69	2,86	0,96	2,16
1976	32,80	17,82	12,83	11,25	12,84	4,75	4,30	0,72	2,69
1977	31,12	21,50	12,34	10,25	12,75	4,71	3,52	1,18	2,63
1978	33,08	19,69	12,38	10,14	13,54	4,27	3,95	0,42	2,53
1979	30,82	18,84	12,74	11,20	14,45	4,98	4,09	0,56	2,32
1980	31,51	16,85	13,48	11,14	14,29	5,25	4,13	0,86	2,50
1981	29,71	16,60	12,88	13,62	16,02	5,05	3,71	0,47	1,94
1982	30,10	14,33	13,57	13,86	16,21	5,46	3,70	0,50	2,26
1983	30,11	15,64	12,62	12,82	16,26	5,02	5,10	0,54	1,88
1984	25,10	17,03	14,04	11,94	19,58	4,70	4,57	0,61	2,42

Quelle: s. Tab. 1

Um das Zurückbleiben der wissenschaftlichen und vor allem naturwissenschaftlichen Leistungen eindrucksvoll zu demonstrieren, kann insbesondere der vom Institute of Scientific Information in Philadelphia herausgegebene Science Citation Index herangezogen werden, der weltweit Publikationen in Wissenschaft und Technologie aufführt. Der Science Citation Index deckt zehn Gebiete der Wissenschaft ab: klinische Medizin, biomedizinische Forschung, Biologie, Chemie, Physik, Ingenieurwissenschaften, Technologie, Weltraumforschung, Psychologie und Mathematik. Diese Oberbegriffe sind in 106 Spezialgebiete aufgefächert.

Untersucht man die Arten der Forschung, so fällt auf, daß zwischen 1973 und 1984 der Rückgang in den Gebieten der klinischen Medizin und der biomedizinischen Forschung zu beklagen ist, ebenso der relative Mangel des Wachstums in der Chemie, der Mathematik sowie den Ingenieurwissenschaften und – ebenso nicht ausreichend – ein schwaches Anwachsen in der Physik und der Biologie (s. Tab. 8).

Die starke Konzentration auf die Wissenschaften, die sich mit der menschlichen Gesundheit grundsätzlich befaßten, ist ein Charakteristikum der Forschungsanstrengungen der unterentwickelten Staaten, ebenso die Ausrichtung auf Chemie, Physik und die Ingenieurwissenschaften. Diese starke Betonung auf die Gesundheitswissenschaften wurde oft als der periphere Komplex der lateinamerikanischen Wissenschaft bezeichnet, es kommt hier aber auch die mangelnde Verbindung zwischen technologischen und wissenschaftlichen Zielen sowie den sozialen Bedürfnissen zum Ausdruck. Selbst dort, wo physikalische Forschung betrieben wurde, steht sie nicht in Zusammenhang mit der Technologie, sondern mit den Gesundheitswissenschaften. Das läßt sich wohl mit der besorgniserregenden demographischen und sozialhygienischen Entwicklung in diesen Ländern erklären.

Eine andere Zahlenkombination ist ebenfalls aufschlußreich: von 1 398 507 Zitaten, die 1980 in der wissenschaftlichen Weltliteratur über naturwissenschaftliche Gegenstände handelten, waren nur 8409 Referenzen zu Artikeln lateinamerikanischer Autoren. Vergleichbar stammten nur 15 720 von 2 607 894 Zitaten, die 1973 gemacht wurden, von lateinamerikanischen Autoren. Für die Jahre 1973 und 1980 zeigten beide Ziffern im Vergleich zu den Weltzitaten einen kleinen Prozentsatz: 0,60 %. Hieraus darf geschlossen werden, daß auf dem Sektor der Technologie in dieser Hinsicht kaum ein Fortschritt erzielt wurde (s. Tab. 9).

Die lateinamerikanische Wissenschaft lieferte nur unzureichendes Material für eine endogene Technologiepolitik, was sich auch an der Verabreichung der Patente ablesen läßt, die ein guter Indikator für den Innovationscharakter von Forschung und Wissenschaft sind. Beinahe alle Staaten haben Gesetze für intellektuelles Eigentum, um Erfindungen anzuregen und die Wirtschaft hierdurch zu stimulieren. Zwischen 1981 und 1984 betrug die Anzahl der beantragten Patente in Lateinamerika 2,4 % im Vergleich zu den Patenten des Weltmarkts, die Zahl der zugelassenen Patente betrug 4 % im Vergleich zum Rest der Welt. Ein Blick auf Nordamerika offenbart die diametralen Unterschiede: dort wurden 14,9 % der zuge-

Tab. 9: Zitate aus Wissenschaftsartikeln im Vergleich zwischen der Welt und Lateinamerika in den Jahren 1973 und 1980

	Welt		Lateinamerika	
Wissenschaft	1973	1980	1973	1980
Klinische Medizin	816 887	429 690	5 759	2 409
Biomedizin	666 687	361 897	4 673	1 845
Biologie	154 118	79 024	999	714
Chemie	364 365	189 529	1 382	915
Physik	332 125	200 151	1 411	1 382
Weltraumforschung	128 228	74 558	911	834
Ingenieurwiss.	79 590	44 138	227	165
Psychologie	40 055	9 174	241	81
Mathematik	25 838	10 345	116	63
Total	2 607 894	1 398 507	15 720	8 409

Tab. 10: Beantragte und bewilligte Patente für Erfindungen in Lateinamerika, den USA und der Welt 1981–1984

Land oder Region	1981 beantragt	1981 bewilligt	1982 beantragt	1982 bewilligt	1983 beantragt	1983 bewilligt	1984 beantragt	1984 bewilligt
Lateinamerika	18745	18633	21559	20281	19895	14611	19664	12128
USA	106413	65770	109625	57889	103703	56862	111284	67201
Welt	800885	417469	809741	413764	824428	406939	859980	422496
				Prozentsätze				
Lateinamerika/ USA	17,62	28,33	19,67	35,03	19,18	25,70	17,67	18,05
Lateinamerika/ Welt	2,34	4,46	2,66	4,90	2,41	3,59	2,29	2,87
USA/Welt	13,29	15,75	13,54	13,99	12,58	13,97	12,94	15,91

Quelle: s. Tab. 1

lassenen Patente auf der Welt registriert. Die gesamte Zahl der beantragten Patente in den lateinamerikanischen Staaten beläuft sich nicht mal auf ein Fünftel der in den USA beantragten Patente, während die bewilligten Patente nur ein Drittel der von den USA verabschiedeten ausmachen (s. Tab. 10).

Wie bereits bei den wissenschaftlichen Publikationen zeigt sich auch bei den Patenten eine starke Konzentration auf wenige Staaten Lateinamerikas. Die fünf Staaten mit der größten Anzahl an Patenten sind wiederum Brasilien, Argentinien, Mexiko, Venezuela und Chile. Die Abb. 1 gibt die Prozentverteilung sowohl bei den beantragten wie den bewilligten Patenten für die wichtigsten lateinamerikanischen Länder für den Zeitraum 1978–1984 an. Die Daten wurden von der World Intellectual Property Organization aufgelistet. Zu bedenken ist noch, daß ein hoher Prozentsatz der Patente an nicht in Lateinamerika wohnhafte Personen (non residents) vergeen wurde (80 % der Gesamtheit in der Periode 1978–84). Dieses Phänomen tritt in den Staaten der Peripherie zwar weltweit auf, erscheint aber besonders drastisch in Lateinamerika und dort vor allem in den Andenpaktstaateen.

Hinzu tritt ein hohes Maß an Ineffizienz in der Umsetzung der einmal gewährten Patente. Der Fall Perus veranschaulicht das: Von den 4872 Patenten, die in Peru zwischen 1960 und 1970 gewährt wurden in den hauptsächlichen industriellen Sektoren, wurden nur 54, somit 1,1 % tatsächlich praktisch umgesetzt und angewandt. Der Prozentsatz an Ausländern, die in den lateinamerikanischen Staaten Patente erhielten, ist sehr hoch, vor allem aber ist die technologische und patenttechnische Leistung der Andenpaktstaaten als sehr gering einzustufen im Vergleich zu den restlichen lateinamerikanischen Staaten. Besorgniserregend ist vor allem, daß alle Zahlen für den Nachweis der wissenschaftlichen Effizienz in den letzten Jahren eher einen Abwärtstrend anzeigen.

Auch die Vergabe der Nobelpreise zeigt eindeutig, daß Lateinamerika in keiner Weise in den Naturwissenschaften repräsentiert ist. In der Physik ist beispielsweise seit 1901 kein Nobelpreis an Lateinamerikaner vergeben worden. Lediglich für Chemie und Medizin sind insgesamt drei Nobelpreise an Lateinamerikaner gegangen, gegenüber allein 80 Auszeichnungen, die in die USA gingen, die traditionellerweise den Löwenanteil (bei Medizin fast 50%) für sich verbuchen können. Hingegen sind die Nobelpreise in der Literatur weit häufiger anzutreffen. Das ist Ausdruck davon, daß das intuitiv-assoziative Denken in der lateinamerikanischen Kultur dem empirisch-pragmatischen und naturwissenschaftlich-abstrakten Denken weit überlegen ist. Das intuitiv-imaginative Vermögen Lateinamerikas spricht aus fünf Nobelpreisen: Gabriela Mistral 1945, Miguel Angel Asturias 1967, Pablo Neruda 1971, Gabriel Garcia Marquez 1982 und Octavio Paz 1990.

Gerade die indigene und archaische Kultur Lateinamerikas und im besonderen die der Andenpaktstaaten mit ihrer metaphysischen und magisch-mythischen sowie transzendentalen Prägung erklärt das schlechte Abschneiden in den Statistiken und wirft auf den Tatbestand eine Nichtkompatibilität mit Kulturerbe und Technologie modernen Prägung zurück. Der einzige Andenpaktstaat, der in der Forschung etwas weiter vorangeschritten war, ist Venezuela; dies kommt auch bei den Patentrechten zum Ausdruck.

Die Staaten Argentinien, Brasilien, Chile, Mexiko und Venezuela repräsentieren 70% der Bevölkerung und 80% des Bruttosozialprodukts der Region, aber 90% der wissenschaftlichen Publikationen vor allem in den Naturwissenschaften. Es läßt sich feststellen, daß im Durchschnitt der betreffenden Jahre die lateinamerikanischen Autoren in der internationalen wissenschaftlichen Literatur als Ausdruck ihres mangelnden Einflusses lediglich 0,6% im Vergleich zum Rest der Welt aufzubringen vermögen. Offensichtlich sind die Staaten mit der größten Anzahl an Zitaten diejenigen mit der größten Anzahl an Publikationen und somit verantwortlich für fast 90% der Zitate von Lateinamerika. Die Andenpaktstaaten fallen hierbei statistisch kaum ins Gewicht.

Aus dem statistischen Material geht hervor, daß Lateinamerika vergleichsweise geringe Beiträge zur Ausbreitung des naturwissenschaftlichen Wissens geliefert hat. Dieses Material ist von großer Wichtigkeit für die Einsicht, daß Lateinamerika derzeit keinen wesentlichen Beitrag zur wissenschaftlich-technologischen Entwicklung der Welt leistet, und verweist verstärkt auf die Bedeutung der endogenen Technologie, die als Forderung für Lateinamerika ansteht.

Beantragt

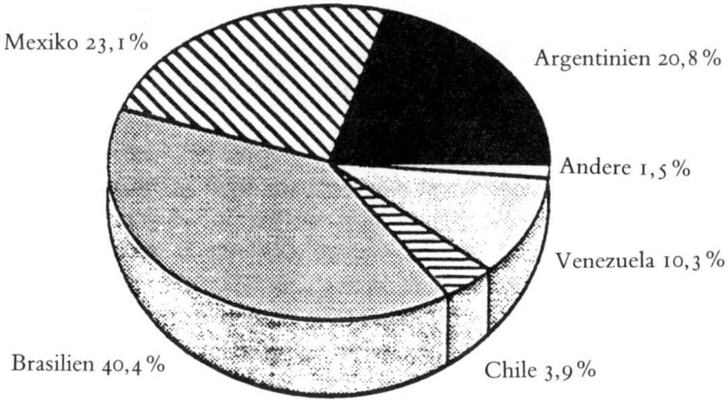

Gewährt

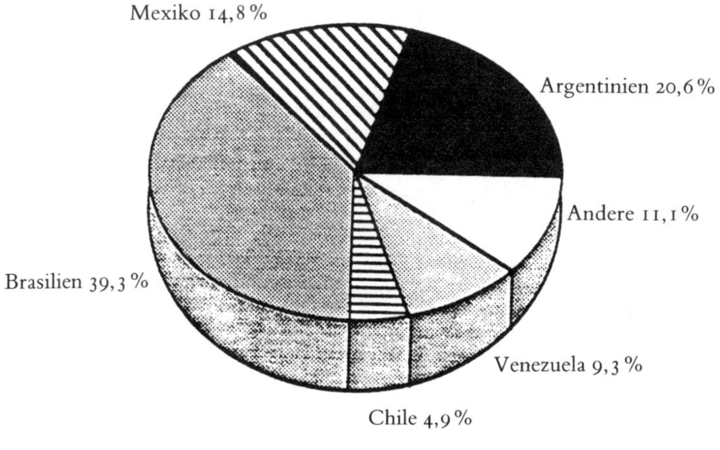

Tab. 11: Lateinamerika. Verteilung der beantragten und der gewährten Patente, aufgeteilt nach Ländern; 1978–1984

Ademan, I. and C. T. Morris: *Economic growth and social equity in developing countries,* Stanford Univ. Press, Stanford 1973

Amat y Leon, C., et al.: *Realidad del campo peruano después de la reforma agraria. 10 ensayos críticos;* Centro de Investigación y Capacitación (CIC), Editora Ital Perú S. A., Lima 1980

Arguedas, José María: *Formación de una cultura nacional indoamericana;* Siglo XXI, México 1977

Arrow, K. J.: *Social choice and individual values;* New York 1951

Baczko, Bronislaw: *Lumières de l'utopie;* Payot, Paris 1978

Burckhardt, Jacob: *The civilization of the renaissance in Italy;* Phaidon Press, Oxford and London 1945

Burga, Manuel, y Alberto Flores Galindo: »La utopia andina«, *Allpanchis* 20: 85–102, Instituto de Pastoral Andina, Cuzco 1982

Casas, Rosalba: *Algunos lineamientos de política de ciencia y tecnología para al sector agropecuario;* Instituto de Investigaciones Sociales, UNAM, México 1986

Clough, Shepard B.: *The economic development of western civilization;* McGraw Hill, New York 1959

Comisión Económica para América Latina (CEPAL): Anuario estadístico de América latina, Naciones Unidas, Santiago de Chile 1977

Cooper, S.: »Science policy and technological change in underdeveloped economies«, *World Development* 2, März 1974

De La Cruz Gomez Rodriguez, Juan: »Comunidades de pastores y reforma agraria en la sierra sur peruana«. In Jorge A. Flores Ochoa (ed.): *Pastores de Puna. Uywamichiq punarunakuna;* Instituto de Estudios Peruanos, Lima 1977

Emmanuel, A.: *Unequal exchange: a study of the imperialism of trade;* Monthly Review Press, London 1972

Ernst, Dieter: »Industrial redeployment and control over technology – consequences for the Third World«, *Vierteljahresberichte* 83, 1981

Farvar, M. T.: »Is there an environmental crisis in the Third World?«, *Universities Quarterly* 27: 292–302, Frühjahr 1973

Flores Ochoa, Jorge, y Abraham Valencia: *Rebeliones indígenas quechuas y amaras;* Centro de Estudios Andinos, Cuzco o. J.

Furtado, Celso: *Economic development of Latin America;* Cambridge Univ. Press, Cambridge 1970

Gerschenkron, A.: *Economic backwardness in historical perspective;* Harvard Univ. Press, Cambridge (Mass.) 1962

Golte, J.: *La racionalidad de la organización andina;* Instituto de Estudios Peruanos, Lima 1980

Henriquez, Narda, José Blanes y Sandra Callenas: *Migraciones internas, estructura urbana y estructura productiva;* PUCP, Departamento de Ciencias Sociales, Lima 1979
Horowitz, Irving Louis: *Three worlds of development: the theory and practice of international stratification;* Oxford Univ. Press, New York, London, Toronto 1972
Hünefeld, Christine: *Sociedad y rebeliones campesinas entre 1780 y 1783;* tesis de bachiller en antropología; Universidad Nacional Mayor de San Marcos, Lima 1977
Instituto Nacional de Estadistica: *Produto bruto interno por departamento 1971–1981;* Dirección General de Cuentas Nacionales, Lima 1983
de Janvry, Alain: *The agrarian question and reformism in Latin America;* John Hopkins University Press, Baltimore and London 1981
Junta del Acuerdo de Cartagena (JUNAC): *La deuda externa del Grupo Andino;* 1984
Klaiber, Jeffrey: »Los cholos« y »los rotos«: actitudes raciales durante la guerra del Pacífico, *Histórica* 2, Juli 1978
Maletta, Héctor: »Cambios en el Perú desde 1950«. In *Realidad del campo peruano después e la reforma agraria;* Centro de Investigación y Capacitación, Lima 1980
Mariátegui, José Carlos: *Siete ensayos de interpretación de la realidad peruana;* Biblioteca Amauta, Lima 1928
Marquinez, Germán: *Ideología y praxis de la conquista;* Nueva América, Bogotá 1978
– »Hacia una teroría antifetichista y social de los valores«. In *El hombre latinoamericano y sus valores,* pp. 67, Nueva América, Bogotá 1979[3]
Matos Mar, José, y José Manuel Mejia (eds.): *La reforma agraria en el Perú;* Instituto de Estudios Peruanos; Perú Problema 3, Lima 1980
– *Reforma agraria: logros y contradiciones 1969–1979;* Instituto de Estudios Peruanos, Lima 1980
Olson, Theodore: *Millenialism, utopianism andprogress;* Univ. of Toronto Press, Toronto 1982
Prebisch, Raúl: *Crisis del capitalismo periférico;* Fondo de Cultura, México 1981
Prescott, William H.: *Historia de la conquista del Perú;* Edit. Universo, Lima 1972
Quijano, Aníbal: *Problema agrario y movimientos campesionos;* Mosca Azul, Lima 1979
Ribeiro, Darcy: »La nación latinoamericana«, *Revista Nueva Sociedad* 62, Caracas, Oktober 1982
– *El proceso civilizado;* Universidad Central de Venezuela, Caracas 1970
Sagasti, Francisco, y Cecilia Cook: *Tiempos difíciles: ciencia y tecnología en América Latina durante el decenio de 1980;* GRADE, Lima, Dezember 1985

Sagasti, Francisco, y Javier Escobal: *Proyecciones del gasto en investigación y desarrollo en América Latina hasta el año 2000;* GRADE, Lima, Februar 1984

Sánchez Albavera, Fernando, et al.: *Problema nacional. Cultura y clases sociales;* DESCO, Lima 1981

Santos, T. Dos: »The crisis of development theory and the problem of dependence in Latin America«. In H. Bernstein (ed.): *Underdevelopment and development;* Penguin Readings, Harmondsworth 1973

Schaff, Adam: *Qué futuro nos aguarda?: las consecuencias sociales de la segunda revolución industrial;* Editorial Crítica, Barcelona 1985

Schumacher, E. F.: *Small is beautiful: a study of economics as if people mattered;* Blond & Briggs, London 1973

Sen, A. K.: *Choise of techniques: an aspect of the theory of planned economic development;* Basil Blackwell, Oxford 1972

– *Collective choice and social welfare;* San Francisco 1970

Servier, Jean: *La Utopia,* Fondo de Cultura Económica, México 1970

Simmons, Ozzie G.: »The criollo outlook in the mestizo culture of coastal Peru«, *American Anthropologist* 57: 107–117, 1955

Spalding, Karen: *De indio a campesino. Cambios en la estructura social del Perú colonial;* Instituto de Estudios Peruanos, Lima 1974

Streeten, P. P.: »Technology gaps between rich and poor countries«, *The Scottish Journal of Political Economy* 19, November 1972

Sunkel, Osvaldo: *América Latina y la crisis económica internacional: ocho tesis y una propuesta;* Grupo Editor Latinoamericano, Buenos Aires 1985

Tawney, R. H.: *Religion and the rise of capitalism: a historical study;* New American Library, Mentor, New York 1954

Todaro, M. P.: »A theoretical note on labour as an ›inferior‹ factor in less developed countries«, *Journal of Development Studies* 5, Juli 1969

Turnham, D.: *The employment problem in less developed countries, a review of the evidence;* OCDE, 1971

United Nations Industrial Development Organization (UNIDO): *Small scale industry in Latin America,* Wien 1969

Varallanos, José: *El cholo en el Perú;* Lima 1962

Young, O. R.: *The politics of force: bargaining during international crises;* Princeton Univ. Press, Princeton 1968

Zea, Leopoldo: »Dependencia y liberación en la filosofía latinoamericana, Dianoia. Anuario de Filosofía 20, no. 20: 172–188, UNAM-FCE, México 1974

– *The Latin American mind;* Univ. of Oklahoma Press, Norman (Ok.) 1963

ENDOGENE TECHNOLOGIE

Die Krisis der Entwicklungstheorien und das Vermögen zu Wissenschaft und Technologie

Es lassen sich heute grundsätzlich zwei Arten von Staaten unterscheiden: diejenigen, in denen eine Evolution von Wissenschaft und Technologie stattgefunden hat wie auch weiter stattfindet und diejenigen, bei denen die Produktivität höchstens quantitativ, aber nicht qualitativ angestiegen ist, demnach der Wissenserwerb keine beschleunigte Dynamik entfaltet hat. Die ersten Staaten kann man als Staaten mit endogener Technologie bezeichnen, die zweiten als Staaten mit exogener wissenschaftlich-technologischer Grundlage.

Das Zusammenwirken beider Strömungen, der Evolution des Denkens und der Evolution der Technologie, konstituierte die wissenschaftlich-technologische Revolution.

Über Jahrhunderte waren Wissenschaft und Technologie im Zuge der industriellen Revolution auf die wissensschöpfenden Weltzentren ausgerichtet. Die produktiven Aktivitäten anderer Länder waren in starkem Maße auf die Kolonialmächte konzentriert, deren Interesse in erster Linie der Ausbeutung der natürlichen Ressourcen galt, wobei der Gewinn in die Mutterstaaten abgeführt wurde. Die meisten Technologien in Lateinamerika waren durch europäische Staaten eingeführt und blieben der lokalen Umgebung fremd.

Die drei Ebenen, die wissenschaftliche Arbeit, die technologische Fähigkeit und das traditionelle technologische Vermögen, hatten in den Andenpaktstaaten kaum Möglichkeiten zur Interaktion. Die Eliminierung der traditionellen Technologie hinterließ ein Trauma in Staat und Kultur des andinischen Raums und hatte auflösenden Charakter für die staatstragenden Institutionen. Es hat sich als nicht praktikabel erwiesen, in einer mimetischen Art und Weise die Erfahrungen der westlichen Staaten mit endogener Technologie zu wiederholen. Die Betonung sollte auf den selektiven Erwerb von strategischen Technologien gelegt werden, die über bedeutende Multiplikatoreneffekte verfügen. Um die graduelle Endogenisierung zu ermöglichen, sollten Sektoren gewählt werden, bei denen Anknüpfungspunkte zu traditionellen Technologien gegeben sind, um einer zersetzenden Lethargie Einhalt zu gebieten. Dies bedeutet freilich keine Rückkehr zur technologischen Vergangenheit.

Die Fusion der technologischen Kapazität moderner Produktion mit der systematischen Erschließung der traditionellen Technologie mündet in das Bemühen um eine autonome Entwicklung, wobei exogene Technologie zunehmend ersetzt werden soll durch endogene Schöpfungen. Bei dem Bemühen um eine endogene Schöpfung von Produktionstechniken darf der Wunsch nach einer autonomen Entwicklung nicht mit Autarkie gleichgesetzt werden. Die Evolution der produktiven Techniken offenbart aber, daß hier ein sehr langfristiger Reifungsprozeß vor uns liegt.

Dies betrifft alle drei Ebenen der Technologie: die Schöpfung, Übermittlung und Anwendung auf die menschlichen wie materiellen Ressourcen. Eine nationale Wissenschafts- und Technologiepolitik kann verstanden werden als das gesetzte Maß an Prinzipien und Methoden, legislativen und exekutiven Maßnahmen zur Organisation und zum rationalen Gebrauch, um das wissenschaftlich-technologische Potential in Einklang zu bringen mit der übergeordneten sozialen und kulturellen Entwicklungsdynamik. Die Entwicklungstheorie vor dem Hintergrund von Wissenschaft und Technologie in der dritten und vierten Welt und den Schwellenländern offenbart zunehmend Ungenügen. Wachstum auf der Grundlage von Ungleichheit kann keine dauerhafte, natürliche Entwicklung sein. Es wird deutlich, daß Wissenschaft und Technologie an der Wurzel der Ungleichheit zwischen den fortgeschrittenen und den unterentwickelten Staaten stehen.

Verfügbarkeit über Wissenschaft und Technologie bedeutet Herrschaft über die politische Macht und die wirtschaftliche Dynamik. Strukturelle Veränderungen innerhalb der unterentwickelten Staaten sind notwendig, um zu einem Gleichgewicht in den weltweiten wissenschaftlich-technischen Bemühungen zu gelangen. Die unterentwickelten Staaten stellen keine homogene Einheit vom wirtschaftlichen, sozialen und kulturellen Gesichtspunkt dar. Es gibt zwischen diesen Ebenen zu wenig Austausch und Beweglichkeit. Die technologische Abhängigkeit reduziert zudem die Möglichkeit autonomer Entscheidungen in den Andenpaktstaaten wesentlich. Sie müssen wählen zwischen anwachsenden kapitalintensiven Technologien und überhaupt nicht vorhandenen effizienten technologischen Alternativen angesichts ihres niedrigen Technik-Standards vor dem Hintergrund von Arbeitslosigkeit und Bevölkerungswachstum.

Entwicklung ist immer ein dynamischer Prozeß der strukturellen Veränderung, der von verschiedenen Faktoren getragen wird: zunächst vom wirtschaftlichen Wachstum, vom wissenschaftlich-technologischen Vermögen, das erlaubt, den Überhang in Kapitalgüter mit adäquaten technologischen Charakteristika zu verwandeln, und von einer sozialen Nutzbarmachung der Auswirkungen des wirtschaftlichen Wachstums und des technologischen Fortschritts in allen Bereichen der Bevölkerung. Der Schlüsselbegriff ist hierbei Selbständigkeit im Gegensatz zu Abhängigkeit durch die Entwicklung von Produktionsmodalitäten, die an die lokalen Gegebenheiten angepaßt sind.

Als Ergebnis des passiven Charakters der Wirtschaft wurde die Nachfrage nach Technologie durch den Import von Werkzeugen, Industriegütern und qualifiziertem Beistand ausländischer Techniker überwiegend von außen befriedigt. Da ausländische Technologie leicht verfügbar war, wurde auf die lokale wissenschaftliche Gemeinschaft wenig Druck ausgeübt, gute technologische Alternativen zu entwickeln. Wenngleich sich das Universitätswesen in der Kolonialzeit bedingt entfaltete, wurden die Ingenieurwissenschaften erst verstärkt in den Jahren nach 1800 gelehrt. Noch in diesem Jahrhundert wurde in den Universitäten die Bedeutung der Natur- und Ingenieurwissenschaften nicht ausreichend erkannt.

Die Beibehaltung der traditionellen Agrikultur, die auf lokalen Technologien beruhte, aber wenig zum wirtschaftlichen Wachstum beitrug, wurde in Frage gestellt. In den Andenpaktstaaten waren die Ausgaben für ausländische Technologien, Gebühren, Zahlungen für technische Beihilfe und Kenntnis weit höher als die Ausgaben für Forschung und Entwicklung der eigenen Technologie.

In den 70er Jahren des 20. Jahrhunderts wurden eine Reihe von Programmen begonnen, um die lokale Technologie zu fördern. Die wichtigsten wurden von dem Instituto de Investigation Tecnologica Industrial y de Normas Tecnicas geleitet. Mit Ausnahme von Venezuela haben die Andenstaaten der Aufbereitung der technologischen Schaffenskraft in Forschung und Entwicklung keine Präferenz gegeben, fast überall sonst ist die institutionelle Infrastruktur dafür nicht herausgebildet worden. Es kann in Zukunft entsprechend nur um eine schrittweise Endogenisierung der Technologie in den Andenpaktstaaten gehen. Eine notwendige Voraussetzung für die Entwicklung einer endogenen Kapazität für Wissenschaft und Technologie ist die Errichtung einer institutionellen Infrastruktur, um die breite Palette der Typologie der wissenschaftlich-technologischen Aktivitäten zum Ausdruck kommen zu lassen.

Das Ziel der endogenen Technologiepolitik besteht darin, das autonome Potential der Produktion der Güter- und Dienstleistungen in der Entwicklungsstrategie zu sichern, um schließlich eine Autonomie der Entscheidungen herbeizuführen. Celso Furtado erkannte, daß aufgrund des raschen Wandels der Produktionsmethoden im globalen Sinn nur ein kleines Zentrum der technologischen Innovation bedacht werde konnte. Entsprechend ist Unterentwicklung eine Konsequenz des Einflusses des technologischen Prozesses auf die internationale Arbeitsteilung, wobei eine kleine Anzahl an Staaten seit der industriellen Revolution wirtschaftliche Hegemonie erreichte. Neue Orientierungsmaßstäbe (nicht nur mit Blick nach den USA und Japan) sind die Basis für wachsendes Selbstverständnis. So paradox es erscheint: Abkoppelung vom weltweiten Wettbewerb und Verzicht auf Spitzentechnologie können intern weit wirkungsvollere Ergebnisse liefern. Die Staaten der technologischen Peripherie müssen zunächst auf mehr Selbständigkeit bestehen, um später in der Lage zu sein, sich des selektiven Transfers von exogener Technologie zu bedienen, wenn erst einmal die Empfangsfähigkeit und die Kapazität für autonome Entscheidungen geschaffen wurden.

Diese Studie will die Kluft überbrücken, die zwischen der Diagnose auf der einen Seite und den spezifischen praxisnahen Aktionen auf der anderen Seite liegt. Es müssen Indikatoren gefunden werden, um ein politisches Instrumentarium zu bestimmen, das nötig ist, um die technologischen Fertigkeiten in den Andenpaktstaaten zu begründen. Es darf zwischen Wissenschaftspolitik und Technologiepolitik keine Unstimmigkeiten geben, da ein Zusammenwirken unerläßlich ist für die endogene Technologie. Dennoch sind Wissenschafts- und Technologiepolitik in ihren Aufgabenstellungen sorgfältig zu trennen, um die Ergebnisse, die auf getrennten Wegen erstellt werden, wieder zusammenführen zu können in praktischer Aktion. Die Absorptionsfähigkeit des Staates wie auch die Nachfrage nach Technologie, die durch Forschungsinstitute, Ingenieurfirmen, multinationale Unternehmen und Lieferanten, Lizenzgeber und Berater flankiert wird, bestimmen die technologischen Entscheidungen von Unternehmen. Die Tauglichkeit der jeweiligen Technologie für die Verhältnisse der Andenpaktstaaten wird dabei nicht immer berücksichtigt, denn in den seltensten Fällen sind Repräsentanten der Industrienationen vertraut mit der lateinamerikanischen Kultur. Die Regionalisierung der Technologie ist nicht bedacht.

Der Bildungsstand der heutigen Menschen besteht nicht zuletzt in der Nutzbarmachung der Naturwissenschaft. Es wird offensichtlich, daß ein solcher Bildungsbegriff, angewandt auf Lateinamerika, widersinnig erscheint, weil dort die Naturwissenschaften und die Technologie keineswegs die phänomenale Natur aus ihrer ursprünglichen Rolle verdrängt haben. Trotzdem werden immer mehr Institutionen und Konzepte, die nur aus dem westlichen Weltbild ihre Berechtigung beziehen, nach Lateinamerika übertragen, um dort eine Modernisierung der technisch-wissenschaftlichen Bildung nach westlichem Muster zu erreichen. Dies muß zu unauflöslichen kulturellen Konflikten führen. Der Versuch der künstlichen Schaffung von sozialem Wandel durch den unmittelbaren Transfer von Produktionsaktivität auf der Grundlage von Naturwissenschaften scheint nicht ohne weiteres möglich zu sein. Ein Blick auf das Naturbild ist erforderlich, das der Technologie in Lateinamerika zugrunde liegt.

Das Bemühen, modernes Denken durch den Transfer von Naturwissenschaft und Technologie in den Produktionsweisen und Institutionalisierungen im nachhinein zu erzeugen, ist in dieser unmittelbaren Form in den Andenpaktstaaten zum Scheitern verurteilt, weil dort die Voraussetzungen für das Wirken künstlich technisch-naturwissenschaftlich begründeter Produktionsweisen fehlen. Zudem ist die Behauptung unrichtig, es seien alleine die Produktionsprozesse der großen Industrie, aus denen sich das exakte naturwissenschaftliche Denken ableitet. Strukturgeschichtlich muß es vielmehr die gesamte Kultur sein, die Mathematik in ihrer Universalität erst möglich macht. Das bleibt in den Andenpaktstaaten problematisch, weil diese Universalität der exakten Mathematik gesamtgeschichtlich in den präkolumbianischen Kulturen und der Kolonialzeit nicht im gewünschten Maße gegeben war.

Der bloße Transfer von Technologie vermag nur dort fruchtbar zu wirken, wo er sich auf entsprechende Denkstrukturen in der Kultur stützen kann, wie dies etwa in der japanischen Kultur mit ihrer Autoritätsgläubigkeit, der sakralen Anerkennung des Kaisers, dem Konsensusprinzip in der Entscheidungsfindung und der grundsätzlichen Empirie in der Gesamtkultur gegeben war. Die Beziehung des andinischen Gesellschaftsgefüges zu den Naturwissenschaften und der Technologie ist jedoch gebrochen und problematisch, hier liegt ein grundsätzlicher Zwiespalt. Die Verbreitung einer wissenschaftlichen Kultur ist in den Andenpaktstaaten nicht ausgereift, es gibt noch keine gleichsam rationalistische Transzendenz in der Kultur, die ein geistiges Klima schaffen könnte, das der Anwendung von Wissenschaft und Technologie wohlwollend gegenübersteht. Dem Erziehungswesen und den Universitäten fällt die Aufgabe zu, einen Bewußtseinsprozeß in Gang zu setzen, auf den Paulo Freyre verwiesen hat.

Bis heute ist die Weichenstellung in der Bildungspolitik nicht vollzogen, es herrscht ein Mangel an Abstimmung und planerischer Überlegung. Die Gesellschaft kann sicher nicht umgeschult werden, das Erziehungssystem muß vielmehr an die entwicklungspolitischen Erfordernisse der jeweiligen Kultur in staatstragender Form funktional angeglichen werden, um von diesem Punkt aus eine eigenständige technologische Entwicklung einzuleiten.

Das Kardinalproblem besteht darin, daß lateinamerikanische

Unternehmen von ausländischen Technologiequellen abhängen und bisher in unzureichendem Maße imstande waren, endogene Technologie zu entwickeln. Die mangelnde Wettbewerbsfähigkeit der lateinamerikanischen Firmen auf dem Weltmarkt fördert diese auflösende Entwicklung. Lateinamerikanische Unternehmen befinden sich im Weltmaßstab im Wettbewerbsnachteil, weil ihre eigenen Forschungs- und Entwicklungskapazitäten von der Privatindustrie zu wenig gefördert werden und dem Staat die finanziellen Mittel für die Investitionen fehlen. Die technologische Kluft ist entsprechend immer auch eine Bildungskluft.

Zwischen Innovation und Erfindung besteht ein sehr enges Verhältnis. Erfindung ist die Konzeption eines Gedankens, eine Fundsache, sie entspricht der Leistung eines einzelnen oder einer Gruppe von Forschern. Innovation hingegen hat zu tun mit der Diffusion, der Anwendung der Erfindung im Großraum von Gesellschaft und Wirtschaft. Zu behaupten, Technologie sei ein notwendiger Faktor in dieser Entwicklung, heißt noch nicht zu sagen, daß sie sich selbst genügt.

Die Andenpaktstaaten waren und sind Staaten an der technologischen Peripherie und haben seit der Kolonialisierung niemals einen kumulativen endogenen Prozeß gekannt, so daß eine gewisse Statik kennzeichnend wurde. Es ist aber davon auszugehen, daß jeder Staat Bereiche der technologischen Selbstbehauptung hat und zumindest über eine minimale wissenschaftlich-technologische Infrastruktur verfügt, um endogene Fähigkeiten zu entwickeln. Darum ist zu fordern, daß jeder Staat in einem weltweiten Maßstab Entscheidungsfreiheit in der Auswahl der verfügbaren Technologie hat, wobei der Informationszugang gesichert werden muß, der erlaubt, Technologie zu angemessenen Preisen zu erwerben. Jedem Staat muß weiterhin die Möglichkeit eingeräumt werden, in wirksamer Weise Regeln aufzustellen, die im Rahmen der ausreichend zu gewährleistenden Infrastruktur eine Nachfrage nach Technologie befriedigen und den Transfer von Technologie beschleunigen können. Eine bestimmte Technologie ist angemessen nur für eine besondere physikalische, ökonomische und vor allem kulturelle Umgebung und eignet sich oft nicht für eine Verpflanzung in ein anderes Umfeld. Unter diesen Umständen ist es für die nationale Planung von Wissenschaft und Technologie unerläßlich, Technologien im Falle einer Transferierung zu verändern.

Wissenschaft muß als Teil einer umfassenden kulturellen Anstrengung begriffen werden, sowohl als Initialzündung für die Wirtschaft als auch für die zweckgerichtete Forschung bei der industriellen Integration. Hieraus folgt, daß auch Technologie gewählt werden kann, die nicht allein den quantitativen industriellen Sektor fördert, sondern auch die humane Entwicklung gestaltet, also die Lebensqualität sichert.

Anstelle der Einfuhr von Hochtechnologien, die in die Wirtschaft nur schwer zu integrieren sind, sollte die Betonung auf den selektiven Erwerb von strategischen Technologien gelegt werden, die über bedeutende Multiplikatoreneffekte bei einer steigenden Selbstbehauptung verfügen. Diese selektive technologische Ausbildung muß entsprechend der kulturellen Dispositionen der Andenpaktstaaten erfolgen, wie sie sich im jahrhundertelangen historischen Verlauf herausgebildet haben.

Endogene Technologie muß sich auf verschiedene Voraussetzungen stützen: Sie muß zunächst dem kulturellen und sozialen Umfeld, den sittlichen Normen und den Gebräuchen einer bestimmten Kultur entsprechen. Endogene Technologie muß weiter ökonomisch angepaßt sein, das heißt, sie muß Gewinn erzielen in einem übersehbaren Zeitraum bei begrenztem Kapitaleinsatz und Devisenvorrat, um auf klein- und großindustriellem Sektor Arbeitsplätze zu schaffen. Die durch endogene Technologie hervorgebrachten Erzeugnisse sollen die wesentlichen Grundbedürfnisse der Gesamtbevölkerung erfüllen und nicht nur den westlichen Lebensstil nachahmen. Auch die Ökologie muß im Gleichgewicht gehalten werden; dies betrifft den Schadstoffausstoß, der für Industrieanlagen in den Andenpaktstaaten ein großes Problem darstellt, wie auch die Erosion des Bodens sowie das Abholzen der Wälder. Alternative Technologien sollen nicht nur die Qualität des Produktes ändern, sondern auch den Preis senken.

Die Mobilisierung auch der alternativen Technologien fordert den Rückgriff auf lokale und regionale Ressourcen als Entwicklungspotential. Das bedarf eines sozialen und kulturellen Lernprozesses. Diese interne und kulturelle Transformation ist die dringliche Voraussetzung für die Selbständigkeit. Hierbei sollen eine effektive Kontrolle der Schlüsselsektoren sowie die Übereinstimmung der Bedürfnisse mit der tatsächlichen Nachfrage der Bevölkerung erreicht werden.

Wichtig erscheint die Identifizierung der wirklichen sozialen, wirtschaftlichen und kulturellen Bedürfnisse breiter Bevölkerungskreise, vor allem auch der unterprivilegierten Schichten. Technokratische Pflichtübungen müssen durch soziale und kulturelle Lernprozesse ersetzt werden. Nur in diesem Sinne läßt sich eine Industrialisierung als Schlüssel der wirtschaftlichen Entwicklung befürworten, um die Stoßkraft in Richtung auf andere Sektoren wie Ackerbau, Energie, Kommunikation, Gesundheitswesen und soziale Dienstleistungen zu sichern. Es geht letztlich um neue Formen der nationalen und kollektiven Selbständigkeit in den Staaten der technologischen Peripherie. Die grundlegenden Bereiche wie Ernährung, Sicherung der materiellen Lebensgrundlage, Bildung und Beschäftigung müßte jeder Staat aus eigenem Vermögen befriedigend abdecken können.

Durch eine Verbindung zwischen der modernen Wissenschaft in selektiver und systematischer Anwendung und der traditionellen Technologie soll letztere aufgewertet werden, denn der Beitrag, den traditionelle Produktionsweisen zu leisten vermögen, geht über besondere technische Aspekte hinaus und trägt zu der Identifizierung der nationalen und kulturellen Identität bei.

Eine alternative Entwicklung muß neben der Bedürfnisorientiertheit sowohl im materiellen wie nicht-materiellen Verständnis immer stärker auf Faktoren Rücksicht nehmen, die der Wissenschaft eine lokale kulturelle Eigenheit verleihen, um eine endogene wissenschaftliche und technologische Grundlage zu sichern. Die Rückbesinnung auf die eigenen Kräfte bedeutet eine ökologische Gesundung wie auch die Teilhabe der gesamten Bevölkerung an den Entscheidungen. Es geht um eine ökonomische Wahrnehmung von Fortschritt und Entwicklung, die der Pluralität der Kulturen Rechnung trägt und somit Wege findet, Wissenschaft auszuüben, die angeglichen ist an die tatsächlichen regionalen Bedürfnisse und Gegebenheiten des andinischen Raums.

Technologische Innovation und der Primat der Kultur

Die Theorien der technologischen Abhängigkeit haben viele Väter. Federführend für die 50er und 60er Jahre des 20. Jahrhunderts sind Furtado, Cardoso und Sunkel zu nennen. In den 70er Jahren haben sich Denker wie Constantine Vaitsos, Fernando Fajnzylber und Miguel Wionszek den Kopf zerbrochen über Technologietransfer. Für die Frage nach einer lokalen wissenschaftlichen und technologischen Tradition stehen Natalio Botana, Jorge Sabato, Maximo Halty und Francisco Sagasti.

Im Gegensatz zu der Dependenztheorie, die von einer hybriden Wirtschaft ausgeht und deren Startpunkt die Analyse des Einflusses der exogenen Technologie nach Lateinamerika ist, hat der Autonomieansatz zum Ziel, die lokalen Kapazitäten zu erkennen und auszubauen. Die Maßgaben der Planung, der Organisation und der Einpflanzung lokal begründeter wissenschaftlich-technologischer Anstrengungen rangieren vor dem Bezug zur Vergangenheit mit dem Übergewicht der importierten Technologie. Es handelt sich somit um einen normativen Ansatz, wie ihn etwa Jorge Sabato oder Natalio Botana 1968 formuliert haben. Hiernach wird Lateinamerika aufgefordert, seine imitative, passive Rolle preiszugeben und eine Entwicklung vergessen zu machen, bei der die lateinamerikanische Forschung historisch durchgängig bis in die 50er Jahre dieses Jahrhunderts die Naturwissenschaften kraß unterbewertete, wo kaum Ingenieurwissenschaften, sondern nur Metaphysik, Recht und Medizin gelehrt wurden.

Es war offensichtlich, daß Lateinamerika einen nur geringen Anteil an der weltweiten technologischen Innovation hatte, weil die Wissenschaft, vor allem Naturwissenschaft, seit der Kolonialzeit marginalisiert wurde. Einzelne technologische Pionierleistungen blieben auf einen Elitekreis beschränkt. Dies war vor allem in den Andenpaktstaaten der Fall.

Jorge Katz hat die Frage nach den lokalen innovatorischen Kapazitäten in Lateinamerika unter Einbeziehung von Rohmaterialien, Arbeitsverfügbarkeit und Marktgrößen eingehend untersucht. Der bessere Gebrauch der verfügbaren Ressourcen setzt eine gewisse Dynamik voraus, die überwiegend drei Imperativen gehorcht: der Übertragung allen Wissens von den vergangenen auf die heutige Generation, zuzüglich der Erwerb neuen Wissens und schließlich die Änderung der organisatorischen und institutionellen Formen, die wissenschaftlichen Zugewinn besser absichern kann. Hier offenbart sich der Prozeß, den eine Gesellschaft bei der Erhaltung, Reproduktion und Verteidigung ihrer inneren Stärke auf der Suche nach Effizienz durchläuft. Zu wenig wurde bisher dem Tatbestand Rechnung getragen, daß sich eine Gesamtentwicklung eines Staates nicht nur auf sein ökonomisches Wachstum begrenzen läßt; vielmehr muß sich die Entwicklung im eigentlichen Wortsinn um den Menschen drehen, er will integriert sein in der Mannigfaltigkeit seiner Lebensformen, wobei jede Kultur einen besonderen Stil der Entwicklung ausprägt.

Deshalb ist hier eine Differenzierung ratsam: Eine allein auf Produktion und Ökonomie ausgerichtete Entwicklung ist noch nicht endogen, denn es muß als vitale Funktion zu diesem vielschichtigen Prozeß noch die Erziehung hinzutreten. *Man muß Abschied nehmen von der Uniformität der kulturellen Vorherrschaft der westlichen Industriestaaten, die kein summum bonum darstellt, sondern einen wesentlichen Teil der kulturellen Möglichkeiten ausblendet.*

Jeder Versuch einer Uniformierung der Kulturen wird zu einem Eingriff in die Unabhängigkeit von Staaten und Gesellschaften. Deshalb bedarf es in den Andenpaktstaaten der kulturellen Integrierung der Wirtschaft. Die Kultur ist hierbei die soziale Matrix, die erst der individuellen Existenz ihren Wert verleiht.

Die Aufmerksamkeit muß verstärkt auf die verschiedenen Ethnien, kulturellen Besonderheiten und Religionen, die in der Pluralität des andinischen Raums zum Ausdruck kommen, gelenkt werden. Jeder ethnischen Gruppierung sollte die Möglichkeit eingeräumt werden, ein Leben zu verwirklichen, das nicht grundsätzlich entfernt von den kulturellen Wurzeln ist. Nur auf dieser Grundlage können neue kulturelle Identitäten geschaffen werden, die in den jeweiligen nationalen Gesetzgebungen aufgefangen werden sollten, um auch in der Legislative die Existenz einer multiethischen Gesellschaft zu begründen. Dies betrifft Erziehung, Ausbildung, die soziale und politische Organisation. So kann erfolgreicher die Vergangenheit interpretiert, die Gegenwart organisiert und die Zukunft geplant werden.

Wissenschaft und Technologie bergen den »genetischen Code« der Gesellschaften in sich, die sie hervorgebracht haben. Die Kultur ist hierbei stets der Ausdruck der Angleichung des Menschen an seine natürliche Umwelt, die Technologie das Mittel, diese Umwelt zu verändern, auch hierin liegt der elementare Bezugspunkt von Technologie und Kultur. Beide stehen zueinander in einem zyklischen Verhältnis. Wissenschaft und Technologie in der derzeitigen Ausprägung haben die Tendenz, die Pluralität der Kulturen zu gefährden und sie durch eine okzidentale Industriekultur zu ersetzen. Die Technologien der westlichen Industriestaaten haben nach Lateinamerika übergegriffen ohne Bewußtsein der zersetzenden Auswirkungen. Es darf sogar gesagt werden, daß der Transfer der westlichen Technologie dazu beigetragen hat, daß ein großer Teil der Weltbevölkerung von der technologischen Evolution ausgeschlossen blieb.

Eine Sicht der Technologie, die sich auf den Gedanken stützt, Wissenschaft und Technologie wären neutral, zielt an der Wirklichkeit vorbei. Auch in den Andenpaktstaaten läßt sich nur begreifen, was Modernität ist, wenn dieser Begriff in ein Verhältnis zu den traditionellen Kulturen gesetzt wird. Hierbei stellt sich die Forderung, daß die Kulturen ein Modell der Modernität suchen, das ihren historisch gewachsenen Traditionen entspricht. Dies vermag aber nur von einer endogenen Technologie geleistet werden.

Vermeintlich politische und wirtschaftliche Konflikte sind in den Staaten der dritten und vierten Welt sowie in den Schwellenländern tatsächlich hintergründige religiöse und kulturelle Konflikte. Es darf nicht von einer Angleichung des Erziehungswesens an die Wirtschaft gesprochen werden, sondern von einer Integration der wirtschaftlichen Entwicklung entsprechend der Möglichkeiten und Bedürfnisse der Erziehung. Der Mensch muß im Zentrum der Entwicklung stehen, so kann die Identität der Kulturen und der Staaten bewahrt werden, ebenso die Authentizität ihrer Entwicklung. Die Erziehung muß weniger die Transmission und Reproduktion oder gar die Imitation der importierten Technologien betonen als vielmehr die schöpferische, aufbauende Kraft der einzelnen Gruppen, die sich in einer Kultur sammeln. Nur diese Bündelung führt zu einer endogenen Technologie.

Die lokalen Entwicklungen mit ihren kulturellen Werten müssen beachtet und von einer global nivellierten Kultur abgehoben werden, ansonsten ist eine autochthone Verankerung der Technologie nicht möglich, ebensowenig die Ausarbeitung technologischer Neuheiten mit lokalspezifischem Zuschnitt. Die kulturelle Persönlichkeit eines Staates darf aus strategischen Sicherheitsinteressen nicht gefährdet, sondern muß mit der nationalen und wirtschaftlichen Entwicklung in Übereinstimmung gebracht werden.

Die aktive Teilnahme breiter Bevölkerungskreise führt zu einer Diversifizierung der Formen menschlichen Seins, auch in der andinischen Region. Kulturen, Staaten und Gesellschaften müssen sich auf ihre intrinsischen Werte besinnen, damit die innere Stabilität zur Geltung kommt, auch um die Kapazitäten auszuschöpfen und an den eigenen Fortschritt zu glauben, sei dieser nun materiell-quantitativ oder human-qualitativ. So kann das inhärente Potential, über das jede Kultur in der einen oder anderen Weise verfügt, geweckt werden.

In den Andenpaktstaaten wird deutlich, daß politische Unabhängigkeit alleine nicht genügt, um die Entwicklungsprobleme zu lösen; aus diesem Grunde gewinnt das Ringen um kulturelle Identität bei gleichzeitig ansteigender Technologie solche Bedeutung. Technologie ist immer eng verbunden mit den wirtschaftlichen Zielen der Produzenten, mit dem Bereich des »surplus«, auf dem die Wirtschaft grundsätzlich beruht.

Durch Sozialisierung wissenschaftlicher Erkenntnisse lassen sich auch grundsätzliche Kriterien für den künftigen Import von Technologie festsetzen. Produktive Kräfte definieren immer eine neue soziale Ordnung. Dies trifft besonders bei der dringend notwendigen Wiedergenesung der heutigen Technologien der Bauernkulturen im andinischen Raum zu. Hierbei ist Technologie aufgerufen, wieder eine natürliche Brücke zwischen Wissenschaft und Produktion zu bilden. Im Wechselspiel muß eine neue kulturelle Form der Adaption zur Bereicherung der nationalen Wissenschaftspolitik in den einzelnen Staaten des andinischen Großraums entstehen.

Die nationale Wissenschafts- und Technologiepolitik hat ihr Gravitationszentrum in der Verbesserung der menschlichen Ressourcen (bei den wissenschaftlichen Forschern wie den technologischen Innovatoren). Eine wissenschaftlich-technologische Entwicklungsstrategie ist nur gültig, wenn sie mittel- und langfristige Konsequenzen, die über Fünfjahrespläne hinausgehen, berücksichtigt, zumal bei dem Vorsatz, Wissenschaft und Technologie zu integralen Bestandteilen des Staates durch den Dreischritt der Evaluation, Assimilierung und Einkörperung werden zu lassen.

Wissenschaftliche Aktivität kann nur im Lernprozeß erfüllt werden, der zur konkreten Verwirklichung im industriellen Bereich führt. Eine wissenschaftlich-technologische Neuorientierung muß ihre Ergebnisse durch konkrete Schulungsprogramme über das Schulwesen und die Erwachsenenbildung sozialisieren. Die erkenntnisschöpfende wissenschaftliche Aktivität wird so an die Produktionstechnologien angebunden, wobei die Versöhnung der modernen mit der traditionellen technologischen Grundlage der produktiven Aktivität im Vordergrund stehen soll.

Die technologische Innovation ist von mehreren ökonomischen Faktoren abhängig: vom Typus des Marktes, weiter von der Verfügbarkeit und dem Preis der produktiven Kräfte. Die Industrieunternehmen können der grundsätzliche Handelsfaktor der technologischen Entwicklung sein, vorausgesetzt, die produktive Einheit ist nicht lediglich Empfänger der Technologien, sondern im Gegenteil eine aktive Instanz und steigt selbst zum Schöpfer von Wissensbeständen auf.

Eine neue Regierungspolitik muß darauf abzielen, ein wirtschaftliches Umfeld zu ermöglichen, das Anreize gibt zur Verwirklichung von technologischer Schöpfung in den Unternehmen. Das Zentrum der Gravität sollte hierbei vom Laboratorium auf die Bedürfnisse der Industrieunternehmen verlagert werden.

Die technologischen Veränderungen sind unabdingbare Voraussetzungen der Produktivität, die sich wesentlich aus drei Faktoren zusammensetzt: dem technologischen Fortschritt, dem Unternehmensmanagement und der Institutionalisierung der wirtschaftlichen Aktivität. Der Begriff der Produktivität umschließt aber auch Faktoren wie die persönliche Effizienz des Arbeitnehmers, die Kapitalbereitstellung, die natürlichen Ressourcen, vor allem aber die historischen, religiösen und kulturellen Aspekte. Durch eine endogene Evaluation dieser Faktoren wird das innovative Vermögen des produktiven Sektors gesteigert, gleichermaßen die Wettbewerbsfähigkeit auf dem internationalen Markt.

Wissenschaft und Technologie im andinischen Raum und ihre besondere Konstellation

Die Sicht des Menschen verlagerte sich im Verlauf der Evolution von der magisch-mythischen Tradition in den Vor- und Frühkulturen über mehrere religiöse Zwischenstufen zu einem wissenschaftlichen Weltbild, das die technische Zivilisation mittlerweile durchherrscht. In den Andenpaktstaaten existieren aber noch Rudimente von magisch-mythischem Denken neben der wissenschaftlichen Weltsicht, wobei sich beide Ebenen auszuschließen scheinen. Hierin ruht die Problematik. Der wesentliche Beitrag der westlichen Welt bestand und besteht in der Anwendung der wissenschaftlichen Methoden, in der Weltsicht der Abstraktion und der empirischen Beobachtungen.

Es gilt zwischen Staaten zu unterscheiden, in denen die Evolution der wissenschaftlichen Aktivität zu Fortschritten in der Produktionstechnologie in unmittelbarer Weise geführt hat, und solchen, in denen die erkenntnisschöpfende Aktivität nicht in dieser Weise zur Technologie verarbeitet wurde. In den Andenpaktstaaten ist letzteres der Fall.

Staaten mit endogenem technologischen Hintergrund kennen einen internen Akkumulationsvorgang (wie in Westeuropa) oder eine Einkörperung, die später vollzogen wurde (wie in den USA und Japan). In beiden Fällen entstand ein Prozeß der systematischen Schöpfung von Wissen, der mit der organischen Produktion verknüpft war und sich auf Produktionstechnologien gründet, die auf wissenschaftlichem Denken sowie auf technologischen Entdeckungen basierte. Die Fusion von Technologie mit evolutivem Denken bezeichnen wir als wissenschaftlich-technologische Revolution. Diese Revolution, die sich im Zuge der menschlichen Evolution über sehr weite Zeiträume erstreckte, war ein sehr vielseitiger Vorgang, bei dem Wissenschaft und Technologie im Wechselspiel abgestimmt wurden. Im industriellen Verständnis verstärkte sich dieser Vorgang in den letzten 300 Jahren in Westeuropa deutlich.

Die Evolution des westlichen Denkens unterscheidet sich von der andinischen Kultur wesentlich. Betrachtet man frühe Wurzeln in der hellenistischen Epoche, so ist in der vorsokratischen Philosophie zu erkennen, wie in der abendländischen Kultur das Vermögen zur Abstraktion langsam wuchs. Aristoteles formulierte frühe Vorstellungen von Logik und Methodologie. Das griechische Denken kannte die Fähigkeit zur konzeptionellen Erschließung der Welt, die auch das Römische Reich und später das europäische Mittelalter durchherrschte. Eine vorgegebene göttliche Ordnung verkörperte den Grundstein für die weltliche Ordnung. Das Einwirken der islamischen Kultur auf Europa zu Ende des Mittelalters half bei der Herausbildung des symbolischen Ausdrucks und der weiteren Errichtung abstrakter Konzeptionen (etwa in der Algebra). Auch war eine Untersuchung der natürlichen Phänomene an der Tagesordnung (etwa bei den Alchimisten). Die Renaissance verstärkte das Vermögen zur exakten Beobachtung, was die Naturwissenschaften befruchtete, vermittelte zwischen abstrakten Konzepten und physikalischen Phänomenen und ebnete den Weg für die moderne Naturwissenschaft.

Die abendländischen Philosophen machten sich Gedanken über maschinelle Konstruktionen und stellten systematische astronomische Beobachtungen an, die als Grundlage zur Navigation dienen sollten. Der Beitrag von Kopernikus und Galileo leitete über zum Triumph der Ratio über das Dogma, ebenso wurde dem Übergang von der Religion zur Wissenschaft der Weg bereitet. Newton erweiterte diese Tendenz, indem er den Gedanken einführte, daß das Universum vorhersehbar war und gewissen Gesetzen gehorchte, die erkannt und überprüft werden konnten. Seitdem hat sich der Beitrag der wissenschaftlichen Aktivität für die Entwicklung der Produktionstechnologien entscheidend erhöht.

In Staaten mit endogenem wissenschaftlich-technologischen Hintergrund herrschte im Gegensatz zu solchen mit traditionellen Werten, die noch von Magie und Mythos getragen sind, der Gedanke, daß der Mensch grundsätzlich in der Lage ist, Abläufe in Staat, Politik, Wirtschaft und Gesellschaft zu begreifen, vorherzusagen und im besonderen zu kontrollieren, nicht zuletzt die Natur. Gerade diese Vorstellung war in der noch magisch-mythischen Welt des andinischen Raums undenkbar.

Die Andenpaktstaaten als Länder mit überwiegend exogener Technologie waren nicht darin erfolgreich, eine wissenschaftlich begründete, eigene erkenntnisschöpfende Evolution der Produktionstechnologien zu entwickeln.

Venezuela bildet bei den Andenpaktstaaten eine gewisse Ausnahme. Es war bis vor dem Zweiten Weltkrieg überwiegend ein Agrarstaat (Viehzucht) mit begrenzten wirtschaftlichen Erfolgen. Die politische Evolution war durch Diktaturen behindert. Der Aufschwung durch die Ölindustrie veränderte diese Strukturen radikal. Der spektakuläre Aufstieg der Ölindustrie vollzog sich während des Zweiten Weltkriegs und verhalf dem Land zum Status eines der wohlhabendsten Länder Lateinamerikas, wenngleich politische Stabilität erst 1958 erreicht wurde. Im Vergleich zu den übrigen Andenpaktstaaten lief die Agrarreform in Venezuela anders ab, da sie kein Bestandteil des revolutionären Prozesses und in ihrem Ausmaß begrenzt war.

Die Demokratisierung wurde in Venezuela durch die Agrarreform flankierend unterstützt und maß dem Agrarsektor eine politische Rolle zu, wie sie in dieser Weise an keiner anderen Stelle auftrat. Das Angebot an Arbeitsplätzen stieg zwischen 1960 und 1980 um 60 % stärker an als in allen anderen Volkswirtschaften Lateinamerikas. Auch die Kapitalbildung nahm entsprechend zu.

In der gleichen Zeitspanne stellten die lateinamerikanischen Ökonomien 19% ihrer Ressourcen den Investitionen zur Verfügung, während die venezolanische Ökonomie 33,2% einsetzte. Auf der anderen Seite gab es für Venezuela ein Problem, das bezeichnend für Lateinamerika werden sollte: neben der Kapitalflucht war dies die Eingliederung der produktiven Ressourcen für die Herstellung von Gütern und Dienstleistungen.

Selbst Venezuela hat bis heute trotz aller öffentlichen politischen Beteuerungen keine explizite Technologiepolitik, die sich mit der Schaffung, Evaluierung, Auswahl, dem Gebrauch, der Adaption, der Verbesserung und Diffusion von Technologien befaßt, die den industriellen Prozeß begleiten. Auch Venezuela ist bis in die Gegenwart von exogener Technologie abhängig, da Schlüsselpositionen von Importproduktion gehalten werden. Im Jahr 1983 etwa gab Venezuela 10000 Millionen Bolivares für den Ankauf von ausländischen Technologien aus, wobei bis heute nicht eindeutig errechnet werden konnte, welchen Einfluß dies auf die industrielle Entwicklung und die eigene technologische Kapazität haben sollte. In entscheidenden Punkten herrschte auch in Venezuela bis in die 50er Jahre eine Einstellung, die technologische Erfindungen auf Versuche in Laboratorien beschränken wollte. Entscheidend und beispielhaft für diese Weltregion war, daß diese Forschung ohne die praktischen Konsequenzen einer Nutzanwendung durchgeführt wurde.

Erst als seit dieser Zeit die Politik der venezolanischen Gesellschaft für die Wissenschaft (ASOVAC) ins Leben gerufen wurde, wurde die Wissenschaft in ihren praktischen Auswirkungen staatlich organisiert. Im Vergleich zu Organisationen in Nordamerika und Europa behielt aber auch diese Organisation eher kontemplativen Charakter und war nur bedingt aktionsbetont, da sie sich gleichermaßen der Literatur und den Humanwissenschaften widmete. In den 60er Jahren verschob sich die Perspektive etwas zugunsten einer lokalen Wissenschaft, da sie der Staat als eine produktive Kraft und einen unerläßlichen Faktor des Fortschritts erkannte. Diese Einstellung fand erst Zutritt in die Industrialisierungspolitik, die eine relative Verfeinerung des ökonomischen Apparats schuf, so daß von der Notwendigkeit einer wissenschaftlichen Kapazität ausgegangen wurde zur Begründung der notwendigen Technologien für die wirtschaftliche Entwicklung.

Diese Tendenz fand 1967 ihren Niederschlag in den nationalen Rat für wissenschaftliche und technologische Forschung, CONICIT, in dem der Staat seine wissenschaftlichen Aktivitäten bündeln wollte. Die Gründung der CONICIT wie auch vergleichbarer Institutionen in anderen Teilen Lateinamerikas – in Mexiko, Argentinien,

Costa Rica, Peru und Chile – ging ein bestimmter Einfluß der UNESCO voraus, was wiederum Europa und die USA als Vorbild ins Spiel brachte. Dennoch waren diese Aktivitäten weiterhin in einer gewissen Praxisferne auf Universitäten, Akademien und Laboratorien gerichtet, wodurch eine Einbindung in die produktive Wirtschaft unterblieb. Insofern hatte das Aneignen der wissenschaftlichen Aktivität in diesen Jahren keine unmittelbaren Auswirkungen, es läßt sich entsprechend auch nicht von einer überlegten Wissenschafts- und Technologiepolitik sprechen. Hierin wurzelt ein grundsätzliches Problem der Andenpaktstaaten.

Die Politik von CONICIT sollte darin bestehen, eine venezolanische Wissenschaft zu begründen, die diesen Praxisbezug aufweisen sollte, um der technologischen Abhängigkeit ein Ende zu bereiten. Die nationale Technologiepolitik ist freilich bis zum heutigen Tage nur fragmentarisch aufgebaut. Eine Endogenisierung der Technologie wurde nicht erreicht. Trotz weiterer Versuche der Errichtung nationaler Institutionen wie der DGST, der Gesellschaft für Technologie, oder der Stiftung für technologische Innovation FINTEC, ist es nicht geglückt, Technologiepolitik mit Wissenschaftspolitik zu verbinden. Der Zustand der technologischen Marginalität kann aber nur überwunden werden, wenn zwischen wissenschaftlicher Forschung der Produktion eine kreative Verbindung besteht, um der Technologiepolitik eine eigene Identität zu geben.

Die spezifischen Kenntnisse für die Industrie sollen ebenso gefördert werden wie die Effizienz der Regierungsaktionen auf dem Felde der technologischen Entwicklung. Dies setzt eine Diversifizierung der Wirtschaft, einen Zugang zum internationalenTechnologiemarkt und eine vielschichtigere Wirtschaft voraus. Was wir Wissenschaft und Technologie nennen, ist ursprünglich ein Projekt des europäischen Geistes. Unter dem Stichwort okzidentale Rationalität hat dieser europäische Geist inzwischen die Weltherrschaft angetreten.

Wie aber kann sich ein kulturell polyzentrisches globales System einstellen? Eine Lösung scheint zu sein, daß als Träger jenes europäischen Geistes das Christentum begriffen werden sollte, das nicht nur in der eigenen Freiheit, sondern in der Freiheit des anderen sich selbst erkennt und zu sich kommt. Die technologischen Aufbauleistungen sind aber auch in Lateinamerika völlig profan geblieben und bildeten nach der Christianisierung einen unabhängigen zweiten Kolonisierungsschub. Auch wenn wir die moderne Wissenschaft und Technologie als eine europäische Tradition begreifen, ist dennoch nicht einzusehen, daß sie nicht auch in anderen Kulturen homogen akkulturiert werden kann. Ein Prozeß der schrittweisen Erholung und der Verbesserung (upgrading) der traditionellen technologischen Grundlage sollte daher nicht verwechselt werden mit einer Rückkehr zu einer vermeintlich goldenen Vergangenheit oder einer unkritischen Wertschätzung alles Alten in den Andenpaktstaaten.

In Lateinamerika war das Verschwinden der indigenen Technologien noch radikaler als in Europa zu Ausgang des Mittelalters, da die Kolonialmächte lediglich an einer Ausbeutung der natürlichen Ressourcen interessiert waren, wofür sie überwiegend technologische Mittel einführten, die der kulturellen Wirklichkeit des andinischen Raums fremd waren. Für eine endogene Entwicklung der Technologie müssen aber Rückgriffe gemacht werden auf die traditionelle technologische Grundlage eines Staates.

Die präkolumbianischen Kulturen verfügten über eine sorgfältige ökologische Staffelung, um Ressourcen als Grundlage der traditionellen Kultur angemessen zu verwenden. Nach der Kolonisierung blieben noch Rudimente bestehen, die als Wurzeln für die Weiterentwicklung der traditionellen Technologie heute dienen können, was für den steigenden Bedarf an lokalen wissenschaftlichen und technologischen Aktivitäten wichtig ist. Diese Traditionen verharrten in der postkolonialen andinischen Kultur über viele Jahrhunderte in Lethargie. Auf der anderen Seite haben sie in den Andenstaaten ein hohes Maß an Bedeutung erzielt. Sie sind integraler Bestandteil des kulturellen Erbes und werden auch in Zukunft von Wichtigkeit sein.

Der Beitrag der traditionellen Produktion reicht über den technischen Aspekt hinaus und fördert dadurch die Bejahung der kulturellen und politischen Identität eines Staates. So verfügten beispielsweise die präspanischen Andenkulturen über eine Tradition, die das Territorium auf verschiedene ökonomische und ökologische Räume aufteilt und so eine vertikale Kontrolle mit einem hohen Maß an ausgeglichener Ökologie ermöglichte. Diese traditionelle Verbindung zur Umwelt mit einem breiten Spektrum verfügbarer Technologie entsprechend der lokalen ökologischen Voraussetzungen wurde während der spanischen Conquista faktisch durchtrennt.

Die wichtigste Überlegung zielt darauf ab, welche traditionellen Technologien in der Gegenwart in Bezug gesetzt werden können zu der modernen Technologie. Eine solche selektive Verbesserung traditioneller technologischer Möglichkeiten könnte – vorrangig im Ackerbau und der Agrarindustrie – eine breitgefächerte Anzahl sozialer und ökonomischer Aktivitäten einschließen.

Endogene Technologie setzt eine Neuordnung der wissenschaftlichen Aktivität voraus. Dabei geht es um die Angleichung der traditionellen Agrarwirtschaft, um eine Verbesserung der traditionellen technologischen Agrarpraktiken mit Hilfe der wissenschaftlichen Forschung, wodurch auch das produktive System nach Maßgabe der tatsächlichen Bedürfnisse der Bevölkerung umgestaltet wird.

Beide Faktoren, die Evolution neuer Formen von Wissenschaft mit stärkerer lokaler Komponente und die Wiederentdeckung des traditionellen Wissens und der Technologie illustrieren den vielschichtigen Charakter des Aufbaus der endogenen Wissenschaft und Technologie. Hierbei muß gesichert sein, daß die magisch-mythische Grundnote der präkolumbianischen Kulturen zu einer Sachlichkeit mutiert, die tatsächliche Anknüpfungspunkte für eine moderne Wissenschaft bietet. Hierzu ist auch vorrangig eine Veränderung des Erziehungswesens in den Andenpaktstaaten in Inhalt und Form notwendig.

Priorität der Endogenisierung und Vorrang der Erziehung

Mehrere Faktoren sind bei der Endogenisierung von Wissenschaft und Technologie ausschlaggebend: edukative Technologie mit gleichzeitiger Betonung des traditionellen kulturellen Erbes zum Zwecke gegenseitiger Integration, dazu die Schaffung günstiger Voraussetzungen für wirtschaftliche, gesellschaftliche und politische Transformationen.

Die Erziehung hat eine doppelte Aufgabe: das Bewußtsein für die moderne Wissenschaft und Technologie herauszubilden und das kulturelle Erbe zu wahren. Dies dürfte die konzeptuellen Werkzeuge zur Schaffung der endogenen Grundlage bereitstellen. Wissenschaft und Tradition müssen in einer organischen Form koexistieren; dies ist nur durch wechselseitige Interaktion möglich, sei sie materiell oder geistig. *Eine Endogenisierung von Wissenschaft und Technologie vermag nicht stattzufinden, solange der soziale, wirtschaftliche und politische Zusammenhang unverändert bleibt.*

Es soll eine selektive Endogenisierung erwachsen, und zwar graduell, um die technologische Revolution sorgfältig mit Blick auf die kulturelle Kompatibilität auszurichten. Die indigene Technologie sollte bei diesem Vorgang gerade nicht eliminiert werden. Die Ausstattung der Produktionstechnologie auf der Grundlage der wissenschaftlichen Entdeckung muß endogenisiert werden.

Im Kern einer Strategie zur autonomen Entwicklung liegt die Verknüpfung der wissenschaftlichen erkenntnisschöpfenden Strömung mit der Evolution der modernen Produktionsgrundlage und der systematischen Revitalisierung und Wertschätzung der indigenen Technologie. Die Trias der Komponenten kann zu einer fortschreitenden Ersetzung der exogenen Technologie im andinischen Raum führen, wobei akzeptiert wird, daß es sich um einen langsamen Vorgang handelt, der nur mittelfristige und langfristige Auswirkungen hat. Entscheidende Begriffe wie Effizienz, Erfolg oder Obsolenz bedürfen der Bestimmung eines neuen Inhalts, um über den Bildungs- und Erziehungssektor zunächst die exogene technologische Grundlage bei der Endogenisierung des wissenschaftlich-technologischen Potentials zu ersetzen. Der Ausbau dieser Strukturen verlangt auch institutionelle Arrangements von kompensatorischer Wirkung bei Preisfestsetzungen und Lohnrichtlinien, so daß moderne Technologien mit höherer Produktivität nicht die traditionellen Technologien vernichten, die eine niedrigere Produktivität haben. Damit können sie die Möglichkeit erhalten, Zug um Zug aufgewertet zu werden.

Die Entscheidungsfindung im politischen und wirtschaftlichen Feld verlangt bestimmte organisatorische Voraussetzungen, die in den Andenpaktstaaten noch zu entwickeln sind. Die Institutionsgeschichte des andinischen Raums verdeutlicht die verlangsamte Geschwindigkeit bei den Forschungs- und Dienstleistungsinstitutionen, herrührend von mangelnder finanzieller Absicherung im Verlauf der Kolonialzeit und seit der Unabhängigkeit des 19. Jahrhunderts. Eine breitere Nachfrage nach Erkenntnisformen und Dienstleistungen bestand nicht. Selbst die Nuklei der Institutionen entbehrten der strukturellen Absicherung.

Je stärker ein Staat seine Wissenschaft und Technologie entwikkelt, um beide Ebenen organisch in ein produktives System einzugliedern, desto mehr verringert sich die Notwendigkeit, zwischen einer wissenschaftlichen und einer technologischen Politik zu unterscheiden, und eine innovative Kette kann entstehen.

Endogen zu sein, heißt immer, auf sich gestellt und somit ökologisch verantwortlich zu sein. Nur auf dieser Grundlage können strukturelle Umformungen vollzogen werden, die von einer exogenen zu einer endogenen Technologie voranschreiten, womit die Eigenständigkeit des Menschen im Entscheidungsprozeß gefestigt wird.

Die künftige Weltzivilisation muß sich aus einem Dialog der nationalen Kulturen zusammensetzen, die der Pluralität der verschiedenen Kulturen entspricht.

Für eine veränderte Technologiepolitik sind vier Punkte von entscheidender Bedeutung:

1. die Begründung einer lokalen technologischen Nachfrage
2. das Anwachsen des Absorptionsvermögens von Technologie
3. die Regelung der technologischen Importe und
4. die eigene Technologieproduktion.

Die Andenpaktstaaten sollten künftig auf eine Komplementarität dieser Faktoren achten. Da eines der Kardinalprobleme der Andenpaktstaaten darin liegt, die Nachfrage nach lokaler Technologie zu begründen, muß ein erster Schritt darauf abzielen, die endogene Technologie auf nationaler, regionaler und subregionaler Ebene attraktiv zu gestalten. Dies kann dadurch geschehen, daß nach außen gekehrte technologische Nachfrage nach innen gewendet und sie nach wissenschaftlich-technologischer Aktivität entsprechend der tatsächlichen sozioökonomischen Bedürfnisse der Bevölkerung ausgerichtet wird.

Bilaterale und multilaterale Verträge können für die Andenpaktstaaten die Anwendung auf regionaler und subregionaler Ebene regeln. Es braucht weiterhin Risikokapital für die Entwicklung endogener Technologien, die Vergabe von Krediten zu besonders günstigen Bedingungen für ihre Anwendung etwa durch Forschungseinheiten in den Unternehmen, Dienstleistungen von Forschungsinstituten für Technologie und unmittelbare finanzielle Unterstützung für die wissenschaftlich-technologische Infrastruktur.

Der komplementäre Gebrauch dieses Instrumentariums auf legalem und organisatorischem Gebiet läßt ein substantielles Anwachsen der Nachfrage nach endogener Technologie möglich erscheinen, die in effizienter Weise eine autonome Wissenschaft und Technologie in den Andenpaktstaaten gewährleisten soll.

Das Ziel liegt darin, die Unternehmen mit der Fähigkeit auszustatten, die technologischen Prinzipien besser zu verstehen, um die spezifischen Bedingungen der endogenen Technologie bei der Ausführung tiefer zu verankern. Das technologische Niveau und die Qualität der Dienstleistungen würden auf regionaler und nationaler Ebene steigen. Aus dem Absorptionsvermögen und der Beherrschung der eingeführten Technologie zur Überwindung der Desintegration des technologischen Zusammenhalts erwächst schrittweise der Aufbau der endogenen Technologie. Die eingeführte Technologie muß mit der endogenen Technologie in einem fruchtbaren Wechselverhältnis stehen, um die beherrschende Wirkung der exogenen Technologie zu mildern und den technologischen Erkenntnistransfer zu sichern. Entwicklungs- und Forschungsprojekte treten neben die flankierende Unterstützung der institutionellen Infrastruktur, um in eine endogene Technologie zu münden, entsprechend dem Primat der Kultur und den Bedürfnissen der Bevölkerung.

So wird importierte Technologie nicht nur adaptiert, sondern auch modifiziert und paart sich auf der Suche nach imaginativen Lösungen mit der endogenen Technologie in unterentwickelten

Staaten; technologische Selbständigkeit und letztlich auch größerer politischer Spielraum wären die Folge. Der Prozeß der technologischen Selbständigkeit muß im Zusammenhang mit alternativen Entwicklungsstilen zur Geltung kommen.

Das Bewußtsein für die Bedeutung von Wissenschaft und Technologie ist in den letzten Jahrzehnten in Lateinamerika gewachsen, vor allem seit den 60er Jahren. Die Konferenz für Wissenschaft und Technologie in La Castala, die von der UNESCO 1965 organisiert wurde, markiert einen Meilenstein, ebenso die Bemühungen um die Schaffung der Einheit für die technologische Entwicklung durch die OAS 1960 und der Bericht über die Wissenschaftspolitik der American Health Organization 1966. Bereits in dieser Zeit traten Strukturmerkmale auf, die auch die 70er, 80er und 90er Jahre beeinflussen sollten, etwa der Mangel an hochqualifizierten menschlichen Arbeitskräften, das Ungenügen der finanziellen Ressourcen, der Mangel an institutioneller Infrastruktur für Wissenschaft und Technologie sowie das gestörte Verhältnis zwischen indigener und eingeführter Technologie.

In den Jahren zwischen 1960 und 1970 verdreifachte sich zwar in den Universitäten der Andenpaktstaaten die Zahl der eingeschriebenen Studenten, aber im Gegensatz zu Nordamerika und Europa schrieben sich die Studenten überwiegend in die Fächer der Human- und Sozialwissenschaften ein und nicht in den Naturwissenschaften. Zudem widmeten sich die Graduierten nach ihrem Studienabschluß in seltenen Fällen Berufen, die mit der wissenschaftlichen und technologischen Weiterentwicklung in Verbindung standen.

Ein Blick auf Europa erklärt die Rückständigkeit in diesem Punkt. Zu Ende der 60er Jahre waren in Belgien etwa 48 % der Universitätsstudenten in Fächern eingeschrieben, die mit Wissenschaft und Technologie verwandt waren, in Norwegen lag der Prozentsatz bei 31 %, in den Niederlanden bei 43 %, in der Schweiz bei 52 %, in Schweden bei 31 %. In Frankreich begannen um 1965/66 30 % der Studenten bei Studienbeginn Karrieren in der Naturwissenschaft, in England lagen die vergleichbaren Zahlen bei 28 %, in Deutschland bei 25 %.

In den lateinamerikanischen Universitäten blieben die Naturwissenschaften weiterhin ins zweite Glied gerückt. So betrugen beispielsweise am Ende der 60er Jahre und zu Beginn der 70er Jahre die Ausgaben für die Naturwissenschaften nur 5,5 % des Budgets für die höhere Erziehung. Stellungen für post-graduate-Forscher waren rar, so daß Studenten überwiegend in die USA auswanderten. Die OAS errechnete in Statistiken, daß in Lateinamerika zu Beginn der 60er Jahre insgesamt ein durchschnittlicher Wert von 0,5 Naturwissenschaftler auf 10000 Einwohner kam, was den zehnten Teil der entsprechenden Ziffer in den USA ausmachte. In den letzten Jahrzehnten wurden auf Weltebene etwa 2% des Bruttosozialprodukts für Forschungs- und Entwicklungszwecke ausgegeben, in den Andenpaktstaaten lag die Ziffer nicht höher als 0,3%.

Angesichts dessen, daß zur Mitte der 70er Jahre die Region Lateinamerika etwa 10% der Weltbevölkerung ausmachte, wird offensichtlich, wie tief die Kluft zu den Industriestaaten tatsächlich war und ist. Auch die Verlagerung von den Human- zu den Naturwissenschaften vollzog sich in dieser Phase nur sehr langsam. 1970 zählten nur 5% der Graduierten der Universitäten zu den Naturwissenschaftlern, 14% zu den Ingenieurwissenschaftlern, 14% zu den Medizinern und 4% zu den Agrarwissenschaftlern. 1978 gab es kaum Veränderungen, die entsprechenden Ziffern lauten: 3%, 14%, 14% und 4%.

Seit der Mitte der 70er Jahre ist eine Verstärkung der Investitionen für Wissenschaft und Technologie spürbar, freilich sind die Beträge noch immer nicht ausreichend, weil auch in den Andenpaktstaaten das wirtschaftliche Wachstum und die Innovation im produktiven Sektor von der wissenschaftlich-technologischen Entwicklung abhängt, der keine Priorität gegeben wurde. Noch zu Mitte der 70er Jahre war die Zahl der Forscher in den Andenpaktstaaten 20fach kleiner als in den USA. Das relative Anschwellen der finanziellen Quellen für die Bereiche der Wissenschaft und Technologie beschränkte sich in der Mitte der 70er Jahre auf die Staaten Mexiko, Venezuela und Brasilien. Die Andenstaaten hingegen erhöhten die Ausgaben kaum. So waren die nationalen Gremien für Wissenschaft und Technologie mit ihren Planungsstäben in hohem Maße ineffizient, eine Fragmentalisierung der Forschung war die Folge, von der sich die Staaten bis heute nicht erholt haben. Es läßt sich von einer institutionellen Fragilität als Folge der politischen und wirtschaftlichen Instabilität sprechen. Um dies abzubauen, müßte verstärkt eine Ausbildung von Forschern, Technikern, Regierungsbeamten, etwa auf dem Weg über post-graduate-Studien, vorangetrieben werden, um mit diesen Programmen qualifizierte Kriterien für eine endogene Technologie edukativ zu verankern.

Der Kommerzialisierung der Technologie steht der exzessive Einfluß der Regierungsbürokratie entgegen, der bei Führungskräften auf allen Ebenen vorherrscht. Dies betrifft Registrierungen von Lizenzvereinbarungen ebenso wie legislative und administrative Maßnahmen zur Regulierung von technologischen Importen, sowie auch den Import von Kapitalgütern, der zum wichtigsten Mittel des technologischen Transfers wurde.

Gleichwohl waren die Anstrengungen im andinischen Raum nicht ausreichend, trotz der Bemühungen der OAS und ihrem »Regional Programme for Scientific und Technological Development« in den 70er Jahren, dem Versuch der UNESCO, ein regionales Netzwerk von Wissenschaftlern und Forschungsprojekten in der Physik, Biologie, Chemie und den Sozialwissenschaften zu begründen oder den Bemühungen der UNO mit ihren regionalen und subregionalen Projekten zur Flankierung der technologischen Kooperation in der Eisen- und Stahlindustrie wie auf dem Feld des Ackerbau und des Erziehungswesens. Die Hoffnungen, die ab Ende der 70er Jahre zum Ausdruck kamen, erwiesen sich als trügerisch.

Das gestörte Verhältnis von lokaler und importierter Technologie führte in den Andenpaktstaaten zudem zu einer charakteristischen Beschneidung der internen Märkte, zu Begrenzungen der Verfügbarkeit von Kapital, zur reduzierten Qualifikation von manueller Arbeit, so daß die Nachfrage nach lokaler Technologie eingeschränkt wurde. Politische Programme müssen beachten, daß die wissenschaftliche Aktivität nicht von der Gesellschaft insgesamt getrennt ist, sondern in eine nationale Politik integriert wird. Deswegen wirkte es sich auch hemmend aus, daß wissenschaftlich-technologische Forschung im andinischen Raum überwiegend von staatlichen Institutionen durchgeführt wurde, von Regierungsstellen und den Organen der höheren Erziehung, nicht aber von privaten Firmen. Hier müssen künftig grundlegende Änderungen eintreten, vor allem auf dem Ausbildungssektor, um von diesem Punkt aus die Endogenisierung voranzutreiben.

Die Andenpaktstaaten müssen auch Richtlinien erlassen für den Technologietransfer innerhalb der andinischen Region, um ihre Position gegenüber den technologieexportierenden Staaten zu stärken. Der Beitrag der unmittelbaren ausländischen Investitionen für die lokale technologische Entwicklung muß überwacht werden.

In den Staaten des Andenpakts geht es um die Rekonstruktion der Ethnien nicht nur in einer merkantilen, sondern auch in einer industriellen Phase, so daß indigene Kulturen eingebunden werden in den Wirtschaftskreislauf, da sie einen hohen Prozentsatz der Bevölkerung ausmachen. Die indigene Kultur muß an der nationalen Ökonomie entsprechend ihrer Bedeutung teilhaben.

Die Substitution der traditionellen Produktionsformen führte im Andenraum zum Verschwinden der Vielzahl der indigenen technologischen Varianten, die im historischen Verlauf aufschienen. Dieser Vorgang muß revidiert und auf neue Bahnen der Rekultivierung des traditionellen Erbes gelenkt werden. Es müssen methodisch die Ausgangspunkte für eine graduelle Endogenisierung der wissenschaftlich-technologischen Evolution in den Andenpaktstaaten bestimmt werden, was eben durchaus unter selektiver Aufnahme von traditioneller Technologie geschehen kann.

Moderne Wissenschaft und kulturelles Erbe müssen integriert werden und dürfen sich nicht wie bislang abstoßen, so daß kein schöpferischer Prozeß entstehen kann. Dazu bedarf es einer anthropologischen Grundperspektive, die Rücksicht nimmt auch auf indigene Vorstellungen von Kardinalbegriffen wie Erfolg oder Fortschritt. Ein Wandel der Einstellungen und Haltungen jenseits der rein materiellen Verbesserungen ist notwendig, bezogen auf den Wandel des Denkens, der Werte, der Glaubenshaltungen und des innerlichen Verhaltens der Menschen in ihrer Kultur. Hierbei sind die nicht materiellen Veränderungen als sinnstiftende Instanzen tiefgreifender als die rein materiellen. Die kulturellen Werte und die geistesgeschichtlichen Voraussetzungen beeinflussen die Art und Weise, wie Probleme konzeptualisiert werden, vor allem aber, wie wissenschaftliche Aktivitäten umgesetzt und ausgeführt werden sollen, um sie in die lokale Welt zu integrieren. Auch die Bildung von Hypothesen und Theorien unterliegt in einem tieferen Verständnis dem kulturellen Charakter.

Erst wenn es durch sorgfältige Maßnahmen auf dem Erziehungssektor gelingt, moderne Wissenschaft und traditionelle Kultur zu versöhnen, wird es möglich sein, ein günstiges Klima für die Transformation der sozialen, wirtschaftlichen und politischen Strukturen der Andenstaaten zu schaffen. So läßt sich schrittweise eine wirklich bedürfnisorientierte Politik – sei dies materiell oder nicht materiell – durchführen, die eine eigene Vision der Zukunft entwirft und den Begriff der Endogenität als aus dem Kern der Kultur kommend rechtfertigt. Zwischen dem Wachstum der endogenen Wissenschaft und Technologie und den alternativen Entwicklungsstrategien besteht eine unausweichliche Verbindung. Eine Ebene kann ohne die andere nicht existieren, um die »dependencia«, die Zurückgebliebenheit der Andenpaktstaaten zu überwinden.

Die technische Zweckrationalität und Funktionalität müssen gleichsam andinisiert werden, um eine Kompatibilität herzustellen. Dies ist auch eine Voraussetzung für ein anderes Investitionsverhalten der Wirtschaft und der realistischen politischen Perspektive. Die magisch-mythische Tradition des andinischen Raums soll in ihrer Metaphysik und Transzendenz mit der empirisch-sachlichen Methodik der modernen Wissenschaft und Technologie versöhnt werden. Das ist der Kernpunkt. Dies kann nur durch graduellen Wandel und eine geglückte aktive und nicht lediglich passive Akkulturation der verschiedenen Kultur- und Gesellschaftsstufen erreicht werden.

Dazu hinführende politische Maßnahmen sollten auf diesen

schrittweisen Wandel ausgerichtet sein, um schließlich eine prinzipielle Neuordnung von Staat und Wirtschaft zu erreichen. Es muß darauf geachtet werden, daß die Andenpaktstaaten eine wissenschaftliche Forschungsgrundlage aufbauen, die ihnen selbst in der Vielschichtigkeit ihres historischen Verlaufs entspricht.

Im internationalen wirtschaftlichen Verbund ist auf folgende strategische Richtlinien zu achten:

1. Die grundlegenden strukturellen Transformationen sollten in der Gestalt durchgeführt werden, daß sie der Wirtschaft Lateinamerikas erlauben, auf einer Weltebene die Exporte neu zu orientieren, Substitutionsmärkte zu erschließen und in einer selektiven Weise zu importieren, um langfristig eine immer größere Unabhängigkeit zu erzielen.

2. Auf den Sektoren der Wirtschaft, die ein größeres Entwicklungspotential haben, ist eine ordnungsstiftende und neue Politik zu formulieren.

3. Die Kontrolle der natürlichen Ressourcen ist ebenso voranzutreiben wie ihre rationale ökologische Nutzung und ihre unmittelbare Auswertung.

4. Eine größere Priorität ist auf den inner-lateinamerikanischen Handel zu legen, wobei ein System der Bezahlung gewählt werden sollte, das sich auf Verrechnungseinheiten stützt, nicht auf den amerikanischen Dollar.

5. Die Kooperation mit den »Südstaaten« sollte vorangetrieben werden, etwa mit den Staaten Asiens, Afrikas und des pazifischen Raums.

6. Die neuen Formen der Industrialisierung sollen die Produktion begünstigen, die zufriedenstellend die interne Nachfrage in jedem Land sichert, ebenso auf die regionale, subregionale und interregionale Nachfrage.

7. Es sollte ein lateinamerikanisches Ernährungssystem geschaffen werden, das eine minimale Ernährungssicherheit für den lateinamerikanischen Raum garantiert.

8. Gleichermaßen sollte ein besseres inner-lateinamerikanisches Transportwesen begründet werden.

9. Es sollte ein Finanzierungssystem eingerichtet werden, das die Anstrengungen des Austauschs innerhalb Lateinamerikas sichert.

10. Es ist ein Mechanismus des wirtschaftlichen Handels zu schaffen, der in den Vergleich zur Weltwirtschaft tritt und auf dieser Grundlage neue Richtlinien erarbeitet.

11. Für den künftigen Wandlungsprozeß ist weiter das Anstreben einer größeren Autonomie Lateinamerikas von Wichtigkeit, die zugleich die politische und kulturelle Identität akzentuiert.

12. Eine Entwicklung zur Kontinuität, die auf Staat, Gesellschaft und Wirtschaft ausgerichtet ist und die gesamte Region Lateinamerikas umfaßt, ist in Gang zu setzen.

13. Die Nutzung der natürlichen Ressourcen Lateinamerikas muß durch einen dynamischen Markt gesichert werden.

14. Die Anteilnahme breiter Bevölkerungskreise an der Privatwirtschaft und an der öffentlichen Entscheidungsfindung ist wünschenswert, ebenso die drastische Verbesserung des Ausbildungswesens.

15. Es muß eine Neuverteilung des Einkommens auf einer breiter gestreuten sozialen Grundlage zur Erreichung einer ausgeglichenen sozialen Verteilung angestrebt werden.

16. Die technologische Abhängigkeit von den Staaten der ersten Welt muß abgebaut werden, denn ein aktiverer Austausch in ausgewogener Sicht ist notwendig, um eine endogene Technologiepolitik für Lateinamerika entwerfen zu können mit entsprechenden Kapazitäten des Managements und der Führungsfähigkeiten.

Die meisten Punkte sind in der praktischen Politik bisher vernachlässigt worden, und das Augenmerk sollte künftig besonders auf sie gerichtet sein, um eine realistischere Einschätzung der Entwicklungsmöglichkeiten der Andenpaktstaaten mit Blick auf einen eigenen Beitrag zur Modernität zu leisten.

Weiterführende Literatur

Adelman, I., and C. Taft Morris: *Economic growth and social equity in developing countries;* Stanford Univ. Press, Stanford 1973

Altimir, Oscar: *Las búsquedas de nuevas alternativas para el desarrollo de América latina;* Junta del Acuerdo de Cartagena; Seminario sobre el Grupo Andino: nuevos enfoques para el desarrollo y la integración subregional, 17.–19.9.1985, Lima

Antonorsi-Blanco, Marcel: »Estilo tecnológico y proceso de creación y evaluación de tecnologías«. In R. Gonzalez Almeida y Raizabel Andrade (eds.): *Ecología y planificación del desarrollo: la alternativa des ecodesarollo;* I. Congreso Nacional de Ciencia y Tecnología, Caracas, Juli 1975

Avalos, I., y M. Antonorsi: *La planificación ilusoria;* Editorial Ateneo, Caracas 1981

Baarck, Erick, and Andrew Jamison: *The technology and the culture problematique;* Lund 1985

Benassy, J. P.: *The economics of market disequilibrium;* Basic Books, New York 1982

Bhalla, A. S.: *Blending new technologies in traditional sectors;* Oficina Internacional de Trabajao (OIT), Genf, November 1985

Bifani, Paolo: *Desafíos de la biotecnología para la política científica y tecnológica;* Documento de Trabajo, Oficina Internacional del Trabajo (OIT), Genf 1986

Bravo Bresani, Jorge: »Anotaciones sobre el desarrollo tecnológico en el Perú«. In *Aproximación crítica a la tecnología en el Perú;* Mosca Azul, Lima 1982

Carr, M.: *Economically appropriate technologies for developing countries: an annotated bibliography;* Grupo de Desarrollo de Tecnología Intermedia, o. O. 1976

Coleman, J. S., et al.: *Equality of educational opportunity;* Government Printing Office, Washington (D. C.) 1966

Comisión de las Comunidades Europeas: *Europa 1995 – nuevas tecnologías y cambio social;* Informe FAST, FUNDESCO, Madrid 1986

Comisión Económica para América Latina y el Caribe (CEPAL): *Crisis y desarrollo: presente y futuro de América latina y el Caribe;* Reunión de expertos sobre crisis y desarrollo de América latina y el Caribe, Naciones Unidas, Santiago de Chile, 29. 4.–3. 5. 1983

– *América latina y el programa de acción de Viena: ciencia y tecnología para el desarrollo de los años ochenta;* Noveno período de sesiones del comité de expertos gubernamentales de alto nivel (CEGAN), Naciones Unidas, Montevideo, 23.–24. 1. 1984

Concejo Nacional de Ciencia y Tecnología (CONCYTEC): *Situación estado de la tecnología en el Perú;* CONCYTEC, Lima 1983

– *Tecnología y desarrollo del medio rural;* CONCYTEC, Lima 1983

Contreras, H., et al.: *Conservación de los recursos naturales y equilibrio ecológico en Venezuela;* Universidad Central de Venezuela/Universidad de los Andes, Caracas 1978

Cordova, A.: »La estructura económica tradicional y el impacto petrolero en Venezuela«. In A. Cordova y H. Silva M.: *Aspectos teóricos del subdesarrollo,* pp. 129–154; Universidad Central de Venezuela, Caracas 1973

Cotlear, Daniel: *Technological and institutional change among the peruvian peasantry: a comparison of three regions at different levels of agricultural development;* Univ. of Oxford, London 1986

Dagnino, Renato P.: *Novo desenvolvimento e novas tecnologias: una equação a resolver;* mimeographed; s.p.d.i., Februar 1986

Davilar, Guillermo: »Acerca de políticas tecnologías alternativas«. In *Aproximación crítica a la tecnología en el Perú;* Mosca Azul, Lima 1982

Ernst, Dieter: »Industrial redeployment and control over technology – consequences for the Third World«, *Vierteljahresberichte* 83, 1981

Flit, Isaías: *Tecnologías apropiadas o manejo apropiado de tecnologías,* México 1979

Freeman, Ch.: *The economics of industrial innovation;* Francis Pinter, o. O. 1982

Gallegos, H.: »Administración pública versus administración privada: aspectos de eficiencia, *Revista venezolana de desarrollo administrativo,* no. 1: 107–116, 1982
Galvez, Modesto: *Problemas y perspectivas de la investigación sobre tecnología campesina;* Primer seminario sobre tecnologías adecuadas, CCTA, Ayacucho 1978
García, Norberto y Víctor Tokman: »Transformación, ocupación y crisis«, *Revista de la* CEPAL 24; Naciones Unidas, Santiago de Chile, Dezember 1984
Green, Raúl H.: *Amérique Latine: tendances et changements des échanges agro-alimentaires;* Institut National de la Recherche Agronomique, Paris, März 1985
Herfindahl, O.: *Los recursos naturales en el desarrollo económico;* Siglo XXI, México 1970
Hofstede, G.: »The cultural relativity of organizational practices and theories, *Journal of International Business Studies,* no. 3: 74–89, 1983
Jencks, C.: *Inequality,* Harper Colophon Books, New York 1972
Jenkins, G.: *Non-agricultural choice of technique, an annotated bibliography of empirical studies;* Institute of Commonwealth Studies, Oxford 1975
Katz, Jorge: *Importación de tecnología, aprendizaje e industrialización dependiente;* Fondo de Cultura Económica, México 1976
– *Reflexiones acerca de la relación entre la capacidad tecnológica interna, acumulación y productividad industrial;* FENAC, Forno de la empresa nacional sobre interrelación entre »ciencia – tecnología – empresa« (Cuaderno no. 10), Buenos Aires, März 1986
Lancaster, K. J.: *Consumer demand: a new approach;* Columbia Univ. Press, New York 1971
Lehman, David: *Ecology and exchange in the Andes;* Cambridge Univ. Press, Cambridge 1982
Leon, J. B.: *Ecología y ambiente en Venezuela,* Bd. 2; Colección Geografía de Venezuela Nueva; Ariel Seix Barral Venezolana, Caracas 1981
Mariátegui, José Carlos: *Ideología y política;* Biblioteca Amauta, Lima 1969
– »El indigenismo en la literatura nacional«, *Mundial* 345, Lima, 21. Januar 1927
– *Siete ensayos de interpretación de la realidad peruana;* Amauta, Lima 1971
Ominani, Carlos (ed.): *La tercera revolución industrial;* Grupo Editor Latinoamericano, Buenos Aires 1986
Pérez, C.: *Cambio estructural y asimilación de nuevas tecnologías en el sistema económico social: contribución al debate sobre los ciclos de Kondratiev;* Ministerio de Fomento, Caracas 1983
– »Structural change and assimilation of new technologies in the economic and social systems«, *Futures* 15(5), Oktober 1981
Plaza, Orlando, y Marfil Francke: *Formas de dominio, economía y comunidades campesinas;* DESCO, Lima 1985

Prebisch, Raúl: »Renovar el pensamiento económico latinoamericano, un imperativo«, *Comercio Exterior* 36(6), Juni 1986

Reynolds, Lloyd G.: *Economic growth in the Third World, 1850–1980;* Yale Univ. Press, New Haven 1985

Riggs, F. W.: *Administration in developing countries: the theory of prismatic society;* Houghton Mifflin Co., Boston 1964

Rosenberg, N.: *Perspectives on technology;* Cambridge Univ. Press, Cambridge 1976

Sabel, Ch., and M. Piore: *The new industrial divide;* Basic Books, New York 1985

Sagasti, Francisco: »Hacia la incorporación de la ciencia y la tecnología en la concepción del desarrollo«, *El Trimestre Económico* 1(3), Sommer 1983

– *Ciencia, tecnología y desarrollo latinoamericano;* Fondo de Cultura Económica, México 1981

Sagasti, Francisco, et al.: *Un decenio de transición;* GRADE, Lima 1983

Samaniego, Carlos: »La tecnología y los recursos agrobiológicos«. In *Aproximación crítica a la tecnología en el Perú;* Mosca Azul. Lima 1982

Samir, Amin: *Le développement inégal. Essai sur les formations sociales du capitalisme périphérique,* Editions du Minuit, Paris 1973

Sánchez, A. Pablo: *El ecodesarrollo, una importante alternativa para el desarrollo del espacio andino;* Lima 1984

Sánchez, Vicente: *Modalidades de desarrollo, relaciones internacionales y políticas ambientales;* Programa desarrollo y medio ambiente, El Colegio de México, México City, Dezember 1985

Schultz, T.: *Transforming traditional agriculture;* Yale Univ. Press, Princeton 1964

Schumpeter, J. A.: *Theorie der wirtschaftlichen Entwicklung;* o. O. 1912

Soldi, Ana, y H. Lechtman: *La tecnología en el mundo andino,* Bd. 1; UNAM, México 1981

Tokman, Víctor: »El proceso de acumulación y la debilidad de los actores«, *Revista de la* CEPAL 26, Naciones Unidas, August 1985

Troll, Carl: »Die Stellung der Indianer-Hochkulturen im Landschaftsaufbau der tropischen Anden«, *Zs. der Gesellschaft für Erdkunde zu Berlin,* No. 3/4, Berlin 1943

United Nations Industrial Development Organization (UNIDO): *Industry 2000 – new perspectives;* Wien 1979

– *Reindustrialization in the advanced countries and its effects on the developing countries. In particular in Latin America;* Wien, November 1984

– *Report of the International Forum on Technological Advances and Development;* Tbilissi, 12.–16. 4. 1983

Urquidi, Víctor, Vicente Sánchez y Eduardo Terrazas: *Perspectivas y alternativas de América latina ante los problemas mundiales;* Centro Tepoztlán; México, Mai 1981

Vaitsos, C.: *Comercialización de tecnología en el Pacto Andino;* Instituto de Estudios Peruanos, Lima 1973
– *Distribución del ingreso y empresas transnacionales;* Fondo de Cultura Económica, México 1974

MODERNITÄT UND RATIONALITÄT

Historische und instrumentelle Rationalität

In den Andenpaktstaaten ist ein neues nationales Selbstbild im Entstehen. Modernität ist hierbei nicht nur eine positive Kraft für die strukturelle Veränderung, sondern auch eine ihrer Konsequenzen. Die Andenpaktstaaten offenbaren das Grundproblem, daß Modernität primär ein Resultat der internen Dynamik eines Staates und seiner Gesellschaft sein muß und weniger von externen Kräften. Eben hierin wurzelt die Schwierigkeit der Andenpaktstaaten, ihre interne Modernität zu definieren, die historisch noch nicht gewachsen und festgelegt ist. Modernität kann nicht mit der Verbreitung der westlichen Werte gleichgesetzt werden, ihre notwendige andinische Ausprägung muß auf die historisch gewachsenen kulturellen und religiösen Besonderheiten zurückgreifen, damit sie in die interne Dynamik eines Staates eingreifen kann.

Es kann zwischen einer Modernität des Verbrauchs und einer Modernität der Produktion unterschieden werden, die nicht immer parallel sein müssen. Bevor wir im andinischen Raum von einer integrierten Entwicklung sprechen können, müssen nicht nur die Eliten, sondern breite Bevölkerungsschichten, auch die indianische Bevölkerung, in den Modernisierungsprozeß einbezogen werden.

Die Dichotomie Tradition – Modernität ist nicht nur im andinischen Raum der entscheidende Topos der Gegenwart. Eine von den kulturellen Besonderheiten losgelöste Modernität beschwört die Gefahr herauf, daß sie gleichgesetzt wird mit der fortschreitenden Einebnung der kulturellen, sozialen und religiösen Unterschiede. Das Bild eines immer stärker uniformen Modells der Modernität, das dem Imperativ der abendländischen Rationalität gehorcht, darf nicht entstehen.

Ein universalistisches Projekt der Moderne bedroht die kulturelle Identität der einzelnen Staaten, die unterschiedlichen Ethnien und Kulturstufen werden über einen Leisten geschlagen, ja die Kultur wird der technologisch-wirtschaftlichen Modernisierung untergeordnet; die in der Kultur verankerten Glaubenshaltungen, traditionellen politischen Strömungen und Ideenwelten befinden sich oft – durch die kulturelle Heterogenität – im Widerspruch zu den Zielsetzungen einer Produktionsoptimierung. Die Modernität ist folglich weit entfernt vom Kern der lateinamerikanischen Kultur mit ihrer peripheren Ökonomie.

Auf der einen Seite können die Staaten der Peripherie die Hegemonie eines universalistischen westlichen Modells nicht akzeptieren, auf der anderen Seite wird ein interkultureller Dialog unmöglich, wenn wir ausschließlich von verschiedenen Arten von Naturwissenschaft und Technologie ausgehen. Auch die Andenpaktstaaten müssen hier eine vermittelnde Stellung einnehmen, um beide Ebenen miteinander zu verknüpfen. Wir müssen begreifen, warum und in welcher Hinsicht wir ein und dieselben sind und zugleich verschieden im historischen Verlauf. Die Andenpaktstaaten müssen eine Einheit anstreben, die beide Pole, die Universalität und die Partikularität, miteinander versöhnt, also Tradition mit Modernität, Ratio mit Intuition, wie sie aus der prä- und postkolonialen Geschichte sprechen. Daher muß die Modernität des andinischen Raums neu bestimmt werden. Hierbei ist eine Reintegration aller historischen Voraussetzungen unabdingbar. Eine künftige und erfolgreiche Kultur Lateinamerikas kann nur vor dem Hintergrund einer Teilnahme aller an Wirtschaft und Gesellschaft bei der Integration des Staates verstanden werden, um der Autonomie der gesamten lateinamerikanischen Region ein Stück näher zu kommen.

Es wird offensichtlich, daß im andinischen Raum nicht von einer westlichen Vorstellung von Modernität, also einer Gleichsetzung von Modernisierung und Modernität, ausgegangen werden kann. Es muß über die Vielzahl der Mittel und Wege der Modernisierung und die Einheit der Modernität nachgedacht werden, um die kulturtypischen Verbindungswege zu dieser Einheit herauszukristallisieren.

Die verhärtete Position zwischen dem Universalismus der westlichen Rationalität und den kulturellen Identitäten spaltet die gegenwärtige Welt, woraus ein latenter Bürgerkrieg entsteht, der sich von Norden nach Süden erstreckt. So bedarf es auch für die Andenpaktstaaten der komparativen Studien, die einer Einheit der westlichen Rationalität die Vielheit der Kulturen entgegensetzt, um die politischen, sozialen und kulturellen Trransformationen in die Wege zu leiten. Nur auf diese Weise kann sichergestellt werden, daß die instrumentelle Rationalität nicht die Überhand über die historische Rationalität gewinnt.

Die Modernität kam erst sehr spät nach Lateinamerika und wurde zudem von außen herangetragen. Hierbei sei in Erinnerung gerufen, daß der Begriff der Modernität historisch der europäischen Geschichte ab dem 18. Jahrhundert entsprang. Er breitete sich aber auf alle geographischen Regionen aus, die der europäischen Herrschaft unterstanden, somit auch auf Lateinamerika. Hierin wurzelt das Problem, das bis heute noch nicht begrifflich geklärt ist. Für Europa war Lateinamerika nicht lediglich eine rein geographische Entdeckung, sondern die Erschließung eines zunächst fremden historischen Selbstverständnisses, wobei eine elementare Begegnung mit den lateinamerikanischen Mythen stattfand. Die amerikanische Wirklichkeit vergrößerte die europäische Vision, vor allem die indigene andinische Kultur forderte die Erweiterung der europäischen Einbildungskraft.

Ohne die neue Perspektive der Zukunft in der Vorstellungskraft der Menschheit wären die Ideen der Modernität undenkbar. Europa war auf der Suche nach dem Versprechen der Modernität, aber noch bestimmte das Ringen gegen die feudale Hierarchie, gegen die absoluten Monarchien, gegen den Primat des Merkantilismus das europäische Gesichtsfeld. In diese Zeit fiel der Eintritt Lateinamerikas in den abendländischen Gesichtskreis, der eine Kristallisation der Modernität während des 17. und 18. Jahrhunderts nach sich zog. Amerika wurde im historischen Verlauf – verstärkt auch durch die Geschichte Nordamerikas nach dem 17. Jahrhundert – nicht nur zum Empfänger, sondern zum agierenden Bestandteil des historischen Universums.

Als Alexander von Humboldt nach Lateinamerika reiste, schien er zunächst überrascht zu sein, in welchem Maße die geistige Elite Lateinamerikas und die Politiker die Gedanken ihrer europäischen Kollegen teilten. Der Peruaner Pablo de Olavide errang in den Zirkeln der europäischen Aufklärung Berühmtheit; er war ein persönlicher Freund Voltaires und zählte zum Nukleus der französischen Enzyklopädisten wie zum Kreis der Gelehrten, welche die spanische Aufklärung bestimmten. Auch während der Zeit der Revolutionen in Lateinamerika wurde von den politischen Philosophen ein radikaler Liberalismus propagiert, wie er sich in den Verfassungen niederschlug.

Während die Modernität in Europa Hand in Hand ging mit der Erstarkung der kapitalintensiven Marktwirtschaft und den Folgen für die Erzeugung von Gütern und Dienstleistungen und dem Verhältnis der Menschen untereinander, verlief die Entwicklung in Lateinamerika vor allem nach der ersten Hälfte des 18. Jahrhunderts anders. Den gesellschaftlichen Notwendigkeiten der Modernität stand die Unfertigkeit einer merkantilen Wirtschaft gegenüber. Diese Kluft sollte das Selbstverständnis Lateinamerikas bis ins 19. Jahrhundert prägen und vor allem die Vorstellungen der Modernität bestimmen.

In Europa wurde die Modernität gleichsam zu einem konsolidierten Begriff, wurde zum Teil der alltäglichen Erfahrung der Menschen und verankerte sich hierdurch als soziale Praxis wie als theoretisches, staatsphilosophisches Gedankengut. In Lateinamerika hingegen erweiterte sich die Kluft zwischen der staatstragenden Philosophie der Modernität und den gesellschaftlichen und wirtschaftlichen Praktiken, auch innerhalb der politischen Institutionen. Vor allem im 19. und 20. Jahrhundert erlaubte Lateinamerika die Modernität zwar als intellektuelles Konstrukt, nicht aber in der gesellschaftlichen und kulturellen Praxis.

Es darf festgehalten werden, daß Lateinamerika ein paradoxes Verhältnis zur Modernität entwickelte, eine gespaltene Beziehung gleichsam, die sich als hemmender Faktor für endogene Entwicklungen bis in die Gegenwart am Leben gehalten hat. Die nordamerikanische und europäische Entwicklung der Modernität vollzog sich unter dem Primat der instrumentellen Rationalität. Hier liegt ein weiterer Unterschied zu Lateinamerika. Die Geschichte der Modernität setzte faktisch ein mit der Begegnung zwischen Europa und Amerika zu Ende des 15. Jahrhunderts. Die indigene andinische Rationalität im entstehenden Kolonialreich vermochte sich aber nicht in Staat und Gesellschaft zu integrieren, gewiß auch nicht nach den Revolutionen des 19. Jahrhunderts. Der Rationalitätsbegriff in Lateinamerika meinte ursprünglich eine historische Rationalität, die auch mit den präkolumbianischen Kulturen in Verbindung stand, mit der Befreiung von der Willkür, dem Despotismus; es war gleichsam ein Kampfwort gegen die existierende politische Macht. Im Gegensatz zur rein instrumentellen Vernunft stand hier die historische Vernunft, die freilich nur selten in der politischen Praxis eingelöst wurde, als theoretische Vorgabe aber für Lateinamerika von Bedeutung wurde.

Die Modernität unter den Vorzeichen der instrumentellen Vernunft entsprach einer angelsächsischen Tradition, die mit der britischen Hegemonie zusammenhing, ebenso mit der nordamerikanischen Vormachtstellung.

Lateinamerika kannte in seiner Entwicklung seit der Scholastik des Katholizismus im 16. Jahrhundert nicht diese instrumentelle Vernunft wie die angelsächsische Tradition. Die Logik einer kapitalintensiven Wirtschaft, das Diktat des Logos haben in der lateinamerikanischen Geschichte einen anderen Charakter. Lateinamerika – und im besonderen die Andenpaktstaaten – entwickelte eine eigene, indigene Rationalität, die mit dem europäischen Begriff der Modernität nicht leicht in Einklang gebracht werden konnte. Die Rationalität hatte eine imaginative Grundlage mit utopischem Unterton, wie sie das Europa des 14. und 15. Jahrhunderts noch kannte. Träger war die kreolisch-oligarische Kultur, die sich zeitgleich mit der gesellschaftlichen, wirtschaftlichen und kulturellen Desintegration der Staaten ausprägte. Der Widerspruch zur instrumentellen Vernunft und europäischen Modernität liegt auf der Hand.

Die indigene Rationalität der präkolumbianischen Kultur ist für die Andenpaktstaaten nicht nur historisch, sondern auch gegenwärtig von bindender Verpflichtung. Heute haben sich diese Traditionen mit der europäischen und nordamerikanischen Rationalität verbunden, aber die Akkulturation ist weitgehend mißglückt. Lateinamerika ist bis in die Gegenwart als alte Quelle der historischen Rationalität nicht versiegt, die auch den Charakter einer utopischen Befreiungsrationalität annimmt mit visionärem, aber nicht realpolitischem Charakter. Dies hat heute auch noch Auswirkungen auf die Logiken des Denkens und Handelns in der wirtschaftlichen und politischen Alltagskultur, auf das Verhältnis von Staat und Gesellschaft. Zwischen dem Anspruch auf Freiheit und dem Vermögen zu Ordnung und Autorität vor dem Hintergrund des gespaltenen Verhältnisses von Staat und ziviler Gesellschaft spannt sich ein Widerspruch. Die historische Vernunft Lateinamerikas vermag das Verhältnis von Freiheit und Ordnung nicht im gleichen Maße zu meistern wie die instrumentelle Vernunft mit der Einbindung der Freiheitsforderung in den Begriff der Modernität. In Lateinamerika ist das Verhältnis zwischen privater Freiheit und den Ansprüchen von Staat und Gesellschaft auf Ordnung in einer grundsätzlich anderen Weise aufgebaut als in Europa und Nordamerika. Das Verhältnis von der privaten Sphäre und dem öffentlich-staatlichen Raum ist nicht im gleichen Maße organisiert und strukturiert wie in Europa und Nordamerika. Auch die Rationalität des Marktes liegt nicht vor, was sich auf die Entwicklung einer endogenen Technologie nachteilig auswirkt.

Zur Erörterung steht die Herausbildung einer neuen historischen Rationalität in den Andenpaktstaaten, freilich unter den Vorzeichen einer immer stärker universal werdenden Modernität. Hemmschwellen für die Entwicklung der endogenen Technologie müssen abgebaut werden.

In Lateinamerika durchlebte der Merkantilismus vor allem im letzten Drittel des 18. Jahrhunderts eine Metamorphose, die eine Stagnation auf dem wirtschaftlichen, kulturellen und politischen Feld nach sich zog und nicht zuletzt von der kolonialen Abhängigkeit erzeugt wurde. Während die Modernität in Europa Bestandteil einer graduellen Mutation von Staat, Kultur und Gesellschaft war, die im Verbund das Aufstreben einer kapitalintensiven Marktwirtschaft ermöglichten, nahm Lateinamerika vom Ende des 18. Jahrhunderts eine divergierende Entwicklung. Hiernach wurde die Modernität der vom lateinamerikanischen Merkantilismus geschaffenen wirtschaftlichen Stagnation und der Desintegration der politischen Macht in einem rückwärts gerichteten gesellschaftlichen Zusammenhang gedeutet.

Die Modernität nahm in der Geistesgeschichte, aber auch in der Politik Besitz von Europa, reichte über den zwischenmenschlichen Bereich hinaus und materialisierte sich in der Wirtschaft. Dieser Verlauf kennt keine Entsprechung in Lateinamerika, wo Modernität eine überwiegend rhetorische Frage blieb, ein abstraktes und intellektuelles Phänomen, das nicht mit materieller Geschichte erfüllt war. In Lateinamerika verlängert sich der koloniale Charakter von Staat und Gesellschaft über die Revolution des frühen 19. Jahrhunderts hinaus, so daß eine staatliche und wirtschaftliche Konsolidierung verhindert wurde. Die Instrumentalisierung der Rationalität konnte sich nicht entwickeln, da sie kein politisch verbrieftes, genuines Versprechen auf politische und wirtschaftliche Freiheit und Erfolg in sich barg. Hierin liegt eine frühe Wurzel für die Nachteile bei der späteren Entwicklung der Wirtschaft und der endogenen Technologie, weil eben die instrumentelle Rationalität als Ausdruck der Hegemonie der europäischen Kolonialmächte und später der wirtschaftlichen Übermacht Nordamerika erlebt wurde. Lateinamerika kannte kein Junktim zwischen instrumenteller Vernunft und politischer Befreiung. *Modernität wurde mit Modernisierung gleichgesetzt, mit der Umgestaltung der Welt entsprechend der Bedürfnisse der Hegemonialmächte Europas und Nordamerikas.*

Es wird hieraus verständlich, warum Lateinamerika und die Andenpaktstaaten im besonderen einen inneren Widerstand gegen die Modernität einleiteten.

Der Sieg der instrumentellen Rationalität wurde mit einem Sieg der Kolonialherren gleichgesetzt und einem Ausdruck der Unfreiheit, ja einer politischen und kulturellen Niederlage Lateinamerikas. Lateinamerika verneinte die Modernität lange Zeit, weil sie unter dem Deckmantel der Modernisierung eingeschleust wurde. Die instrumentelle Rationalität stellte für Lateinamerika die Verbindung von Rationalität und Beherrschung dar, wurde gleichgesetzt mit Europa und Nordamerika und einem »imperialistischen« Gestus, durch wirtschaftliche Hegemonie, durch Monroe-Doktrin 1823, Alliance for Progress und die Vorherrschaft nach dem Zweiten Weltkrieg. Lateinamerika begriff sich als Opfer der Modernisierung, verweigerte den Zugang auf eine kulturell verankerte Modernität und vermochte sich demgemäß nicht zu akkulturieren. Besonders in den Andenpaktstaaten herrscht bis heute dieser Zwiespalt zwischen instrumenteller und historischer Rationalität. Auch die koloniale Abhängigkeit wurde und wird mit der instrumentellen Vernunft gleichgesetzt. Die moderne Rationalität hat sich in den Andenpaktstaaten historisch nicht materialisiert.

Die Heterogenität von Gesellschaft und Kultur wurde aufrechterhalten, etwa bei der indigenen Bevölkerung Perus und Ecuadors. Hierbei geriet die andinische Rationalität weiter in Konflikt mit der instrumentellen Rationalität. Die indianische Kultur wurde Opfer einer politischen Desintegration in dem gleichen Maße, wie die moderne Rationalität ihre Metamorphose in den Andenpaktstaaten antrat.

Historisch begründete Akkulturationshindernisse im andinischen Raum

Die lateinamerikanische Identität ist bereits aus dem Grund verschieden von Europa und Nordamerika, weil das Verhältnis von Geschichte und Zeit sich unterscheidet. In den Andenpaktstaaten lebt die Vergangenheit in der Gegenwart weiter, die Betonung der Zukunft ist geringer. Der instrumentellen Rationalität wird die verlorene Unschuld entgegengesetzt. Das Verständnis der Wirklichkeit entbehrt bis in die Gegenwart nicht der magisch-mythischen Grundzüge.

Die Rationalität in Lateinamerika entspricht keiner Entzauberung der Welt im Sinne Max Webers. Die symbolischen Formen der Kunst und Literatur verdeutlichen diese originäre lateinamerikanische Rationalität. Juan Rulfo oder José Maria Arguedas sprechen von der Qualität des magischen Realismus. Es tritt deutlich zutage, daß diese lateinamerikanische Rationalität nicht mit der instrumentellen Rationalität gleichgesetzt werden kann.

Lateinamerika hat nicht aufgehört, sich seiner Abhängigkeit von Europa und Nordamerika bewußt zu sein. Nicht zuletzt aus diesem Grund ist es auf der Suche nach einer alternativen Rationalität und durchlebt bis in die Gegenwart ein politisches und kulturelles Utopia. Die andinische Rationalität muß aber mit der instrumentellen Rationalität in Übereinstimmung gebracht werden. Diese Zielsetzung der Zukunft geht einer lateinamerikanischen Identität voraus, die sich ontologisch durch die vielschichtigen historischen Sinngebungen bestimmen läßt, die um eine neue Verbindung von instrumenteller Rationalität mit politisch-wirtschaftlicher Verantwortung einerseits sowie die kulturell-religiösen Voraussetzungen andererseits ringen.

Seit der industriellen Revolution in Europa und Nordamerika hat sich die Wechselwirkung zwischen Wissenschaft, Technologie, Industrie und politische Macht verstärkt. Die Deutung des Universums wurde, nicht zuletzt durch die Einsichten der Physik, mechanistischer, und hier begegnen wir einem gravierenden Unterschied zu Magie und Mythologie der präkolumbianischen Kulturen. Aus dieser Diskrepanz resultiert auch die Schwierigkeit der Angleichung der andinischen Kulturen an die instrumentelle Rationalität und Technologie.

In der abendländischen Tradition entstand die Vorstellung des infiniten Raums mit allen theoretischen Implikationen. Hier finden sich die Prinzipien der modernen Physik mit dem mechanistischen Bild des Universums. Die moderne Wissenschaft ist unter diesen Gesichtspunkten ein Phänomen des 15. und 16. Jahrhunderts, wobei ein klarer Bruch zu den mittelalterlichen Traditionen der Metaphysik und Transzendenz vorliegt. Dort war die muskuläre Kraft des Menschen noch auf das Tier übertragen, bis dieses durch die Maschine und die industrielle Produktion ersetzt wurde. Der Vorgang der Befreiung des Menschen von der körperlichen Arbeit erforderte einen anderen Naturbegriff, der von der andinischen Kultur im 16. Jahrhundert nicht in dem Maße nachvollzogen werden konnte. Der Beginn der Rationalisierung und Instrumentalisierung bei der Arbeitsteilung in der jüdisch-christlichen Tradition hat keine Entsprechung in der andinischen Kultur. Zwei Elemente haben den mittelalterlichen europäischen Menschen wesentlich beeinflußt: die Vorstellung, daß die Schöpfung dem Menschen zu Diensten und daß die Arbeit eine Form der Säuberung von der ursprünglichen Sünde sei. Auch diese entscheidenden Elemente fehlen in der andinischen Kultur. Dort war die christliche Idee nicht bekannt, daß die Schöpfung für den Menschen ausgesprochen wurde und Arbeit eine Strafe auf dem Weg zur Erlösung darstellte. Die andinische Logik und Rationalität erlitt einen Einbruch, der sich deutlich in den Methoden der Agrarproduktion darstellen läßt.

Die Anden waren durch einen Mangel an fruchtbarem Land gekennzeichnet, der Boden an den steilen Abhängen war durch Erosion zerfurcht. Es herrschte eine Staffelung durch mehrstufige ökologische Terrassen. Der andinische Ackerbau war durch die Kultivierung das Takila, eines hölzernen Pfluges, und durch die Raywana, einer hölzernen Schaufel, gekennzeichnet. Zugleich wird deutlich, wie stark die andinische Kultur geistesgeschichtlich in der Mythologie verankert war. Begriffe wie Hanag Pacha und Urin Pacha (die aufwärts- und die abwärtsgerichtete Welt) bezeugen dies ebenso wie die Figur des Viracocha Pacha Yachachi, einer Gottesfigur. Die Wiederbelebung des alten andinischen Mythos, der als Taki Onyoy bekannt wurde, ist eine Manifestation zur Zeit der Kolonisation, die einen Eingriff der vorherrschenden spanischen Kultur bezeugte und zugleich als Zeichen des Widerstandes gegen die Eroberer begriffen werden kann.

Der traditionelle andinische Mensch erschloß sich Zeit und

Raum durch eine soziale Organisation, die sich auf die Solidarität der ethnischen Gruppen stützte. Die körperliche Arbeit stand im Vordergrund, das Instrumentarium des Ackerbaus war rudimentär. Im Vorgriff auf die späteren Schwierigkeiten bei der Entwicklung einer endogenen Technologie war entscheidend, daß keine Verfeinerung des maschinellen Instrumentariums erfolgte. Die Beherrschung der Natur durch dieses Instrumentarium war eine durch die Europäer in die andinische Welt hineingetragene Tradition, ebenso die hiermit einhergehende Produktionsform, die eine Trennung von der Natur voraussetzte, die in der Verbindung von andinischer Mythologie und ackerbaulicher Praxis nicht gegeben war. Diese Naturentfremdung liefert eine frühe Erklärung für spätere Mißerfolge bei der Akkulturation der abendländischen Technologie und konstituiert ein wesentliches geistesgeschichtliches Hemmnis für die wirtschaftliche Entwicklung. Der Versuch einer Perfektionierung der Produktionsweisen zur Verbesserung der Landproduktion führte die soziale Teilung der Arbeit mit sich, vor allem aber die Abstraktion von der Natur, die im Widerspruch zur andinischen Mythologie, Logik und Rationalität stand.

Die abendländische Denktradition schloß von der Gesamtheit auf den besonderen Fall. Dem lag ein analytisches Vorgehen zugrunde, wobei auf Abstraktion und Universalität großer Wert gelegt wurde. Dieser Verlauf des Denkens war der andinischen Kultur fremd. Der andinische Raum war zudem in sehr ungleichen ökologischen Nischen angesiedelt, durchzogen von unterschiedlichen Klimazonen, die eine einheitliche Bewirtschaftung mit großen Erträgen erschwerten. So war im Inkastaat die Saat- und Erntezeit keineswegs überall dieselbe, weil die Position der Sterne und der Sonne an den verschiedenen Punkten des Reiches nicht die gleiche war. Es war auch zu beobachten, daß das Instrument der Chakitakila sich im Ackerbau in Form und Größe sehr unterschied, entsprechend der Charakteristika der Bodenbeschaffenheit, der Vegetation und der klimatischen Vorbedingungen. Breite Diversität herrschte vor. So wurden im andinischen Raum mehr als 150 Pflanzen zur Nahrungsmittelherstellung verwendet. Eine Reduktion der Natur zum Zweck der Produktion entsprach der abendländischen Denkweise, nicht aber dem andinischen Verständnis in der präspanischen Zeit. Dies unterstreicht auch die Institution des Mitmaq, d. h. die simultane Bebauung verschiedener ökologischer Terrassen und ihre sozialen Auswirkungen. Die andinische Kultur war niemals um eine Maschine zentriert, deren Funktionen die Verteilung der Arbeit durch Spezialisten bestimmten.

Das Phänomen des Spezialistentums im abendländischen Sinne war der andinischen Kultur fremd, sie kannte lediglich Abstufungen im Ackerbau und Handwerk. Die andinische Rationalität war eine Rationalität der Zwecke, während die abendländische Rationalität grundsätzlich eine Rationalität der Mittel war. Hier liegt ein wesentlicher Unterschied für die Akkulturation in der kolonialen Zeit, der bis in die Moderne reicht. Neben den Mangel an Spezialisierung trat ein hohes Maß an Selbstgenügsamkeit, das mit dem grundsätzlich statischen Charakter der andinischen Kultur im Einklang war. Beides waren und sind Faktoren, die einer Technisierung mit nachfolgender wirtschaftlicher Dynamik entgegenwirkten.

Es wird verständlich, warum die indigene Rationalität des andinischen Raums nicht in Übereinstimmung mit der vordringenden westlichen Logik zu bringen war. Dies betrifft auch die Mechanisierung des alltäglichen privaten und beruflichen Lebens, da die Agrarproduktion der Andenkulturen auf Komplementarität und Vielseitigkeit ausgerichtet war. Die Vielzahl der Bebauungsformen im andinischen Raum wurde von der einbrechenden spanischen Kolonisation in Frage gestellt. Die erzwungene Anwendung der westlichen Technologie erzeugte eine Erosion des Bodens, eine Verhärtung des Hochlands in immer felsiger werdendes Gebiet, mit dem die Wirtschaft der Andenpaktstaaten, vor allem in Peru und Ecuador, noch heute zu ringen hat.

Im Gegensatz zu den andinischen Kulturen lag im europäischen Denken nicht mehr ein mythisches Verhältnis zur Natur vor, sondern der Gedanke, daß die Natur ein Objekt war und vor dem Menschen als etwas Besonderes dastand. Die cartesianische Unterscheidung zwischen res cogitans und res extense drückte diese Trennung präzise aus. Die frühen Anzeichen einer wissenschaftlichen Erkenntnis der Natur mit den modernen Koordinaten stellen einen epistemologischen Bruch mit der scholastischen Tradition dar. Die scholastische Tradition sah in der Natur ein schöpferisches Vermögen (natura naturans), wobei sich in gewissem Sinne von einem sakralen Charakter sprechen ließ, weil die natürliche Ordnung in einer übernatürlichen Weise flankiert wurde. Der mittelalterliche Denker empfand die Natur hingegen als victoria dei opificis.

Entscheidend für den Vergleich mit den andinischen Kulturen und ihrer Rationalität ist die Vorstellung der Beherrschung der Natur, wie sie in der Zeit nach dem 17. Jahrhundert auftrat. Francis Bacon sprach 1620 von der Kenntnis der Natur und ihrer Beherrschung (»tantum possumus quantum scimus«), und auch Descartes sah in der wissenschaftlichen Erkenntnis ein Sich-Untertan-Machen der Natur, er sprach 1637 von den »maîtres et possesseurs de la nature«. Die Natur kannte für Descartes keine Imagination, sie war im Gegensatz zur andinischen Kultur keine göttliche Instanz, sondern eine empirische Welt. Die andinische Natur war nicht quantifizierbar, sie war nicht, wie in der christlichen Sicht, Dienerin des Menschen. Der wissenschaftliche Fortschritt lief in dieser Entwicklung parallel zum Erstarken der Rationalität. Condorcet sprach von dem »progrès de l'esprit humain« und wurde in seiner Zeit in Europa begeistert aufgenommen. Er erkannte zu Recht eine wissenschaftliche Zivilisation, die auf dem Wege war, eine universale Zivilisation zu werden.

In immer stärkerem Maße wurden in der anbrechenden Modernität im Unterschied zu den andinischen Kulturen die Objekte durch ihre Funktionen bestimmt. Eben dieses funktionale Element fehlte der andinischen Rationalität. Die Macht, die sich hinter der Funktion verbarg und die Denker wie Friedrich Georg Jünger, Ortega y Gasset, Erich Fromm oder Ivan Illich und Raimundo Panikkar in einer überparteilichen Allianz für die westliche Moderne erkannt haben, war der andinischen Kultur nicht bekannt.

Die Problematik der Modernität in Lateinamerika

Die andinischen Staaten sind, wie sich an vielen Punkten gezeigt hat, bis heute keine wissenschaftlichen, technologisierten und industrialisierten Staaten. Die Gründe hierfür sind in ihrer Beziehung zur Technologie, in der historischen Entwicklung und in der gegenwärtigen Weltwirtschaftspolitik zu suchen. So wurde die eigenständige Rationalität indianischer Provenienz von Beginn der Kolonialherrschaft an in Frage gestellt. Die Europäer des 16. Jahrhunderts waren so sehr von ihrer Überlegenheit überzeugt, daß es ihnen unmöglich war, eine ihnen zunächst fremde Kultur in ihrer Wertigkeit in demselben Maße zu verstehen wie ihre eigene. Leopoldo Zea bemerkte zu Recht, daß die Entdeckung Lateinamerikas zugleich auch das Verschweigen einer spezifischen historischen Wirklichkeit darstellte.

Modernität war zunächst ein okzidentaler Begriff, den es in dieser Form in keiner anderen Kultur gab. Außereuropäische Kulturen leben mit Zeitbildern und Archetypen, die der westlichen Vorstellung von Zeit widersprechen: Die buddhistische Leere, das Sein ohne Akzidentien und Attribute der Hinduisten, der zyklische Zeitbegriff bei den Griechen, in der chinesischen Kultur, bei den Azteken und Inka; in jedem Fall liegen andere Zeit- und damit Modernitätsvorstellungen vor, die sich nun dem planetaren Angriff der technologischen Moderne ausgesetzt sehen.

Es tritt deutlich zutage, daß der Modernitätsbegriff des Abendlandes nur durch eine christliche Kultur geschaffen werden konnte, die seit dem Mittelalter die geschichtliche Zeit als einen endlichen, sukzessiven und irreversiblen Verlauf begreift, die eine Kritik an einer christlichen Ewigkeit darstellt, die in einer anderen, etwa islamischen Kultur nicht in dieser Form gegeben ist. Modernität verneint die zyklische Zeit ebenso endeutig, wie Augustinus sie verneint hatte: alles vollzieht sich nur einmal, ist unwiederholbar. In Lateinamerika mit der Vielzahl seiner noch autochthonen Kulturen mit archaischen Traditionen herrscht somit noch ein Zeitbegriff, welcher der westlichen Modernität widerspricht. Dies will bei der Ergründung für die wirtschaftliche Rückständigkeit des lateinamerikanischen Kontinents bedacht sein.

Auch die Revolutionen Lateinamerikas schließen sich in dieses Bild ein in eben diesem Vergleich: weder haben sie die Gesellschaft grundlegend verändert, noch haben sie Lateinamerika von seinen Befreiern befreit. Zudem war das spanische Weltreich einer Zerstückelung ausgesetzt, nicht zuletzt beschleunigt durch die napoleonische Invasion sowie die Autonomieanstrengungen der hispanoamerikanischen Revolutionäre. Dem stand auf der anderen Seite die Atomisierung Hispanoamerikas durch Oligarchien und Militärmachthaber gegenüber, die beide diese Bewegung nicht aufzuhalten vermochten. Sarmiento erkennt treffend den maskenhaften Charakter lateinamerikanischer Republiken, jenen Feudalismus, der sich als bürgerlicher Liberalismus tarnte, jenen Absolutismus ohne Monarchien, aber gleichsam mit Stammeshäuptlingen in Gestalt der Präsidenten, die eine Herrschaft der Unwahrheit begründeten. Auch der Positivismus des 19. Jahrhunderts, der in philosophischen Zirkeln bezüglich Wirkung und Dauerhaftigkeit in Lateinamerika gerne überschätzt wird, vermochte nicht jenen empirisch-pragmatischen Grundton in Staat und Gesellschaft einzuführen, wie er die nordamerikanische Kultur eines Herbert Spencer mit dem Sozialdarwinismus, John Dewey mit dem Pragmatismus oder Roosevelt mit dem New Deal auszeichnete.

Eine alte und zugleich neue Sehnsucht nach gewachsenen religiösen Gewißheiten trat auf; es entstand niemals ein Europa oder Nordamerika vergleichbarer Fortschrittsglaube.

Octavio Paz spricht zu Recht von dem erborgten Bild der Modernität, das auf Lateinamerika zutrifft. Lateinamerika sollte sich ein Zukunftsbild zu eigen machen, das einer anderen Kultur entsprach. Zudem wurde die Modernität in Lateinamerika durch die Faszination des europäischen und nordamerikanischen Auslands und weniger durch eine endogene Dynamik geboren.

Unter diesen Umständen konnte der Begriff der Modernität keine überlegte Lösung anbieten. Er war nicht in einem demokratischen Ursprung oder in der Geburt von nationalen Volkswirtschaften verwurzelt. Es entstand jene gebrochene Gesellschaft lateinamerikanischen Musters, eher eine Karikatur der Moderne. Es kann von einer »verhüllten Wirklichkeit« gesprochen werden, an deren politischen und kulturellen Wurzeln die Unauthentizität stand.

Zu Beginn des 20. Jahrhunderts finden sich, geprägt von einer Pseudomodernität, demokratische Verfassungen auf dem Papier, der lateinamerikanisch eingefärbte Positivismus auf dem Rückzug, präkolumbianische Caciques, symbolistische Dichtung und ein hohes Maß an Analphabetismus, das bis heute nicht gewichen ist. Modernität befreite die Zukunft nicht von ihrer Vergangenheit, weder in kultureller noch religiöser, wirtschaftlicher oder politischer Hinsicht. Lateinamerika muß sich in der Gegenwart um eine Modernität bemühen, die nicht in diesen Widersprüchen gefangen ist. Die Modernität kann kein Projekt der Imitation und des schieren materiellen Verbrauchs sein, wenn zugleich tief verankerte Glaubenshaltungen das kollektive Bewußtsein prägen. Lateinamerika kannte weder eine tiefgreifende religiöse Revolution noch eine tiefe Kritik der Religion und der Religiosität, sieht man von der Befreiungstheologie in der jüngeren Geschichte ab, wie sie Gustavo Gutierrez oder Leonardo Boff begründeten.

Eine säkulare Modernität steht im Widerspruch zur Kultur- und Religionsgeschichte Lateinamerikas, sie bedroht die besonderen kulturellen Identitäten der verschiedenen Regionen, reduziert den Glauben auf die Ideologie und führt schließlich zu einer Entpersönlichung des Individuums, die der lateinamerikanischen Kultur fremd ist. Modernität kann dort nur entstehen durch eine originäre kulturelle Synthese, die hybride und rituell zugleich ist. Es muß eine Wechselwirkung geben zwischen einer Säkularisierung und der Integration der politischen, kulturellen und religiösen Ordnungen. Bisher war Lateinamerika durch eine periphere Modernität gekennzeichnet, die den Konflikten der sich ändernden Heterogenität in Kultur, Politik und Religion ausgesetzt war.

Es sollte allen Verbesserungsbestrebungen gelingen, eine lateinamerikanische Modernität durch eine Integration dieser drei ordnungsstiftenden Lebensbereiche zu erreichen. Dies ist bisher noch nicht vollzogen.

Weiterführende Literatur

Chomsky, Noam: *La linguistique cartésienne;* Ed. du Seuil, Paris 1969

Dillon, Paul H.: »Sobre la antropología totalizadora«, *Anthropologica* no. 1, PUCP, Lima 1983

Geymonat, Ludovico: *Historia de la filosofía y de la ciencia,* Bd. 2; Edit. Crítica, Barcelona 1985

Godelier, Maurice: »Mythe et histoire: refléxions sur les fondements de la pensée sauvage«, *Annales* 26, no. 3/4: 541–559, Paris 1971

– »Poder y lenguaje; reflexiones sobre los paradigmas y las paradojas de la ›legitimidad‹ de las relaciones de dominación y opresión«, *Sientia y praxis,* no. 14: 14–23, Revista de la Universidad de Lima, Lima 1979

– *Rationalité et irrationalité en économie;* Maspero, Paris 1966

Golte, J.: *La racionalidad de la organización andina;* Instituto de Estudios Peruanos, Lima 1980

Mumford, Lewis: *Técnica y civilización,* Alianza Edit., Madrid 1977[2]

Ray, David: »The dependency model of Latin American underdevelopment: three basic fallacies«, *Journal of Interamerican Studies and World Affairs* 15, 1973

Urquidi, Victor, and Rosemary Thorp: *Latin America in the international economy,* MacMillan, London 1973

Weber, Max: *Economie et société,* Bd. 1; Plon, Recherches en Sciences Humaines 27, Paris 1971

Zea, Leopoldo: »Dependencia y liberación en la filosofía latinoamericana, *Dianoia. Anuario de Filosofía* 20, no. 20: 172–188, UNAM-FCE, México 1974

– *The Latin American mind;* Univ. of Oklahoma Press, Norman (Ok.) 1963

GEORGES BATAILLE

DAS VERSCHWUNDENE AMERIKA

Aus dem Französischen übersetzt von Erwin Stegentritt. Georges Bataille: L'Amérique disparue. In: Bataille, Œuvres complètes, I: Premiers écrits 1922–1940, S. 152–158, Paris 1970.

Das Leben der zivilisierten Völker Amerikas vor Christoph Kolumbus ist für uns nicht nur wegen der Tatsache ihrer Entdeckung und ihres unmittelbar folgenden Verschwindens bewundernswert, sondern ebenso weil zweifellos keine Exzentrizität von menschlichem Wahn erfunden worden ist, die blutiger gewesen wäre: eine ununterbrochene Reihenfolge von Verbrechen, die am hellichten Tag begangen wurden, einzig und allein, um vergöttlichte Alpträume zu besänftigen, erschreckende Phantastereien! Kannibalische Mahlzeiten der Priester, Zeremonien mit Kadavern und Strömen von Blut, mehr als nur ein bloßes historisches Abenteuer erinnern an die blendenden Orgien, die der erleuchtete Marquis de Sade beschreibt.

Es ist richtig, daß diese Beobachtung vor allem Mexiko betrifft. Peru stellt vielleicht ein besonderes Trugbild dar, ein Glühen von Sonnengold, ein Aufblitzen, ein bestürzender Reichtum: die Wirklichkeit jedoch entspricht nicht dieser Vorstellung. Die Hauptstadt des Inkareiches, Cuzco, lag auf einer Hochebene am Fuße einer Art befestigter Akropolis. Die Stadt hatte das Aussehen von schwerer, massiver Größe. Im Karree waren dekorlose, strohgedeckte hohe Häuser aus riesigen Blöcken zusammengefügt; nach außen besaßen sie keine Fenster und verliehen den Straßen ein halb sinistres und trauriges Aussehen. Die die Dächer überragenden Tempel besaßen einen ebensolchen nackten Baustil: nur die Giebel waren vollständig von einer Platte aus getriebenem Gold bedeckt. Diesem Gold muß man die leuchtendbunten Stoffe hinzufügen, mit denen sich die reichen eleganten Leute bekleideten; aber nichts vermochte den Eindruck der mittelmäßigen Wildheit und vor allem der stumpfsinnigen Uniformität zu verwischen.

Cuzco war in der Tat der Sitz eines der geordnetsten und am meisten verwalteten Staaten, die Menschen je gebildet haben. Nach großen militärischen Eroberungen durch eine bis ins kleinste durchorganisierte riesige Armee erstreckte sich die Macht des Inka über einen beträchtlichen Teil Südamerikas, nämlich Ecuador, Peru, Bolivien, den Norden Argentiniens und Chiles. In diesem durch Straßen erschlossenen Gebiet gehorchte ein ganzes Volk den

Befehlen der Beamten, wie den Befehlen der Offiziere auf dem Kasernenhof gehorcht wird. Die Arbeit war aufgeteilt, die Ehen wurden von den Beamten bestimmt. Der Grund und Boden und die Ernten gehörten dem Staat. Die Vergnügungen waren die religiösen Staatsfeste. Alles war vorgesehen und eingeteilt in einem Leben, dem keine Luft verblieb. Mit dem heutigen Kommunismus darf diese Organisationsform nicht verwechselt werden: sie unterschied sich im wesentlichen dadurch, daß sie auf der Vererbbarkeit und der Hierarchie der Klassen beruhte.

Es ist nicht verwunderlich, daß es unter diesen Bedingungen nur von relativ wenigen strahlenden Eigenschaften der Inka-Kultur zu berichten gibt. Selbst der Schrecken war in Cuzco nicht besonders schlimm. Die wenigen Opfer wurden mit Riemen in den Tempeln erdrosselt, so zum Beispiel im Sonnentempel, dessen Statue aus massivem Gold, die gleich nach der Eroberung eingeschmolzen wurde, trotz allem eine magische Anziehungskraft bewahrt hat. Obgleich die Künste einigermaßen hoch entwickelt waren, sind sie von weniger großem Interesse. Die Textilien, die Töpferarbeiten mit Menschen- oder Tierköpfen sind bemerkenswert, aber man muß in diesem Gebiet anderswo als bei den Inkas eine wirklich interessante künstlerische Produktion suchen. In Tihuanaco, im Norden Boliviens, zeugt das berühmte Sonnentor bereits von hochstehender Kunst und Architektur, die einer weit zurückliegenden Epoche zuzusprechen sind. Verschiedene Töpferarbeiten und andere Fragmente sind aufgrund des Stiles diesem tausendjährigen Tor zuzuordnen. Zur Zeit der Inkas schließlich sind es die Völker an der Küste, die eine ältere Kultur besitzen und die bemerkenswertesten Gegenstände herstellen. Kolumbien, Ecuador, Panama, die Antillen besaßen ebenfalls zur Zeit der Eroberungen sehr entwikkelte Kulturen, deren Kunsterzeugnisse uns heute in Erstaunen versetzen. Gerade den Völkern dieser Regionen muß ein wesentlicher Teil der phantastischen Statuetten, der Traumgesichter, die die präkolumbianische Kunst in den Blickpunkt des gegenwärtigen Interesses stellen, zugerechnet werden.

Dennoch muß sogleich präzisiert werden, daß nichts in diesem verschwundenen Amerika unserer Meinung nach mit Mexiko verglichen werden kann, jener Region, in der übrigens zwei sehr unterschiedliche Kulturen voneinander getrennt werden müssen, diejenige der Maya-Quichen und die der Mexikaner im eigentlichen Sinne. Die Maya-Quichen-Kultur wird im allgemeinen als die glänzendste und interessanteste unter den Kulturen des verschwundenen Amerikas angesehen. Deren Erzeugnisse nähern sich in der Tat am meisten denjenigen, die von den Archäologen gewöhnlich als die bemerkenswertesten hingestellt werden.

Diese Kultur hat sich einige Jahrhunderte vor der spanischen Eroberung im östlichen Teil Mittelamerikas, im Süden des heutigen Mexikos, genauer gesagt auf der Halbinsel Yukatan entwickelt. Bei Ankunft der Spanier befand sie sich mitten im Niedergang.

Die Maya-Kunst ist gewiß humaner als jede andere Kunst in Amerika. Es ist schwierig, sie nicht mit der Kunst des Fernen Ostens der damaligen Zeit, wie der Kunst der Khmer zum Beispiel, in Verbindung zu bringen, deren Aussehen von schwerer wuchernder Vegetation sie besitzt, obgleich es sicherlich keine Möglichkeit der Einflußnahme gegeben hat: beide Kulturen haben sich übrigens unter einem bleiernen Himmel in extrem heißen und ungesunden Landstrichen entwickelt. Die Flachreliefs der Mayas stellen Götter in menschlicher Gestalt dar, aber sie sind schwerfällig und monströs, stark stilisiert und vor allem immer gleichförmig. Man kann sie als sehr dekorativ bezeichnen. Sie waren auch tatsächlich Teil von großangelegten Bauten, die es als erste ermöglichten, die Kulturen Amerikas mit den großen klassischen Kulturen zu vergleichen. In Chichen-Itza, in Uxual, in Palenque werden noch heute Tempel- und imposante Palastruinen entdeckt, die manchmal reich geschmückt sind. Darüber hinaus sind die religiösen Mythen und die soziale Organisation dieser Völker bekannt. Ihre Entwicklung übte sicherlich einen starken Einfluß auf die späteren Kulturen der Hochebenen aus und hat ihnen zum großen Teil die Richtung gewiesen, aber ihre Kunst besitzt dennoch etwas Totgeborenes, etwas Häßliches trotz der Perfektion und trotz des reichen Dekors.

Will man freie Luft und Gewalt, Poesie und Humor, so wird man sie nur bei den Völkern Zentralmexikos finden, die den höchsten Stand ihrer Kultur kurz vor der Eroberung, also im Verlaufe des 15. Jahrhunderts erreichten.

Zweifellos waren die Mexikaner, auf die Cortes gestoßen war, lediglich Barbaren, die erst kurz vorher zivilisiert worden waren. Sie waren von Norden gekommen, wo sie das Nomadenleben der Rothäute geführt hatten, und sie hatten nicht gerade auf überzeugende Art und Weise dasjenige assimiliert, was sie von ihren Vorgängern angenommen hatten. So ist ihre Schrift der der Mayas ähnlich und dennoch unterlegen. Ganz gleich: von den verschiedenen Indianerstämmen Amerikas sind die Azteken, deren mächtige Konföderation im Verlaufe des 15. Jahrhunderts das gesamte heutige Mexiko eroberte, dennoch voller Lebenskraft und selbst durch ihre wahnsinnige Gewalttätigkeit, durch ihr schlafwandlerisches Verhalten üben sie eine starke verführerische Anziehung aus.

Die Historiker, die sich mit Mexiko beschäftigt haben, sind im allgemeinen bis zu einem gewissen Grade von Unverständnis befallen. Berücksichtigt man zum Beispiel die buchstäblich extravagante Art, die Götter darzustellen, so verwirren die Erklärungen durch ihre Unzulänglichkeit.

»Betrachtet man ein mexikanisches Manuskript«, sagt Prescott, »so ist man überrascht, die groteskesten Karikaturen des menschlichen Körpers, monsterhafte, riesige Köpfe auf kleinen, unförmigen, verkrüppelten Körpern zu sehen, deren Umrisse alle eckig und steif sind; schaut man aber näher hin, so wird es klar, daß dies weniger ein ungeschickter Versuch ist, die Natur darzustellen, sondern ein konventionelles Symbol, um eine Idee am deutlichsten und überzeugendsten auszudrücken. Ähnlich wie die gleichrangigen Figuren eines Schachspiels sich durch ihre Form gegenseitig entsprechen, gewöhnlich aber wenig Ähnlichkeit mit den Gegenständen aufweisen, die sie darstellen sollen.«

Prescotts Interpretation der schrecklichen und grotesken Verformungen, die ihn verstörten, scheint uns heute unzureichend zu sein. Geht man zu der Epoche der spanischen Eroberung zurück, so stößt man dennoch diesbezüglich auf eine bemerkenswerte Erklärung. Der Mönch Torquemada* ordnet die Schreckensbilder der mexikanischen Kunst dem Dämonen zu, der den Geist der Indianer beherrschte: »Die Figuren ihrer Götter«, sagt er, »gleichen denen ihrer Seele aufgrund der Sünde, in der sie ewig leben.«

Offensichtlich drängt sich ein Vergleich auf zwischen der Art der Christen, die Teufel, und der Art der Mexikaner, die Götter darzustellen.

Die Mexikaner waren wahrscheinlich ebenso religiös wie die Spanier, jedoch war ihre Religion vermischt mit einem Gefühl des Schreckens, der seinerseits mit einer Art schwarzem Humor verbunden war, schlimmer als der Schrecken. Die Mehrzahl ihrer Götter sind wild und auf bizarre Weise bösartig. Tezcatlipoca scheint einen unerklärlichen Gefallen an bestimmten »Täuschungen« zu finden. Seine Abenteuer, die von dem spanischen Geschichtsschreiber Sahagun** überliefert sind, bilden ein seltsames Gegenstück zur Goldenen Legende***. Dem christlichen Honig steht die aztekische Aloe gegenüber, der Heilung der Kranken unheilvolle Späße. Tezcatlipoca zieht mit einer Trommel springend und tanzend durch die Menschenmenge: die Menschen tanzen durcheinander und drängen absurderweise auf einen Abgrund zu, in dem die Leiber zerschmettern und in Felsen verwandelt werden.

---

* Jardin des Flores curiosas en q̃ se tratã algunas materias de humanidad, philosophia, theologia, y geographia con otras cosas curiosas. (A.d.Ü.)

** Historia general de las cosas de Nueva España (Allgemeine Geschichte der Angelegenheiten Neuspaniens). (A.d.Ü.)

*** Legenda aurea des Jacobus von Voragine, eine Zusammenstellung von Legenden über die Heiligen des Kirchenjahres, aus dem 13. Jh. (A.d.Ü.)

Ein anderer »Streich« des totenbeschwörenden Gottes wird von Sahagun wie folgt erzählt: »Es regnete Steine, und dann fiel ein großer Felsen namens *techcalt* vom Himmel. Von diesem Augenblick an zog eine alte Indianerfrau zu einem Ort, der *Chapultepec cuitlapilco* hieß, und sie bot Papierfähnchen zum Kauf, indem sie rief: ›Fähnchen, Fähnchen‹. Jeder, der beschlossen hatte zu sterben, sagte: ›Kauft mir ein Fähnchen.‹ Wenn eins gekauft war, ging er zu dem Platz des *techcalt,* wo er getötet wurde, ohne daß irgend jemand sich zu sagen anschickte: ›Was geschieht mit uns?‹ Und alle waren von Irrsinn ergriffen.«

Es scheint ziemlich sicher zu sein, daß die Mexikaner ein unbestimmtes Vergnügen an solchen Mystifikationen hatten. Es ist fast sicher, daß sie von diesen alptraumhaften Katastrophen zu einer gewissen Art von Lachen gereizt wurden. So wird man dazu gebracht, Halluzinationen, die ebenso wahnwitzig sind wie die Götter der Manuskripte, unmittelbar zu begreifen. Leichenfresser und Knochenmann sind Wörter, die man mit gewalttätigen Personen, schlimmen und unheimlichen Spaßmachern voll böswilligen Humors assoziiert, so zum Beispiel jener Gott Quetzalcoatl, der auf einem kleinen Brett sitzend die Berge hinunterfährt...

Die in Stein gehauenen Dämonen der europäischen Kirchen wären mit ihnen vergleichbar (sie waren zweifellos Teil jener das Wesen betreffenden Obsession), besäßen sie auch die Macht und die Größe der aztekischen Geister, die die blutrünstigsten sind, die je die irdischen Wolken bevölkert haben.

Blutrünstig im wahrsten Sinn des Wortes, wie jeder weiß. Es gibt nicht einen unter ihnen, den man nicht regelmäßig anläßlich seines Festes mit Menschenblut besprengt hätte. Die Zahlen, die zitiert werden, schwanken: dennoch kann man annehmen, daß die Zahl der jährlichen Opfer wenigstens mehrere Tausend allein in der Stadt Mexiko ausmachte. Der Priester ließ einen Mann mit dem Bauch nach oben hochhalten, während der Unterleib über einen aufgerichteten Stein gebogen war, und der öffnete den Leib mit einem kräftigen Stoß eines blitzenden Steinmessers. Während so der Körper zerlegt wurde, ergriff er mit beiden Händen das Herz und riß es mit einer solchen Kraft und Schnelligkeit aus der blutigen Öffnung heraus, daß die blutüberströmte Masse noch einige Sekunden über dieser roten Glut lebendig zuckte: dann fiel der Körper zurück und rollte schwerfällig bis zum Fuße einer Treppe hinunter. Wenn schließlich alle Leichen enthäutet, zerlegt und gekocht waren, kamen am Abend die Priester, um sie zu verspeisen.

Jene begnügten sich übrigens nicht immer damit, sich mit dem Blut zu begießen, mit Blut die Mauern der Tempel, die Götterfiguren, die leuchtenden Blumen, die den Altar überhäuften, zu begießen: bei bestimmten Opferzeremonien, bei denen der Getötete sofort gehäutet wurde, bedeckte der erregte Priester sein Gesicht mit der blutenden Haut des Gesichts und den Körper mit der des Körpers. In dieser unglaublichen Bekleidung betete er rasend zu seinem Gott.

Es muß hier jedoch mit Nachdruck auf den überraschend glücklichen Wesenszug dieser Schrecken hingewiesen werden. Mexiko war nicht nur der blutigste aller Menschenschlachthöfe, es war auch eine reiche Stadt, ein wahres Venedig mit Kanälen und Brücken, geschmückten Tempeln und vor allem sehr schönen Blumengärten. Sogar auf dem Wasser wurden mit Eifer Blumen gezüchtet. Die Altäre wurden mit diesen Blumen geschmückt. Vor den Zeremonien ließ man die Opfer tanzen, die »Blumenketten und Girlanden trugen. Sie hatten auch Blumenschilde und duftende Schilfrohre, die sie reihum rauchten und an denen sie rochen«.

Man kann sich leicht die Wolken von Fliegen vorstellen, die im Opfersaal umherschwirren mußten, als dort das Blut floß. Mirbeau, der davon schon für seinen »Jardin des supplices« träumte, schrieb, daß »inmitten der Blumen und der Düfte es weder widerwärtig noch schrecklich war«.

Für die Azteken war der Tod nichts. Sie flehten ihre Götter an, nicht nur, damit sie den Tod mit Freude empfingen, sondern sogar, daß die Götter ihnen helfen mögen, dabei Reiz und Anmut zu finden. Sie wollten die Messer und Pfeile wie etwas Köstliches betrachten. Dennoch waren die wilden Krieger nur zuvorkommende und umgängliche Menschen, wie alle anderen, die sich gern zum Trinken und Reden zusammenfanden. Bei den aztekischen Gelagen war es üblich, sich mit einer der Drogen, die sie laufend benutzten, zu berauschen.

Es scheint, als hätte dieses außergewöhnlich mutige Volk eine übermäßige Neigung zum Tod besessen. Den Spaniern hat es sich im Zustand eines hypnotischen Wahnsinns ausgeliefert. Cortes' Sieg ist nicht durch die Macht errungen worden, sondern vielmehr durch eine wahre Verzauberung. So als hätten diese Menschen, die bis zu diesem Grad glücklicher Gewalttätigkeit gelangt waren, undeutlich gespürt, daß für sie selbst und für die Opfer, mit denen sie die mutwilligen Götter besänftigten, der einzige Ausweg in einem plötzlichen und schrecklichen Tod bestand.

Sie selbst wollten bis zum Ende als »Spektakel« und als »Theater« für jene wunderlichen Personen dienen, »sie zum Lachen reizen«, für ihre »Zerstreuung« dienen. So begriffen sie auch ihre bizarren Erregungen. Bizarr und bedroht, denn sie starben ebenso plötzlich wie Insekten, die man zerdrückt.

OCTAVIO PAZ IM GESPRÄCH

Das Gespräch mit Octavio Paz fand am 2. 12. 1991 in Madrid in seinem Hotel statt. Es bezieht sich zwar auf Themen, die in diesem Buch zur Sprache kommen, sollte aber als unabhängiger Anhang verstanden werden. Es soll mit der Eingliederung nicht zwangsläufig davon ausgegangen werden, daß Octavio Paz mit jeder in diesem Buch getroffenen Aussage übereinstimmt. Vielmehr wollte der Verfasser dieses Buches dem Leser einen zusätzlichen Lesegewinn vermitteln und Octavio Paz als den kenntnisreichsten Denker Lateinamerikas auf diesem Gebiet selbst zu Worte kommen lassen. Das Gespräch mit Octavio Paz vermittelt in synthetischer Kürze eine Übersicht über Fragen, die auch in diesem Buch zur Sprache kommen, aber unabhängig davon zu den Lebenstopoi im kosmopolitischen Denken von Octavio Paz seit vielen Jahren zählen. Ein Gespräch schien die beste und knappste Form zu sein, dem Leser einen gesonderten Einblick in den Kosmos Pazschen Denkens zu gewähren.

1. In »Lektüre und Kontemplation« schreiben Sie über das Andere, was bedeutet der Begriff des Anderen tatsächlich für Sie?

Hier liegt ein grundsätzlicher und zugleich sehr vielschichtiger Begriff vor. Das Wort »das Andere« hat eine Vielzahl verschiedener Bedeutungen. Manchmal ist das Andere in uns verborgen, das Andere, das wir sind, ohne es zu wissen; jeder Mensch trägt eine andere Seite in sich, wir sind niemals ein Ganzes, wir sind zwei- und dreiseitig konstruiert, dies ist nicht nur eine psychologische, sondern auch eine metaphysische Idee. Hier liegt auch eine Metapher für das stetige Verändern des Seins an sich vor. Wir sind in jedem Augenblick anders, als wir es zu sein glauben. Aber das Andere, nach dem Sie fragen, bezieht sich auf die anderen Menschen. Den Menschen meines eigenen Staates, meiner eigenen Kultur, meiner eigenen Zeit stehen die Anderen gegenüber, Menschen einer anderen Zeit oder einer anderen Zivilisation und Kultur; in diesem Sinne gebrauche ich das Wort des Anderen wohl, das Sie erwähnen. In einem anthropologischen Sinne ist das Andere das Fremde, das Verschiedene von der eigenen Kultur.

2. Weder magische noch moralische, noch ästhetische, noch wissenschaftliche sinngebende Bedeutungen können von einer zu anderen Kulturen leicht übertragen, akkulturiert werden. Es stellt sich in der Gegenwart angesichts der einebnenden historischen und religiösen Traditionen einer planetaren Weltzivilisation mit technologischem Imperativ und dem Diktat des Logos immer stärker die Frage nach einem Universalismus, der die Vielheit der Kulturen herausfordert. Sind Sie vor dem Hintergrund dieser Frage ein kultureller Universalist oder vielmehr ein Relativist?

Dies ist eine der wirklich großen Fragen der Gegenwart, ich fürchte diese Frage und besonders die Antwort, ich bin gespalten in dieser Frage; eine Stimme in mir bekennt sich zum kulturellen Relativismus, die andere zum Universalismus.

Ich bekenne mich zur Vielheit der Kulturen und Zivilisationen, da wir aber Kulturen vergleichen, können wir uns nicht nur auf die Werte einer bestimmten Kultur verlassen, wir brauchen Vergleichsmomente, um überhaupt zu einem Vergleich vorzudringen. Wenn wir vergleichen – und selbst der größte Relativist vergleicht Kulturen, da er nicht Gefangener der eigenen Kultur ist –, gibt es einen gewissen Universalismus, und in diesem Sinne versuche ich, beide Gesichtspunkte miteinander zu vereinen. Wenn ich über den linguistischen Relativismus spreche, berücksichtige ich auch, wie aus dieser Sicht auf die andere Sprache, die Kultur, die Visionen der Kosmologie eingegangen wird; in gewisser Hinsicht ist diese Möglichkeit, die andere Seite zu sehen, im eigentlichen Wortsinne »human«. Hier widerspricht der kulturelle Relativismus sich selbst, wir verdanken ihm aber die Wertschätzung verschiedener Kulturen.

3. Könnte die Sicht einer interkulturellen Identität hier vielleicht weiterhelfen?

Ja sicher. Der Begriff der Identität freilich ist hierbei fraglich, da er von einer Ansammlung an Charakteristika und Qualitäten ausgeht, die es in dieser Statik nicht gibt, da Kulturen einem ständigen Wandel ausgesetzt sind. Wir sollten uns also fragen, ob Identität für diesen an sich richtigen Sachverhalt das richtige Wort ist. Das Phänomen der Kultur und Zivilisation kann nicht ohne die Einsicht in die Verschiedenheit verstanden werden. Die westliche Zivilisation muß etwa begreifen, wieviel die griechische Kultur den asiatischen Kulturen verdankt. Zivilisation bedeutet immer die Fähigkeit, Werte anzunehmen, sie zu transformieren, sie zu verändern und somit einen anderen Einfluß umzukehren; so läßt sich das Wechselspiel der Kulturen verstehen.

4. Sie paraphrasieren gerne B. Whorf, den amerikanischen Anthropologen, der von chinesischen und türkischen Naturwissenschaftlern spricht, die aus ihren kulturellen Traditionen herausgelöst werden und etwa an das Institute for Advanced Study nach Princeton kommen, wo sie an westliche Logik akkulturiert werden, die nicht ihren eigenen Kosmologien entspricht. Dennoch müssen sie sich mit dieser westlichen Logik, die oft nicht kompatibel ist, mit ihren eigenen spirituellen oder metaphysischen kulturellen Traditionen auseinandersetzen.

Ich glaube, daß es eine naturwissenschaftliche Logik gibt, die universell ist. Hier widerspreche ich den Kulturrelativisten, vor allem B. Whorf, ich denke, der menschliche Verstand ist universell, die Naturwissenschaft und die Logik sind universell, andere Werte hingegen sind kulturell sehr besonders, etwa ethische und ästhetische Werte, freilich tragen auch sie Keime der Universalität in sich. Nehmen Sie das Beispiel der Menschenopfer bei den mexikanischen präkolumbianischen Kulturen, die für die christlichen Traditionen zunächst so unverständlich waren. Dann fanden die frühen Missionare seltsame Ähnlichkeiten zwischen den Menschenopfern und dem Opfertod Jesus Christus'. Der Schrecken der Missionare hatte dieselben Wurzeln, das christliche Opfer konnte gedeutet werden als ein anderer Ausdruck des Wertes menschlicher Opfer in anderen Kulturen, Religionen und Zivilisationen. Dies ist ein Beispiel. Ein anderes ist die große Bewunderung der Romantik für andere Perioden, etwa die Gotik und ihre Kunst oder die große Faszination der kubistischen Maler für die archaische afrikanische Kunst, die Masken zum Beispiel. Schließlich ist in allen Fällen eine Assimilierung anzuzeigen, die gilt auch für den japanischen Haiku an die Traditionen der Dichtung des 20. Jahrhunderts.

5. Sie sprechen über den Begriff der Zeit in ihren unterschiedlichen Auffassungen, vor allem von der zyklischen Zeit der indianischen Kulturen, aber auch von der chinesischen und indischen Kultur. Es scheint Kulturen zu geben, wie etwa in Lateinamerika, die über ein Ausmaß an intuitivem, emphatischem und assoziativem Denken verfügen, das dem analytischen, empirisch-logischen und pragmatischen Denken der nordamerikanischen Kultur von John Locke zu William James und John Dewey entgegensteht.

Dies ist richtig und eine Konsequenz der Kulturgeschichte. Die traditionelle lateinamerikanische Kultur unterscheidet sich von dieser pragmatischen Tradition radikal, etwa die Inka-Kultur. Ein weiterer Unterschied scheint auch aus der Zivilisation der Alten Welt von Japan bis Spanien auf, die trotz aller Unterschiede Berührungspunkte hatten. Im Mittelmeerraum gab es eine wechselseitige Beziehung zwischen den Kulturen des Nahen Ostens und der mediterranen Zivilisation, aber auch die Hindus erfuhren persischen und griechischen Einfluß – vice versa –. Die Chinesen sandten Missionare nach Indien, um buddhistische Manuskripte zu sammeln, und sie wurden dabei Buddhisten (die chinesische Zivilisation war zu einem bestimmten Zeitpunkt sehr buddhistisch). Zugleich kommen bestimmte Fragmente der buddhistischen Kunst aus dem griechisch-römischen Erbe. Hier liegt ein elementarer Unterschied zu den präkolumbianischen Kulturen Lateinamerikas. Sie waren bis zum 16. Jahrhundert völlig unwissend über die Existenz anderer Zivilisationen. Hieraus resultiert, daß es sich in Lateinamerika um Zivilisationen mit langsamen Wachstum handelte, rasches Wachstum hätte ausländischen Einfluß vorausgesetzt. Es handelte sich um ein unilaterales Wachstum, das zur Folge hatte, daß der Andere nicht verstanden werden konnte. Die Anderen, in diesem Fall die Spanier, wurden als göttliche Wesen eingestuft.

6. Betrachtet man die Q'ero-Indianer in den peruanischen Hochanden als den letzten Nachkommen der Inkas, so wird deutlich, in welchem Ausmaß sie sich auf eine mythische, magische Kosmologie stützen, die selbst ihre Astronomie einschließt, die auch auf die Transzendenz ausgerichtet war, auf Metaphysik. Dies waren natürlich schlechte Voraussetzungen für die spätere Akkulturation an westliche, empirische und logische Technologie.

Ja, dies ist außer Frage. Hier liegt die Schwierigkeit. Die gelungenen Akkulturationen sind oft freiwillig. Denkt man an die Akkulturation chinesischer Kultur durch die Japaner, kann man von einem solchen freiwilligen Akt sprechen. Wird eine Akkulturation auferlegt, ist sie weit schwieriger.

7. Wie kann man Ihrer Meinung nach eine Kompatibilität zwischen der kulturellen Identität im traditionellen Sinn und der Notwendigkeit moderner Technologie auf den Weg bringen?

Die lateinamerikanischen Staaten haben eine Chance, weil die Kulturen nicht rein präkolumbianisch oder indianisch sind, sondern dem Kreis der westlichen Zivilisation zugerechnet werden können. Wir sind ein exzentrisches Extrem der westlichen Zivilisation. Die japanische Kultur konnte westliche Technologie übernehmen, indem sie vom Konfuzianismus und Buddhismus zur westlichen Technologie mutierte. Lateinamerika kann vom Christentum und Katholizismus zur Technologie mit Besonderheiten voranschreiten. Denken Sie an Mexiko in der Gegenwart. Dort zeichnet sich diese Bewegung ab. Wichtig daran ist, daß diese Assimilierung eine neue Qualität der Zivilisation bedingt. Wenn Lateinamerika in einer tiefen Weise etwas Neues assimiliert, ändert es sich selbst, dies ist die Voraussetzung.

Es wird Konflikte bei der Assimilierung neuer Technologie in Lateinamerika geben, wir können sie nicht vermeiden. Lateinamerika hat bereits die Erfahrung der Akkulturation mit dem katholischen Christentum im 16., 17. und 18. Jahrhundert gemacht, die indianische Urbevölkerung wurde christianisiert, und heute sind diese indianischen Christen bessere Christen als die Europäer und Nordamerikaner. Es entstand eine neue Form der lateinamerikanischen Christenheit, die sich von der europäischen Religiosität sehr unterscheidet.

8. Es gibt eine Verbindung zwischen Amerigo Vespuccis Beschreibung von Amerika und dem utopischen Staat im Sinne von Thomas Morus. Vespucci war von Marsilio Ficino und anderen Humanisten beeinflußt; es gibt eine Affinität zwischen Thomas Morus' »Utopia« und der Beschreibung des Inka-Staates durch Garcilasco. Kann man von einer besonderen utopischen Qualität lateinamerikanischer Kultur und Politik sprechen?

Ja, dies trifft sicherlich zu. Die Geschichte Lateinamerikas ist sehr verschieden von Mexiko bis Argentinien. Mexiko hat seine Besonderheiten, aber der utopische Charakter läßt sich hier besonders deutlich zeigen. Bereits im 16. Jahrhundert scheinen diese utopischen Züge auf. Entsprechend der Gedanken der Renaissance wurde Mexico City wieder aufgebaut, die Spanier versuchten eine Stadt im Sinne Albertis zu schaffen, neu-platonisches Gedankengut zur Anwendung zu bringen, hier liegt ein wirklich utopisches

Element, das weiter verlängert wurde, dann kam der Barock. Im 19. Jahrhundert, im Zuge der Unabhängigkeitsbewegungen, verstärkte sich das utopische Element. Vor allem das Vorbild der amerikanischen und der französischen Revolutionen, der Schriften Thomas Jeffersons, der Federalist Papers und der Gedanken Montesquieus. Dieses Denken mußte vor dem Hintergrund der eigenen Geschichte Lateinamerikas utopischen Charakter annehmen.

Es gab zum Beispiel niemals Identität zwischen Verfassungstext und Verfassungswirklichkeit im 19. Jahrhundert in Lateinamerika.

Ja, das ist richtig, auch hier zeigt sich der utopische Charakter. Die letzte große Utopie, die wir im 20. Jahrhundert durchliefen, war der Marxismus. Wir treten im Augenblick in eine neue Periode der Weltgeschichte ein, die freilich sehr gefährlich ist, denken Sie nur an die ungeheuren Spaltungsbewegungen in der Sowjetunion oder in Osteuropa, die auch ihren Niederschlag in Lateinamerika finden werden.

9. Würden Sie sagen, daß eine lineare, eindimensionale Vorstellung von Fortschritt, die den Menschen quantifiziert, in Lateinamerika heute noch anwendbar ist?

Lateinamerika versucht im Augenblick zumindest diese ökonomischen Modelle anzuwenden, wohl in Entsprechung zu Nordamerika und Europa, auf der anderen Seite leben wir in einer großen Krise. Wir sollten Lateinamerika aber nicht von der Perspektive eines gesicherten Europas betrachten, sondern von einer Situation, die im Wandel begriffen ist, und zwar einem oftmals sehr gefährlichen Wandel in Europa, der seinerseits Auslöser einer großen Krise sein kann, wobei wir nicht wissen, wie sie sich entwickeln wird.

10. Der Gedanke der Jenseitigkeit, der Transzendenz war sehr stark in der Kosmologie der präkolumbianischen Kulturen.

Ja, diese Transzendenz war aber auch sehr bedeutend im 16., 17. und 18. Jahrhundert in Lateinamerika als Ausläufer der Scholastik.

Die große Kunst Mexikos ist eher spirituelle, religiöse Kunst. Nach der Säkularisation ist der Gedanke der Transzendenz im Abnehmen, nicht völlig. Wir sehen heute den Niedergang der Ideen, die an die Stelle der Transzendenz treten sollten, der utopischen Gedanken etwa, die Vorstellung des Fortschritts, alles wird in Frage gestellt.

11. Ich habe einmal ein größeres Forschungsprojekt mit der Thyssen-Stiftung geleitet, das die Philosophiegeschichte Latein- und Nordamerikas verglich von der scholastischen Periode eines Molina und Suarez bis zu José Vasconcelos und Caso aus Mexiko, Romero aus Argentinien oder Faz Brito aus Brasilien. Diese Traditionen waren sehr metaphysisch, transzendental und spirituell gegenüber der nordamerikanischen Philosophie mit ihrer Empirie, Logik und dem Pragmatismus von John Locke über William James zu John Dewey oder Quine in Harvard heute.

Was Sie bewundernswert in Ihrem Buch »Das Labyrinth der Einsamkeit« für die mexikanische und nordamerikanische Kultur gezeigt haben, wie stark die anthropologischen Konstanten, die Einstellung des Menschen zum Tod, zur Natur und zum Übernatürlichen zwischen beiden Teilen des Doppelkontinents auseinanderklaffen, läßt sich auch in der Philosophie zeigen.

Das ist völlig richtig und auch meine Meinung.

Der Positivismus wird meines Erachtens in der lateinamerikanischen Philosophie überschätzt. Er war ein Phänomen des 19. Jahrhunderts und verschwand dann mit dem Jahrhundertende und vor allem mit Beginn des 20. Jahrhunderts mit den originären Beiträgen der lateinamerikanischen Philosophie im Ateneo de la Juventud in Mexiko etwa, bei Jose Vasconcelos oder Antonio Caso, die eindeutig spirituell und metaphysisch waren.

Die großen philosophischen Strömungen der Moderne waren tatsächlich eher in Nordamerika als in Lateinamerika. Wir haben keinen William James oder Peirce. Die Frage stellt sich aber anders, wir sprechen nicht über große Persönlichkeiten, sondern über Strömungen. Lateinamerika hatte nach dem Ateneo de la Juventud den Einfluß der Phänomenologie gekannt, Husserl war von Wichtigkeit, ebenso Max Scheler später, die Philosophie der Intuition durch Bergson und die Existentialphilosophie Martin Heideggers, die durch spanische Philosophen in Mexiko, etwa Jose Gaos, vermittelt wurde. Später wurde die deutsche Philosophie wieder von Bedeutung zur Zeit der Frankfurter Schule, zu gewissem Grade auch die analytische Philosophie englischer und nordamerikanischer Provenienz.

Heute bin ich mir über die Ausrichtung des gegenwärtigen Denkens in Lateinamerika nicht sicher, hier möchte ich mit einer eindeutigen Antwort zögern. Ich sehe gegenwärtig, auch in Nordamerika und Europa, keinen neuen überragenden philosophischen Kopf nach den Klassikern des 20. Jahrhunderts. Aber ich bin selbst kein wirklicher Philosoph, um dies beurteilen zu können, ich bin für eine Philosophie, die auf solider Grundlage ruht, und ich glaube, daß die nordamerikanische und europäische Philosophie hier der lateinamerikanischen überlegen ist.

Dafür hat Lateinamerika die bedeutendste Literatur der letzten Jahrzehnte, meinen Sie nicht?

Ja, vielleicht, aber ich vergleiche nicht gerne in Begriffen des Wertes, Literaturen sind verschieden, und hierbei sollten wir es bewenden lassen.

12. In den präkolumbianischen Kulturen waren die Menschen nicht von dem Gedanken getragen, die Natur zu erobern, wie das etwa dem Kalvi-

nismus der nordamerikanischen Kultur eigen war, sondern die Natur zu beschützen.

Ja, die Natur sollte versöhnt werden, Natur war sakral, war Schöpfung und Zerstörung zugleich. Die Grausamkeit der Natur stand neben dem Wunsch, sich mit ihr zu verständigen. Eine Originalität der präkolumbianischen Kulturen besteht darin, daß von einer Einheit zwischen Natur und der ganzen Welt, zwischen Natur und den menschlichen Wesen ausgegangen wird; beide leben in der gleichen kosmischen Ordnung. Die Menschheit wird nicht als passiv betrachtet, vielmehr nimmt sie an der kosmischen Ordnung teil. Diese Ordnung besteht aus Schöpfung und Zerstörung, oft auch Schöpfung durch Zerstörung, aus diesem Grunde ist auch das Menschenopfer so wichtig. Die Götter opfern sich selbst, um die Welt zu schöpfen, nicht im christlichen Sinne, um die Menschheit zu erlösen, sondern um die Menschheit erst zu erschaffen.

Das Menschenopfer hatte diese Bedeutung, eine andere Bedeutung war, daß die Natur ohne Menschenopfer gleichsam zum Stillstand kommt. Die menschliche Aktivität wurde grundsätzlich religiös begriffen, sie war nicht profan, sondern sakral, dies betrifft Politik wie Wirtschaft, es war das oberste Ziel, an der Erhaltung und Schöpfung der kosmischen Ordnung teilzuhaben. Hier liegt eine grundsätzlich andere Vorstellung vor als in westlichen Traditionen. Mit den ökologischen Bewegungen heute und der Wiederentdekkung des Wertes der Natur sollten wir die Kultur des präkolumbianischen Lateinamerika sehr ernst nehmen, hierin verbirgt sich ein Höchstmaß an Aktualität für das moderne Naturverständnis.

Wir können natürlich heute nicht die alten Traditionen ohne weiteres übernehmen, aber wir sollten aus ihnen lernen und Lehren ziehen.

13. Betrachtet man das Bemühen um endogene Technologie, liegt hier nicht eine Möglichkeit, anders als bei exogener Technologie, die kulturelle Identität mit der Technologie zu versöhnen?

Ich bin hier nicht so pessimistisch wie Heidegger als dem Vorläufer des Denkens, nach welchem Technologie der Feind alles Kulturellen ist. Das finden Sie auch bei Spengler. Richtig daran ist, daß moderne Technologie sehr gefährlich sein kann, wenn wir sie in einem unilateralen Sinn anwenden, die Grundlagen der menschlichen Zivilisation sind dadurch in Frage gestellt. Wir sollten gegen diese Tendenzen ankämpfen, nicht im Sinne einer völligen Negation wie bei Heidegger, wobei er nicht wirklich klar war in seinen Ausführungen. Wir können etwa nicht der Elektrizität abschwören, jetzt in diesem Augenblick, wir hätten kein Licht mehr in diesem Raum, dies wäre eine Absurdität, aber wir könnten uns zu einer Einsicht durchringen, daß dieses elektrische Licht nicht die einzige Wirklichkeit ist in diesem Raum, sondern daß es andere Wirklichkeiten gibt; wir müssen unseren Blickwinkel, unsere Perzeption verändern. Die Menschheit lernt sehr langsam, mit der modernen Technologie mehr auf Distanz zu gehen. Offensichtlich genügen die schlechten Erfahrungen mit der Technologie noch nicht, zwei Weltkriege, die Atombombe, die ökologischen Probleme heute, vielleicht weitere Desaster in Osteuropa – dies wird wohl helfen, unsere grundsätzliche Einstellung zu verändern.

Sie sind also für eine gemäßigte Technologie?

Wir müssen unsere Einstellungen ändern. Ich hatte eine Freund, André Breton, der grundsätzlich gegen Technologie war, weit mehr als Heidegger, aber alles, wohin er sich flüchtete, war Okkultismus oder die Entdeckung ausländischer Philosophien, das ist nicht genug. Der Niedergang bestimmter menschlicher Werte, das Übermaß an Werbung und das drohende Angebot des Fernsehens international, der Mißbrauch der Medien, all dies verflacht das Leben zunehmend, banalisiert es, macht es leer; auch die Kultur des Erfolges trägt dazu bei, der schiere Materialismus, all dies ist in gewissem Sinne ein Ergebnis der Technologie, der Moral der Utilität. Bentham wäre heute ebenso entsetzt, wenn er die Welt betreten würde wie Karl Marx in der bisherigen Sowjetunion.

Wir müssen durchaus traditionelle Werte der Vergangenheit wieder neu beleben und ihnen eine neue Bedeutung zumessen. Ich lerne aus der Geschichte, daß in der Vergangenheit Zivilisationen zu einer Erneuerung und einem Wiederaufbau fähig waren. So hoffe ich – und ich spreche nicht nur von Lateinamerika, sondern von der gesamten westlichen Zivilisation –, daß wir in wesentlichen Punkten wieder neu anfangen können.

Wenn dies nicht gelingt, ist die Menschheit verloren. Zum ersten Mal ist es nicht die Frage, ob eine Zivilisation ausstirbt, sei dies die präkolumbianische oder die römische Zivilisation, sondern die Totalität der Menschheit.

Technologie ist sicher eine der Ursachen, mehr noch unsere Einstellung.

Sie sagten einmal, Technologie vereinheitlicht, ohne zu vereinen.

Das Potential an Haß und Rivalität zwischen verschiedenen Schichten, Gruppen, Gesellschaften und Staaten wird durch Technologie nicht abgebaut, sondern potenziert sich.

14. Asturias sprach über den magischen Realismus, Alejo Carpentier sprach von der wundersamen Wirklichkeit, hier kündigt sich ein gewisses irrationales Element der lateinamerikanischen gegenüber der pragmatischen Wirklichkeit Nordamerikas an.

Wirklichkeit ist immer irgendwie wundersam, was keine Verletzung der Naturrechte bedeuten muß in einem religiösen Verständnis. Magie ist auch irrational. In der Wirklichkeit gibt es immer ein Element der Überraschung. Dadurch erkennen wir eine andere Dimension unserer Existenz, die Wirklichkeit öffnet. Große Kunst ist immer wirklichkeitsnah, sie erschließt Wirklichkeit, und wir können durch sie neue Wirklichkeitserfahrungen machen. Dies betrifft das menschliche wie das kosmische Sein.

15. Präkolumbianische Kultur besaß ein anderes Verständnis von Theorie und Wirklichkeit. Theorie schien stets auch im Licht der Mythologie, dies unterscheidet sich sehr von unserer westlichen logischen Tradition der Gegenwart.

Die präkolumbianischen Kulturen konnten nicht genau unterscheiden. Für sie war Astronomie gleichgesetzt mit Astrologie, das Element der Religion, das Jenseitige war sehr stark. Wir sprachen zu Beginn über den Begriff des Anderen. Hier erinnere ich jetzt an Rudolf Otto und seinen Begriff des Heiligen. Für mich ist das Heilige immer das Andere.

16. Die japanische Kultur verfügte über eine intrinsische Theokratie mit empirischen und pragmatischen Zügen, als sich der Konfuzianismus im 6. nachchristlichen Jahrhundert von China kommend über Korea nach Japan veränderte. Es gab ein Empfinden der Loyalität und des Gehorsams bereits in den feudalen Strukturen, das beim Staatsaufbau sehr hilfreich war. Hier liegt ein grundsätzlicher Unterschied zu Lateinamerika, das nicht über diese Traditionen verfügte.

Lateinamerika hatte vor der spanischen Eroberung keinen Nachbarn wie China. Die Ankunft der Spanier war für die präkolumbianischen Kulturen eine große Überraschung. Die japanische Kultur war gewohnt, mit einem Nachbarn zu leben, der zivilisatorisch weiter fortgeschritten war, sie sandten Missionare und Botschafter nach Korea und nach China. Die Begegnung der präkolumbianischen mit der spanischen Zivilisation war blutig und gewalttätig und zudem religiös gefärbt. Die Bevölkerung wurde christianisiert, aber zuvor wurde die führende Schicht assimiliert, der andere Teil der Bevölkerung wurde ausgelöscht.

17. Wenn Sie an die Gemälde von Velázquez denken, die doch einen stoischen Grundton offenlegen und eine andere Begrifflichkeit von menschlicher Würde aufscheinen lassen. Hiernach ist auch ein Mann im Staub noch ein großer Mensch. Meine Empfindung ist, daß Lateinamerika eine andere Vorstellung von menschlicher Würde hat als das pragmatische und utilitaristische Nordamerika.

In Nordamerika läßt sich zwar verfassungsrechtlich im Sinne moderner Demokratie von Menschenwürde sprechen, etwa bei der Entstehung der religiösen Denominationen im protestantischen Bereich, die Kirche war nicht so hierarchisch gestaffelt wie im Katholizismus Lateinamerikas. Nordamerika war sicherlich die erste im Wortsinne moderne Gesellschaft, Lateinamerika die späteste im 19. Jahrhundert. Die Kämpfe um die Unabhängigkeit waren nicht nur gegen Spanien gerichtet, sondern auch gegen unsere eigene Vergangenheit.

18. Lateinamerika scheint bis heute ein gebrochenes Verhältnis zur Moderne gewahrt zu haben.

Ja, in einem polemisch-religiösen Sinne, dies ist gewiß.

Moderne und Modernisierung wurden miteinander verwechselt.

Wir Lateinamerikaner sind die Abkömmlinge von Gegenreformatoren. Wir haben eine polemische Beziehung mit der Moderne, dies ist von größter Wichtigkeit. Dies ist die Charakteristik der modernen Geschichte Lateinamerikas seit dem 18. Jahrhundert.

19. Glauben Sie, daß wir in der sogenannten ersten Welt lernen können von der Unschuld noch archaischer Kulturen in Lateinamerika, Afrika oder Asien?

Denken Sie im 18. Jahrhundert an Rousseau, das gesamte utopische Denken. Vielleicht. Sicherlich können wir bei unseren Haltungen gegenüber der Technologie lernen. Wir können die Natur nur bis zu einem gewissen Grade ausbeuten, benutzen. Die mesoamerikanischen Hochkulturen hatten eine andere Einstellung zur Natur, sie bewunderten sie, sie lebten in einer sakralen Kommunion mit der Natur, vor allem aber, wir können mit der Natur zusammenarbeiten. Dies ist für mich die große Lehre der präkolumbianischen Kulturen. Ich würde gerne einen Text schreiben darüber, was wir von den präkolumbianischen Kulturen lernen können, gerade mit Blick auf die Zusammenarbeit mit der Natur.

20. Max Weber sprach zu Recht von der »Entzauberung der Welt«. Wie können wir heute in einer entsakralisierten Welt in der westlichen Moderne, die sich zunehmend seit der Renaissance entwickelt hat, gepaart mit dem Primat des Logos und der Zweckrationalität überleben, was könnte die Grundlage von neuen Werten auf profaner Ebene sein?

Das ist die größte Frage. Die einzige Möglichkeit scheint wohl zu sein, daß unser Wille durch eine große Enttäuschung gebrochen wird, ich sehe eine Katastrophe voraus, wenn dies nicht gelingt. Es bedarf einer Wiederentdeckung auch traditioneller Werte, etwa der Transzendenz, einer gewissen Religiosität, auch des Sakralen. Wir können nicht mehr von der grundsätzlichen technologischen Entwicklung zurück, aber wir können unsere Einstellung ändern, nicht gegenüber der Technologie, aber grundsätzlich gegenüber der Natur. Hierin liegt der Schlüssel für ein anderes Verständnis verborgen.

SACHREGISTER